七大基金投资大师教你买基金

老牛◎著

中国纺织出版社有限公司

内 容 提 要

本书汇集了七位世界级著名投资大师的经典建言，让投资大师指导投资者如何正确购买基金与投资理财，帮助投资者寻找基金投资的良途。全书分为基金投资通用理论与方法述要和基金投资大师经典投资理念与技法两篇，共十章，对基金投资方法与投资技巧，以及沃伦·巴菲特、乔治·索罗斯、彼得·林奇、比尔·米勒、辛克·菲尔德、比尔·格罗斯、吉姆·罗杰斯七位投资大师的基金选择标准、不同类型基金投资策略、投资避险等内容进行了详细介绍。本书旨在解答投资者的投资困惑，帮助投资者更加清晰地洞察投资市场变化规律，树立正确的投资理念，掌握最佳的基金投资办法。

图书在版编目（CIP）数据

七大基金投资大师教你买基金 / 老牛著.---北京：中国纺织出版社有限公司，2021.8
ISBN 978－7－5180－8596－5

Ⅰ.①七… Ⅱ.①老… Ⅲ.①基金—投资—基本知识 Ⅳ.①F830.59

中国版本图书馆CIP数据核字（2021）第100352号

策划编辑：史 岩　　　　　责任编辑：曹炳镝
责任校对：江思飞　　　　　责任印制：储志伟

中国纺织出版社有限公司出版发行
地址：北京市朝阳区百子湾东里 A407 号楼　邮政编码：100124
销售电话：010—67004422　传真：010—87155801
http://www.c-textilep.com
中国纺织出版社天猫旗舰店
官方微博 http://weibo.com/2119887771
北京市密东印刷有限公司印刷　各地新华书店经销
2021 年 8 月第 1 版第 1 次印刷
开本：710×1000　1/16　印张：16
字数：233 千字　定价：55.00 元

前言

　　随着经济的发展、社会的进步，中国证券市场正在发生巨大的变化，制度化建设不断推进，市场规范化程度越来越高，股权分置改革，更使中国证券市场实现了一次基础性变革。与此同时，中国证券市场的机构投资人比例也在不断提升，各类机构投资人迭次出现，市场投资主体的构成日益丰富。在这样的投资大背景下，无论是专业的机构投资人，还是刚刚涉足市场的投资新手，均有学习和提高自己的必要，因为在每一个投资决策的十字路口，你都需要智慧和勇气作出正确的判断与抉择。

　　投资市场不光是经济的"晴雨表"，而且是一个能够深刻洞悉人类思维与行为的场所。在这个场所里，你如何实现自己的投资目标，如何轻松取得丰厚的收益呢？对于普通投资者而言，这可能是久久萦绕在他们心头的疑问。如何确定投资目标？怎样确定自己的投资尺度？何时进入，何时退出？面对风云巨变的市场如何调理心理和控制情绪？……面对这些疑问，我们不妨听听投资大师们的建议，看看他们是如何解决问题，纵横驰骋于投资市场的。

　　为了解决投资者心中的疑问，使之更加清晰地洞悉投资市场的变化规律，树立正确的投资理念，掌握投资基金的最佳方法，本书汇集了七位世界级著名投资大师的经典建言，让这些投资大师来指导我们正确地购买基金，以期能够拨云见日，找到投资基金的良途。这七位投资大师分别是："股神"沃伦·巴菲特、"金融杀手"乔治·索罗斯、"第一基金经理"彼得·林奇、价值投资大师比尔·米勒、指数基金投资大师辛克·菲尔德、"债券之王"比尔·格罗斯、"商品之父"吉姆·罗杰斯（国际商品指数的创立者）。在这里，每位投资大师

1

都将自己最独特、最擅长、最有效的投资方法传授给你。巴菲特将教你如何去考察基金公司，索罗斯会帮你挑选最有潜力的基金，他们的共同投资习惯则是投资者必须学习的，这是长期立足于投资市场的必备要素。林奇将教你投资基金的原则，如何去构建自己的基金组合，米勒则教你运用价值投资法，这种方法在近些年来可是最有效的投资方法。如果你愿意了解一下指数基金、债券基金，这方面的专家菲尔德和格罗斯将会带你走入一片新天地，在别人忽略的地方找到成功投资的天堂。

也许有的投资者对此不屑一顾，以为投资还是要靠实打实地去分析数据、看图表，这些投资天才们的方法未必实用。其实不然，约翰·邓普顿爵士说过："一个国家的财富不能依靠自然资源，它应该依靠人们心中的想法和观念。"投资是一门学问，一个人要立足证券市场，如果不向这些大师学习，那将是一个严重的损失。这些投资大师都有过辉煌的成就，他们已经在投资市场中拼杀多年，在他们身上，不但可以发现巨大的财富，还有比财富更值钱的投资经验。这些经验都是他们在长期投资过程中归纳与分析出来的。"他山之石，可以攻玉"，投资大师们的建议对任何一个想要在基金投资上获得成功的人来说，都是无比重要的。它告诉我们什么样的投资可以获得成功，什么样的投资会导致血本无归。而这些投资大师本身就是很好的例子，他们中很多人就是在向前辈投资大师的学习中走向成功的。巴菲特早在哥伦比亚商学院读书时就师从本杰明·格雷厄姆，从中学到了非常宝贵的投资知识。格雷厄姆是当时著名的股票投资人，对投资方面有相当深入的研究。他非常重视企业的内在价值，并认为"只要投资者能够正确评估企业的内在价值，并以低于企业内在价值的价格购入股票，就能够发财致富"。格雷厄姆的这些投资理念深深地影响了巴菲特，成为其后来投资成功的基石。

在我们身边，投资基金的人总是熙熙攘攘，而真正收益颇丰的却总是寥若星辰。因为，多数人只是一味地搜集各种资料，观看股票行情。看到别人投资哪些基金赚了钱，就蜂拥而至。其实，这不是投资而是投机。投资是一项理性的活动，如果你对它不了解，就先去了解它；如果你对此还有疑问，就先去解决这些疑问；如果你没有信心、没有把握，就不要去投资，因为其结果必然是悻悻而归。若你仍然想投资基金，不妨去听听投资大师们的建议，看看他们的成功之道，吸取他们的"前车之鉴"，在大师们的指点下踏上正确的投资之路，和大师们相会在胜利的彼岸。

老牛

2021 年 3 月

目 录

下篇　基金投资大师经典投资理念与技法

上篇
基金投资通用理论与方法述要

　　基金具有集合理财、专业管理、组合投资、分散风险的优势和特点。和其他投资理财产品相比，基金有很多显而易见的优势：基金比储蓄收益率更高，比债券回报周期快，比股票风险更低，比地产投资门槛低，无须期货那样的专业知识，比其他贵金属、收藏品等理财产品省时省力。本篇主要介绍基金的基本常识、基金投资方法和各基金品种投资技巧。

第一章　认识基金

从广义上说，基金和人们平时在银行的储蓄、投资的股票、国债一样，都属于投资理财产品。基金是将大家分散的资金集中起来，由基金管理者通过专业研究后进行投资，为投资者带来投资收益。通俗地讲，投资基金就是汇集众多分散投资者的资金，委托投资专家（如基金管理人），由投资管理专家按其投资策略统一进行投资管理，为众多投资者谋利的一种投资工具。投资基金集合大众资金，共同分享投资利润，分担风险，是一种利益共享、风险共担的集合投资方式。

什么是基金和基金当事人

基金就是一种间接的证券投资方式，是由基金管理公司通过发行基金单位，集中投资者的资金，形成独立财产，由基金托管人（即具有资格的银行）托管，由基金管理人管理和运用资金，以投资组合的方法对股票、债券等金融工具进行投资。基金投资人享受证券投资的收益，也承担因投资亏损而产生的风险。

1. 什么是基金

从资金关系来看，基金是指专门用于某种特定目的并进行独立核算的资金。其中，既包括各国共有的养老保险基金、退休基金、救济基金、教育奖励基金等，也包括中国特有的财政专项基金、职工集体福利基金、能源交通重点建设基金、预算调节基金等。

从组织性质来讲，基金是指管理和运作专门用于某种特定目的并进行独立核算的资金的机构或组织。这种基金组织，可以是非法人机构（如财政专项基金、高校中的教育奖励基金、保险基金等），可以是事业性法人机构（如中国的宋庆龄儿童基金会、孙冶方经济学奖励基金会、茅盾文学奖励基金会，美国的福特基金会、霍布赖特基金会等），也可以是公司性法人机构。

我国证券投资基金开始于 1998 年 3 月，在较短的时间内就成功地实现了从封闭式基金到开放式基金、从资本市场到货币市场、从内资基金管理公司到合资基金管理公司、从境内投资到境外理财的几大历史性跨越，走过了发达国家几十年甚至上百年走过的历程，取得了举世瞩目的成绩。证券投资基金目前已经具有相当规模，成为我国证券市场的最重要机构投资力量和广大投资者的最重要投资工具之一。随着中国基金业的快速发展，证券投资基金在中国资本市场中的地位与影响力不断提高，其对中国资本市场发展的积极作用正在逐步凸显。

2. 基金的特点

（1）集合投资

基金将零散的资金巧妙地汇集起来，交给专业机构投资于各种金融工具，以谋取资产的增值。

（2）分散风险

基金可以实现资产组合多样化，分散投资于多种证券。通过多元化经营，一方面借助于资金庞大和投资者众多的优势使每个投资者面临的投资风险变小；另一方面又利用不同的投资对象之间的互补性，达到分散投资风险的目的。

（3）专家管理

基金实行专家管理制度，这些管理人员都经过专门训练，具有丰富的证券投资和其他项目投资经验。

（4）利益共享

基金投资者是基金的所有者，基金投资人共担风险，共享收益。基金投资收益在扣除由基金承担的费用后的盈余全部归基金投资者所有，并依据各投资者所持有的基金份额比例进行分配。为基金提供服务的基金托管人、基金管理人只能按规定收取一定的托管费、管理费，并不参与基金收益的分配。

（5）严格监管

为切实保护投资者的利益，增强投资者对基金投资的信心，中国证监会对基金业实行比较严格的监管，对各种有损投资者利益的行为进行严厉的打击，并强制基金进行较为充分的信息披露。在这种情况下，严格监管与信息透明也就成为基金的一个显著特点。

3.基金的当事人

我国的基金依据基金会合同设立，基金投资人、基金管理人与基金托管人是基金的当事人。

（1）基金投资人

基金投资者是基金出资人、基金资产所有者和基金投资收益受益人。基金投资人的权利可以分为两大类：

一类为自益权，即为基金投资人个人的利益而享有的权利，如基金收益分享权、基金剩余财产分配权、基金证券的转让权，以及基金证券的赎回权等；另一类为共益权，即为全体基金投资人的共同利益而享有的权利，当然也包含每一个基金投资人的个体利益在内，如召开基金持有人大会的提议权、对大会审议事项的表决权、对基金事务的知情权，以及对基金管理人、托管人等的起诉权。

基金投资者在享有权利的同时，也必须承担一定的义务，如图1-1所示。

（2）基金管理人

基金管理人是基金产品的募集者和基金的管理者。基金管理人负责基金资产投资运作，在不同的基金市场上名称有所不同，如美国的"投资顾问公司"或"资产管理公司"、日本的"证券投资信托委托公司""投资信托公司""投资顾问公司"和我国台湾地区的"证券投资信托公司"，我国则将其称作"基金管理公司"。

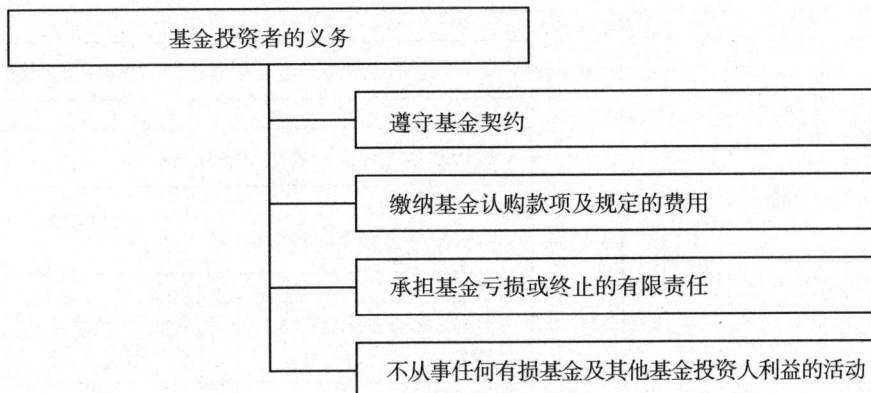

图1-1 基金投资者的义务

作为专业从事基金资产管理机构，基金管理人最主要的职责就是按照基金契约的规定，制定基金资产投资策略，组织专业人士，选择具体的投资对象，决定投资时机、价格和数量，运用基金资产进行有价证券投资。此外，基金管理人还须自行或委托其他机构进行基金推广、销售，负责向投资者提供有关基金的运作信息（包括计算并公告基金资产净值、编制基金财务报告并负责对外及时公告等）。在我国，基金管理人只能由依法设立的基金管理公司担任。

（3）基金托管人

基金托管人通常由具备一定条件的商业银行、信托公司等专业性金融机构担任，负责保管基金资产，在公司型基金运作模式中，托管人是基金公司董事会所雇用的专业服务机构，在契约型基金运作模式中，托管人通常还是基金的名义持有人。基金托管人的主要职责如图1-2所示。

我国对基金托管业务实行审批制，按照《证券投资基金管理暂行办法》的规定，基金托管人必须是满足一定条件的商业银行，资格条件包括实收资本金须超过80亿元人民币，具备必要的技术和机构设施等，在我国，基金托管人只能由依法设立并取得基金托管资格的商业银行担任。

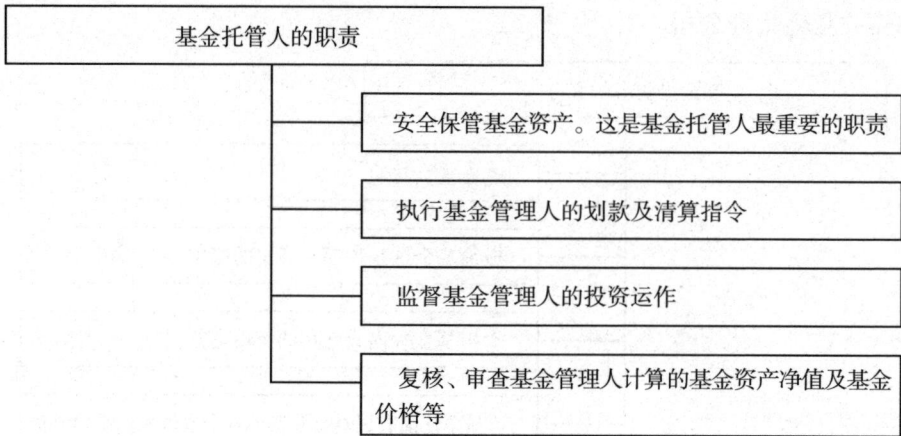

图1-2 基金托管人的职责

三方当事人在基金运作过程中形成三角关系：基金份额持有人作为委托基金管理人投资，委托基金托管人托管；管理人接受委托进行投资管理，监督托管人并接受托管人的监督。托管人保管基金资产，执行投资指令，同时，监督管理人并接受管理人的监督。因此，基金份额持有人与基金管理人之间是委托人、受益人与受托人之间的关系；基金份额持有人与基金托管人之间是委托人与受托人之间的关系；基金管理人与基金托管人之间是平行受托和互相监督的关系。

基金与其他理财品种的区别

目前可供国内居民投资的金融产品日益增多，除了传统的银行存款、债券、保险和股票外，基金作为一种高收益而风险相对较低的投资品种，越来越受到广大投资者的青睐。那么，基金与其他理财产品之间有哪些不同之处呢？

1. 基金与股票、债券的区别

基金与股票、债券相比，存在以下区别，如表1-1所示。

表1-1 基金、股票和债券的区别

区别	基金	股票	债券
性质	基金的全称为"证券投资基金",是指一种利益共享、风险共担的集合证券投资方式,即通过发行基金单位,集中投资者的资金,由基金托管人托管,由基金管理人管理和运用资金,从事股票、债券等金融工具投资,并将投资收益按基金投资者的投资比例进行分配的一种间接投资方式	股票是股份公司签发的证明股东所持股份的凭证,是公司股份的表现形式	债券是指依法定程序发行的,约定在一定期限还本付息的有价证券
投资者地位	基金持有人是基金的受益人,体现的是信托关系	股票持有人是公司的股东,有权对公司的重大决策发表自己的意见	债券的持有人是债券发行人的债权人,享有到期收回本息的权利
风险程度	基金的基本原则是组合投资,分散风险,把资金按不同的比例分别投于不同期限、不同种类的有价证券,把风险降至最低程度	一般情况下,股票的风险大于基金。对中小投资者而言,由于受可支配资产总量的限制,只能直接投资于少数几只股票、这就犯了"把所有鸡蛋放在同一个篮子里"的投资禁忌,当其所投资的股票因股市下跌或企业财务状况恶化时,资本金有可能化为乌有	债券在一般情况下,本金得到保证,收益相对固定,风险比基金要小
收益情况	收益是不确定的	收益是不确定的	债券的收益是确定的
投资方式	基金是一种间接的证券投资方式,基金的投资者不再直接参与有价证券的买卖活动,而是由基金管理人具体负责投资方向的确定、投资对象的选择	直接承担投资风险	直接承担投资风险

区别	基金	股票	债券
投资回收方式	投资基金则要视所持有的基金形态不同而有区别：封闭式基金有一定的期限，期满后，投资者可按持有的份额分得相应的剩余资产。在封闭期内还可以在交易市场上变现；开放式基金一般没有期限，但投资者可随时向基金管理人要求赎回	股票投资是无限期的，除非公司破产、进入清算，投资者不得从公司收回投资，如要收回，只能在证券交易市场上按市场价格变现	债券投资是有一定期限的，期满后收回本金

它们之间的联系是：股票、债券、基金都是有价证券，对它们的投资均为证券投资。基金份额的划分类似于股票，股票是按"股"划分，计算其总资产。基金资产则划分为若干个"基金份额"或"单位"，投资者按持有基金份额或单位分享基金的增值收益。股票、债券是基金的主要投资对象，以股票为投资对象的属于股票基金，以债券为投资对象的属于债券基金。

2. 基金与银行存款的区别

基金与银行储蓄存款的主要区别如表 1-2 所示。

表1-2　基金与银行储蓄存款的主要区别

区别	基金	银行存款
性质不同	基金是一种受益凭证，基金财产独立基金管理人。基金管理人只是代替投资者管理资金，并不承担投资损失风险	银行储蓄存款表现为银行的负债，是一种信用凭证，银行对存款者负有法定的保本付息责任
风险与收益特性不同	基金收益具有一定的波动性，投资风险相对较大	银行存款利率相对固定，投资者损失本金的可能性很小，投资比较安全
信息披露要求不同	基金管理人必须定期向投资者公布基金的投资运作情况	银行吸收存款后，无须向存款人披露资金的运作情况

3. 基金与外汇和期货的不同

期货和外汇这两种理财产品风险很大，一般投资者不适合参与。现在的外汇交易基本上都是保证金交易，也就是说，和期货一样，只要缴纳一定的保证金就可以参与数倍金融的金融资产交易，即财务杠杆。正是杠杆的存在，使得交易风险放大数倍。例如，亏损一个期货的波动幅度为3%，总资产将亏损30%左右。所以，没有专业的操盘知识和研究精力是不可能在这种市场中存活的。参与期货、外汇以及权证等金融衍生品交易的大多是投机者，他们参与交易并不是以自己资金的保值和增值为目的，所以谨慎的投资者应该远离这两个市场。

4.各类理财产品的风险收益对比

各种理财产品的收益与风险对比如表1-3所示。

表1-3 各种理财产品的收益与风险对比

理财产品	特色	风险报酬比	投资目的	投资成本
基金	适合老百姓的投资品种，多种多样，可以为投资者提供更多的选择	中	没有专业分析行情的能力和精力，但又希望追求市场增值带来回报	交易费、托管费、其他费用，成本较高
股票	流动性强，但风险大，收益也不稳定，与宏观经济及个别公司效益有关。可抵御通胀	高	追求市场报酬的最大增值	买卖时要交一定的手续费和印花税，成本比较高
债券	安全性好，收益率低，流动性强，随时可以买卖	较低	盈利稳定，但收益不高	获利税费及交易手续费
储蓄	流动性好，变现性强，但获利低，受通胀影响较大	低	通胀低，则利率就低；通胀高，则利率就高	缴纳利息税
外汇	保证金交易，周一至周五24小时随时交易，风险巨大	很高	利用汇率点位的波动盈利	收取交易点差，成本较高
期货	利用财务杠杆和保证金制度，实现以小博大	很高	可以在短时间内获得高额利润，适应短线交易	交易手续费，费用较低

基金分类

根据不同标准，可将投资基金划分为不同的种类，如表 1-4 所示。

表1-4　基金的分类

分类依据	种类	分析
根据基金是否可增加或赎回分类	开放式基金	指基金设立后，投资者可以随时申购或赎回基金单位，基金规模不固定的投资基金
	封闭式基金	指基金规模在发行前已确定，在发行完毕后的规定期限内，基金规模固定不变的投资基金
根据组织形态的不同分类	公司型投资基金	由具有共同投资目标的投资者组成以营利为目的的股份制投资公司，并将资产投资于特定对象的投资基金
	契约型投资基金	也称信托型投资基金，是指基金发起人依据其与基金管理人、基金托管人订立的基金契约，发行基金单位而组建的投资基金
根据投资风险与收益的不同分类	成长型投资基金	指把追求资本的长期成长作为其投资目的的投资基金
	收入型基金	是主要投资于可带来现金收入的有价证券，以获取当期的最大收入为目的。收入型基金资产成长的潜力较小，损失本金的风险相对也较低，一般可分为固定收入型基金和权益收入型基金
	平衡型基金	其投资目标是既要获得当期收入，又要追求长期增值，通常把资金分散投于股票和债券，以保证资金的安全性和盈利性
根据投资对象的不同分类	股票基金	指以股票为投资对象的投资基金
	债券基金	指以债券为投资对象的投资基金
	货币市场基金	指以国库券、大额银行可转让存单、商业票据、公司债券等货币市场短期有价证券为投资对象的投资基金
	期货基金	指以各类期货品种为主要投资对象的投资基金

续表

分类依据	种类	分析
根据投资对象的不同分类	期货基金	指以各类期货品种为主要投资对象的投资基金
	期权基金	指以能分配股利的股票期权为投资对象的投资基金
	指数基金	指以某种证券市场的价格指数为投资对象的投资基金
	认股权证基金	指以认股权证为投资对象的投资基金

投资基金的准备工作

工欲善其事，必先利其器。投资者开始购买基金前，需要做以下一些必要的准备工作：

1. 了解自己的投资需求

先清楚自己有多少投资资金，资金可以投资多长时间，可以承担的风险如何，希望达到多少收益率。用于买基金的钱应当是自己的闲钱，这样负担较小，不会因为借钱而承受支付利息和本金可能受损的双重压力。即使基金暂时的表现不尽如人意，也不会过于焦虑，更不会出现急于归还借款而赔钱出局。即使用自己的闲钱买基金，也要学会运用"三分法"，1/3 用于储蓄，1/3 用于买一定的保险，而另外 1/3 才可以买基金。一般投资基金需要 1~3 年时间，风险 5%，可能达到的收益率约为 10%。

2. 选择合适的时机投资

一般在市场相对低迷的时候，基金净值相对较低，未来的可能收益率相对较高且市场风险较小，宜于投资。如果前期指数 1000 点附近时购入股票型基金，到目前为止 4 个月时间的平均收益率已达 10%，而 1700 点附近成立的好多基金到目前为止才刚刚回到面值 1 元。

3. 保持良好的心态

买卖基金既要面对基金净值下跌的煎熬，又能在基金净值的上涨中享受快乐。赔钱没必要气馁，赚钱也未必就一定要跑去沙滩享受阳光，关键是要学会控制自己的情绪，调节自己的心态，做到可持续发展。其实离市场远一点，反而会看到更多规律，离市场太近，容易被蒙蔽双眼。因为基金的净值是不断变化的，不要为净值上涨而心情高昂，也不要为净值下跌而悲观、寝食不安。

4. 选择合适的基金品种

不同的时期采用不同的基金品种组合。市场低迷时股票型基金的投资可以更多一点，而市场盘整时不妨多点混合型投资，市场高位风险较大时，可卖出股票型基金而投资于货币或中短期债券基金以规避风险。当然，最简单的操作就是做一个指数型及货币型基金的投资组合，在市场相对较低时购买指数型基金，相对高位时转换为货币基金避险，一般情况下一年下来应该能达到 7%~15% 的收益。

基金投资过程

投资者具备必要的投资知识是基金投资的第一步。如果投资者能树立正确的投资理念、制定稳妥的投资目标、恪守严格的基金投资原则，那么，就可以在不具备专业投资技能的情况下实现投资获利的愿望，可以在不花费太多精力和时间的前提下实现资产的增值，达到轻松理财和快乐理财的目的。

1. 开设基金账户

在购买开放式基金之前，新基民首先要选择适合自己的交易渠道。选择好交易渠道后，基民就可以前往相应网点办理开户手续，然后进行买卖基金、申请基金转换、非交易过户、红利再投资等操作。

交易账户是指基金销售机构（包括直销和代销机构）为投资人开立的用于管理和记录投资人在该销售机构交易的基金种类和数量变化情况的账户。投资者使用同一开户证件只能开立一个基金账户，但在这一基金账户下可以在不同的销售机构开立相对应的交易账户。

基金分开放式基金和封闭式基金两种，开放式基金可以直接在基金公司网站（需开通网银）或通过各个证券公司和银行购买。封闭式基金必须开通股票账户，像买卖股票一样购买。

基金账户是指注册登记机构为投资人建立的用于管理和记录投资人基金种类、数量变化等情况的账户，不论投资人是通过哪个渠道办理，均记录在该账户下。

在基金公司开立基金账户，首先要带上身份证到基金公司指定银行办理银行卡，同时开通网上银行服务，然后到基金公司的网站上开通基金账户，这样就可以进行买卖操作了。

在银行或证券公司开立账户选择银行网点或证券公司等代销网点交易的基民，需要前往相应网点开通证券交易功能。在开户时，基民要设立 3 个账户，分别是基金资金账户、注册登记机构账户（也就是基金账户）、基金交易账户。

如果投资者通过代理机构（如银行、证券公司）办理，只需开设（银行、证券公司）基金交易专用账户即可。在投资者购买基金的时候，（银行、证券公司）会自动向基金公司申请客户在该基金公司的账户。

购买基金有很多渠道，不同的渠道，便利性、费用、提供的服务都有较大差别。基金销售形式的多样化给投资者带来了更多的选择，同样也因其形式的不同给投资者的选择带来困难。当前主流的三种购买渠道是基金公司直销、银行代销证券公司代销，如表 1–5 所示。

（1）基金公司直销

基金公司直销有两种：柜台直销和网上直销。其中，网上直销是新兴的交易渠道，大部分基金公司均已开设网上直销服务。

开户时需要带上个人身份证明原件，去银行办理一张银行卡，可同时开通网上银行服务，然后在相应基金公司网站上开通基金账户，即可买卖基金。需要注意的是，要事先了解基金公司的政策，包括要求的银行卡、提供的费率折让等。

对于有较强专业能力（能对基金产品进行分析、能上网办理业务）的投资者来说，基金公司直销是比较好的选择。只要精力足够，可以通过产品分析比较以及网上交易，实现自己对基金的投资管理。

表1-5　三种基金购买渠道的优缺点对比

渠道	优点	缺点
基金公司直销	可以通过网上交易实现开户、认(申)购、赎回等手续办理，并且享受交易手续费优惠，不受时间地点的限制	当客户需要购买多家基金公司产品时，需要在多家基金公司办理相关手续，投资管理比较复杂。另外，这需要投资者有相应设备和上网条件，具有较强的网络知识和运用能力
银行代销	银行网点众多，投资者存取款方便	通过银行购买基金一般不能享受申购优惠，并且单个银行代理销售的基金品种非常有限，办理基金转换业务手续时可能要往返多个网点，相当麻烦
证券公司代销	代销的基金品种都比较齐全，并且支持网上交易。证券公司的客户经理会主动做产品介绍，基金投资者能够享受到及时、到位的投资咨询服务。在证券公司购买基金，资金存取通过银证转账进行，可以将证券、基金等多种产品结合在一个交易账户管理，大大方便了投资者操作	证券公司的网点较银行网点少，首次业务需要到证券公司网点办理，并且要在证券公司开立资金账户才能进行购买操作。在证券公司购买基金不如到基金公司直接购买费用低廉，因为基金公司要付给券商一些佣金费用

（2）银行代销

银行是最传统的代销渠道，通常基金公司会将该只基金的托管行作为主代销行。通过银行买基金很简单，只需持有银行的活期存折，带上身份证，开立相应基金公司的基金账户即可。为了便于后续操作，在开户的同时可以开通网上银行和电话银行业务，以后的操作就不必每次都去柜台办理。

中老年基金投资者适合选择银行网点，因为银行网点众多，比较便利。

（3）证券公司代销

证券公司也是一个传统的基金代销渠道。对股票账户的投资者来说，通过证券公司，可以在二级市场买卖 LOF 基金。通过券商购买基金还可以获得一定的申购费率优惠。只要拥有沪深两市的股票交易账户，即可通过券商直接开立基金公司的基金账户买卖基金。

对于工薪阶层或年轻白领来说，适合通过证券公司网点实现一站式管理，通过一个账户实现多重投资产品的管理，利用网上交易或电话委托进行操作，辅助证券公司的专业化建议来提高基金投资收益水平。

※ 小贴士　选择适合自己的交易渠道

基金的交易原则上是在哪里购买在哪里赎回，而且日后如需要进行基金转换等操作也要通过当时的交易渠道办理。所以，投资者要选择适合自己情况的渠道购买基金，方便日后操作。

2. 基金的认购和申购

基金购买分认购期和申购期。基金首次发售基金份额称为基金募集，在基金募集期内购买基金份额的行为称为基金的认购，一般认购期最长为 1 个月。而投资者在募集期结束后，申请购买基金份额的行为通常叫作基金的申购。在基金募集期内认购，一般会享受一定的费率优惠。以购买 100 万以下华富竞争力为例，认购费率为 1.0%，而申购费率为 1.5%。但认购期购买的基金一般要经过封闭期才能赎回，这个时间是基金经理用来建仓的，不能买卖，而申购的基金在第二个工作日就可以赎回。

相对来说，认购期购买基金的费率要比申购期购买优惠。认购期购买的基金一般要经过封闭期才能赎回，申购的基金要在申购成功后的第二个工作日方可赎回。在认购期内产生的利息以注册登记中心的记录为准，在基金成立时，自动转换为投资者的基金份额，即利息收入增加了投资者的认购份额。

选择认购方式时，必须对所认购的基金进行深入的了解，包括基金的预期投资构成、基金公司的信誉、基金经理资历等，如果你认为这只基金是有潜力的"白马"，这时可以大胆采用认购方式。采用认购方式，万一对基金把握不准，很可能会踩着"地雷"，给自己的投资造成较大损失。而采用申购方式，可以静观这只基金走出封闭期后的表现。虽然申购手续费贵一些，但毕竟能尽量避免和化解投资风险。特别是对于货币基金来说，由于进入开放期之后，基金每天会公布 7 日年化收益情况，各基金的收益差距较大，这种情况下，综合衡量、优中选优的申购更有利于提高投资收益。

在购买过程中，无论是认购还是申购，交易时间内投资者可以多次提交认／申购申请，注册登记人对投资者认／申购费用按单个交易账户单笔分别计算。

不过，一般来说，投资者在份额发售期内已经正式受理的认购申请不得撤销。对于在当日基金业务办理时间内提交的申购申请，投资者可以在当日 15：00 前提交撤销申请，予以撤销。15：00 后则无法撤销申请。

而基金申购采用"金额申购"方式、"未知价"原则。对于 T 日有效申请的交易，申购价格以 T 日的基金份额净值为基准进行计算。T 日的基金份额净值在 T 日收市后计算，并不迟于 $T + 1$ 日公告。

3. 基金赎回

基金赎回也称为买回，是针对开放式基金，投资人以自己的名义通过代理几个向基金公司提出部分或者全部退出基金的投资的一种方式。

若申请将手中持有的基金单位按公布的价格卖出并收回现金，习惯上称为基金赎回。基金的赎回，就是卖出。上市的封闭式基金，卖出方法同一般股票。开放式基金是以投资者手上持有基金的全部或一部分，申请卖给基金公司，赎回投资者的价金。赎回所得金额，是卖出基金的单位数乘以卖出当日净值。

基金的销售机构包括基金管理人和基金管理人委托的代销机构。基金投资者应当在销售机构办理基金销售业务的营业场所或按销售机构提供的其他方式办理基金份额的申购与赎回。

（1）赎回时间

基金的申购、赎回自《基金合同》生效后不超过 3 个月开始办理，基金管理人应在开始办理申购赎回的具体日期前 2 日在至少一家指定媒体及基金管理人互联网网站（以下简称"网站"）公告。

基金赎回一般需要 2 个工作日经过系统确认，之后再经过清算。基金申购赎回需要经过 T+2 日系统确认之后才算赎回成功。

一般的开放式基金赎回的流程为：T 日未报，T+1 已报，T+2 已成。

基金申购赎回需要经过 T+2 日系统确认之后才算赎回成功。报单当日（T 日）显示未报是正常的，即使在 2:50 前后下单，只要委托查询里面查询到有记录，一般来说，会在第二个交易日（T+1 日）变为已报，第三个交易日（T+2 日）变为已成。之后再经过清算。所以一般开放式基金是 4 个工作日左右，其他海外基金一般是 10 天以内。

（2）数额限制

①某笔赎回导致基金份额持有人持有的基金份额余额不足 1000 份时，余额部分基金份额必须一同全部赎回。

②基金管理人可根据市场情况，在法律法规允许的情况下，调整上述对申购的金额和赎回的份额的数量限制，基金管理人必须在调整生效前，依照《证券投资基金信息披露管理办法》的有关规定，至少在一家指定媒体及基金管理人网站公告并报中国证监会备案。

（3）赎回方式

基金单个开放日，基金赎回申请超过上一日基金总份额的 10% 时，为巨额赎回。巨额赎回申请发生时，基金管理人可选择下面两种方式处理，如表 1-6 所示。

表1-6　基金赎回方式

赎回方式	分析
全额赎回	当基金管理人认为有能力兑付投资者的赎回申请时，按正常赎回程序执行
部分赎回	管理人将以不低于单位总份额10%的份额按比例分配投资者的申请赎回数;投资者未能赎回部分，投资者在提交赎回申请时应做出延期赎回或取消赎回的明示。注册登记中心默认的方式为投资者取消赎回。选择延期赎回的，将自动转入下一个开放日继续赎回，直到全部赎回为止;选择取消赎回的，当日未获赎回的部分申请将被撤销。延期的赎回申请与下一个开放日赎回申请一并处理，无优先权并以该开放日的基金单位净值为基础计算赎回金额

（4）赎回费用

基金的赎回费用在投资人赎回本基金份额时收取，扣除用于市场推广、注册登记费和其他手续费后的余额归基金财产。本基金赎回费的 25% 归入基金财产所有。基金的赎回费率不高于 0.5%，随持有期限的增加而递减，如表1–7 所示。

表1–7　基金赎回费用

持有期	赎回费率（%）
1年以内	0.5
1年以上(含)~2年	0.25
2年以上(含)	0

注：就赎回费而言，1年指365天，2年指730天；具体赎回费率以基金公司官方数据为准。

※ 小贴士　基金怎么买最省钱

购买基金有多种渠道可以选择：基金公司官网、第三方平台、银行柜台等，不同渠道收取的手续费和优惠活动都不尽相同。同样，不同的基金类别在相同的购买渠道也有手续费的差异。

1. 选对交易平台

一般情况下，第三方基金销售机构会有费率优惠。例如，天天基金网就能享受 4 折优惠，大幅地节约了成本。每个基金公司的优惠力度不一样，具体情况还需要投资者自己做一下简单计算。如果购买股票基金，建议到基金公司官网直接购买，这种情况下基金申购费和赎回费最低，相当于基金公司"直销"，省去了中间环节的费用。

2. 多开几个银行卡的网银

不同时期，基金公司的营销重点不一样，这样就会出现某一段时间某银行卡支付申购费有 4 折优惠甚至免费的情况，而同一时期，可能大部分其他卡都是 7~8 折。

3. 基金转换

基金转换是指投资者在持有本公司发行的任一开放式基金后，可将其持有的基金份额直接转换成本公司管理的其他开放式基金的基金份额，而不需要先赎回已持有的基金单位再申购目标基金的一种业务模式。

$$转换费 = 转出基金赎回费 + 转入转出基金申购费率补差费$$

先买基金公司旗下的一款货币基金，成功后，申请"基金转换"，把货币基金里的钱转换成股票基金或者债券基金，这样基金公司就不再收申购费了。但需要提醒大家，这几款基金必须是同一个基金公司的直销基金。

第三方支付网站也可以使用"基金转换"：在第三方基金销售网站里，同一只基金直接申购和使用网站主打的宝宝类理财产品进行申购的费率也不一样。

4. 后端收费

不少基金购买时都有两种方式：前端付费和后端付费。前端付费是购买时就支付申购费，而后端付费是卖出时才支付申购费。据了解，有些基金的赎回费用随着持有年限的增长而递减。投资者如果看好某只基金，又有长期持有的打算，不妨选择后端付费的模式。后端付费模式，也是最小化认购费和申购费的途径之一。后端付费的设计是为了鼓励投资者能够长期持有基金，因此，后端付费的费率一般会随着持有基金时间的增长而递减。持有年限越长，申购费率越低，直至免除全部申购费用。

5. 红利再投

通常，购买基金时有现金分红和红利再投两种方式，如果打算长期持有，可以选择红利再投，这样分得的红利会直接转换成基金的份额，这部分钱省了申购费；而选择现金分红的好处是基金赎回费用按份额收取，现金分红不计入赎回费。如果打算短期持有这只基金，就要观察基金的分红节奏，不同基金公司的类似基金产品的分红周期通常都很接近。

第二章　基金投资方法

　　基金投资是一个长期持续的投资过程，投资者应根据自身情况来选择基金投资。同样重要的是，投资者应掌握一定的基金投资知识，深入了解基金公司的情况，更加理性地去投资基金。仅仅把注意力集中在基金以往业绩好是不够的，还应该对基金风险收益情况有个了解。面对市场和规模潜在的波动可能，提前设想好应对方案也是必要的。

　　基金的投资收益与股票的投资收益一样，具有波动性和风险性，因此投资者在进行基金业绩评价时，不仅要考虑基金的单位资产净值和投资收益率，还应根据每只基金的投资风险水平对上述指标进行必要的调整。目前，国内专业报刊和基金网站往往会定期公布一些常见的经过风险调整的基金业绩评价指标，投资者可以根据它们对基金业绩进行综合评价。

基金业绩评价法则

　　因为普通投资者不具备择时的能力，所以投资基金原则上应该立足于长线，目标是要在"长跑"中取胜，采取买入并持有的策略。当然，也应该"有所为，有所不为"。

　　首先，要了解基金公司。投资者在购买基金前，应该保持清醒的头脑，对准备购买的基金以及管理该基金的基金公司进行谨慎和全面的了解，切忌盲目冲动或者一窝蜂似的抢购基金。在选择基金品种的时候，投资者首先需要了解的是管理这只基金的基金公司，它的股东结构、历史业绩，是否在一定时间内为投资人实现过持续性回报，其服务和创新能力如何等。这些从公开资料中都很容易获得。投资者应选择规模大、信誉好、尊重投资者的基金公司，要摒弃贪图便宜、"买跌不买涨"的心理，选择那些过往业绩好（要看长期，排名持续在业内前三分之一水平）的基金，长期持有。

其次，要了解基金经理。有人说，买基金其实就是买基金经理，这话是很有道理的。基金经理的水平如何，操守如何，应该成为投资者是否购买某只基金的重要参考指标。基金业绩主要依赖于基金公司的投资团队能力，稳定的投资团队是投资者选择基金的重要考量，如果一家基金公司人才经常流动，基金经理频繁跳槽，这可能意味着团队内部管理和治理结构不完善，会给今后业绩的持续增长带来不确定性。

最后，要了解基金产品的具体情况。国内现有的基金品种，其收益由低至高排列为：保本基金、货币市场基金、纯债型基金、偏债型基金、平衡型基金、指数型基金、价值成长型基金、偏股型基金、股票型基金。反过来，就是其风险由高至低排列为：股票型基金、偏股型基金、价值成长型基金、指数型基金、平衡型基金、偏债型基金、纯债型基金、货币市场基金、保本基金。投资者可以从中进行选择。如果难以确定自己的风险承受能力，那么可以尝试做投资组合，将风险高、中、低品种搭配，这也是专家所推荐的方法。投资组合做好以后，并非万事大吉，投资者还要不断地检查，从中剔除业绩不佳的"渣滓"，不断优化投资组合。

准确评价基金的业绩也是做好基金投资的准备工作之一。投资基金就是挑选基金，而选基金就是要选业绩表现好的基金。评价基金的业绩也需要掌握一定的方法和标准，通常可以参照以下几个指标评判基金的业绩表现：

1. 净资产总值

基金总资产是依照基金投资组合中的现金、股票、债券及其他有价证券的实际总价值来计算的。一般以证券交易所公布的当天收盘价为计算标准，所以是每日变动的。如果基金的净资产总值处于增长状态，就说明某只基金表现较好，可以投资，相反，则说明投资的风险很大。其计算方法为：

$$净资产总值=总资产-总负债$$

即以基金总资产价值扣除总负债后得到的，并且在遇到基金发放利息和股利时，总资产价值还必须扣除应发放的利息和股利之和。而基金的负债主要是基金从银行间同业拆借市场借入的资金、支付给基金管理公司的管理费以及托管机构的托管费等必要开支。

基金净资产总值的增长来源于三个方面：投资收益（利息、股利收入和资本增值）、基金吸纳金额的增加和费用的减少，其中最主要的是投资收益，如果基金经营状况良好，投资收益较高，便会吸引更多的投资者投资该基金，使基金的净资产总值的增长高于平均水平。

2. 单位净值变化

基金单位净值即每份基金单位的净资产价值，等于基金的总资产减去总负债后的余额再除以基金全部发行的单位份额总数。

$$基金单位净值=（总资产-总负债）÷基金单位总数$$

其中，总资产是指基金拥有的所有资产，包括股票、债券、银行存款和其他有价证券等；总负债是指基金运作及融资时所形成的负债，包括应付给他人的各项费用、应付资金利息等；基金单位总数是指当时发行在外的基金单位的总量。

开放式基金的申购和赎回都以这个价格进行。封闭式基金的交易价格是买卖行为发生时已确知的市场价格；与此不同，开放式基金的基金单位交易价格则取决于申购、赎回行为发生时尚未确知（但当日收市后即可计算并于下一交易日公告）的单位基金资产净值。

3. 投资报酬率

投资报酬率是投资者在持有基金的一段时期内，基金净资产价值的增长率。投资报酬率虽然不是评估基金的专用指标，但因其直截了当，成为人们普遍接受的指标。对投资者来说，投资报酬率越高越好，越高说明基金的表现越好，投资者所获的投资收益也就越多。其计算方法如下：

$$投资报酬率=（期末净资产总值-期初净资产总值）÷期初净资产总值×100\%$$

对于开放式基金的投资者来说，如果其投资基金所得的利息和股息不提出来，而是投入基金进行再投资，则计算投资报酬率时还需加入这两个因素，即：

投资报酬率=（期末净资产总值-期初净资产总值+利息+股利）÷
期初净资产总值×100%

4. 夏普比率

夏普比率又称为夏普指数，由诺贝尔奖获得者威廉·夏普于 1966 年最早提出，目前已成为国际上衡量基金绩效表现的最为常用的一个标准化指标。

夏普比率的计算非常简单，用基金净值增长率的平均值减去无风险利率再除以基金净值增长率的标准差就可以得到基金的夏普比率。用公式表示为：

夏普比率=（基金净值增长率平均值-无风险利率）÷基金
净值增长率的标准差

夏普比率的优点在于可以同时对收益与风险加以综合考虑，因为基金净值的增长是在承受较高风险的情况下取得的，因此仅仅根据净值增长率来评价基金的业绩表现并不全面。如果夏普比率为正值，说明在衡量期内基金的平均净值增长率超过了无风险利率，在以同期银行存款利率作为无风险利率的情况下，说明投资基金比银行存款要好。夏普比率越大，说明基金单位风险所获得的风险回报越高。

※ 小贴士　基金的回购利率

在运用夏普比率衡量我国基金的绩效时，国际上一般取 36 个月度的净值增长率和 3 个月期的短期国债利率计算夏普比率，但由于我国证券投资基金每周只公布一次净值，而且发展历史较短，通常以 4 周为一个月的最近 12 个月的月度净值增长率作为计算的基础，在无风险收益率的选取上，采用了上交所 28 天国债回购利率。

选择基金公司的技巧

挑选基金的"四部曲"——选公司、选团队、选产品、选时机，其中对基金公司的选择排在首位。从长远来说，好的基金公司是产生优秀基金的最重要的平台。

投资者关注的一般是某只或某几只基金，但是在基金背后的基金公司，发挥组织和管理基金的作用，有了好的公司、好的平台，才能吸引和保留优秀的投资团队，这也是稳健提升基金业绩最基本的因素。

基金管理公司是基金产品的募集者和基金的管理者，其主要职责就是按照基金合同的约定，负责基金资产的投资运作，在风险控制的基础上为基金投资者争取最大的投资收益。挑选基金管理公司的原则是看它是否具有成熟的投资理念、专业化的研究方法、良好的治理结构、严格的内部风险控制制度、严格的外部监管和信息披露制度，而非盲目或片面地只看前期收益率排名和基金规模大小。

1. 选择基金公司的要求

具体来说选择基金公司的要求有如下几个方面：

（1）获利能力

对于长期投资来说，获利能力由两方面构成：赚钱的时候尽可能多赚，赔钱的时候尽可能少赔。对应到基金公司就是其投研管理能力和风险控制能力。从国内看，不同基金公司的同类基金运作效率差距较大，而同一公司内部同类基金之间效率趋同。

挑选基金时，应关注基金公司的持仓结构是否较好地把握政策红利和市场整体趋势，提前布局，很好地体现基金操作的前瞻性和仓位控制能力。例如，2021年基本处于震荡区间的市场走势，应该选择风格轮动性或变化灵活、能及时跟进市场的中小规模的基金。规模较大的基金在股市下挫时，往往由于仓位较高转舵较难，转变投资风格需要付出巨大的代价，因此业绩表现往往大起大落，属于需要规避类型的基金。

（2）公司管理能力

规范的管理和运作是基金管理公司必须具备的基本要素，是基金资产安全的基本保证。判断一家基金管理公司的管理运作是否规范，可以参考以下几方面因素，如图2-1所示。

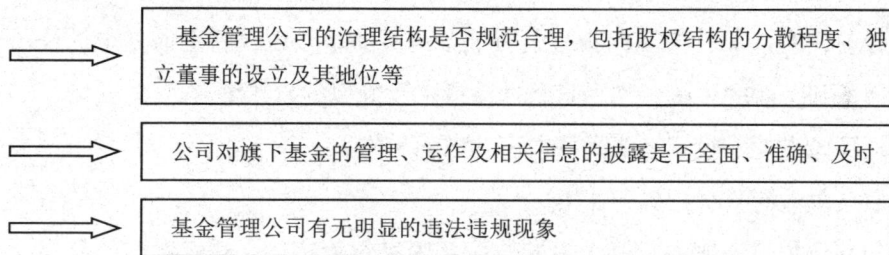

> 基金管理公司的治理结构是否规范合理，包括股权结构的分散程度、独立董事的设立及其地位等

> 公司对旗下基金的管理、运作及相关信息的披露是否全面、准确、及时

> 基金管理公司有无明显的违法违规现象

图2-1　公司管理能力分析

（3）股东因素

股权集中程度与基金公司的管理能力之间基本不相关。从操作实务的角度来看，股权集中虽然提高了效率，但也存在着基金公司员工来源单一、企业文化趋同死滞的负面效应。更有甚者，股权单一、一股独大导致部分大股东将基金公司及其管理的资产视为"私产"，基金公司为股东利益出卖持有人利益的情况之前屡屡发生。因此，股权集中是一柄"双刃剑"，对不同的公司及其股东来说，这个因素的结局是不一样的，因此在做基金分析时要区别对待。

（4）公司的市场形象

对于封闭式基金而言，其市场形象主要通过旗下基金的运作和净值表现体现出来，市场形象较好的基金管理公司，其旗下基金在二级市场上更容易受到投资者的认同与青睐。反之，市场形象较差的基金管理公司，其旗下基金往往会遭到投资者的抛弃，缺乏上涨的动力与题材。对于开放式基金而言，其市场形象主要通过营销网络分布、收费标准、申购与赎回情况、对投资者的宣传等体现出来。投资者在投资开放式基金时除了要考虑基金管理公司的管理水平外，还要考虑相关费用、申购与赎回的方便程度及基金管理公司的服务质量等诸多因素。

2. 选择基金要做的几项工作

由于缺乏专业知识，普通投资者往往容易随大溜，"别人都买，我也要买"的这种心理非常普遍，越是限购的基金产品越容易遭遇抢购。而在抢购之前，很多投资者都没有关注购买的是否是自己想要的产品。投资者在购买基金前，应该保持清醒的头脑，对准备购买的基金以及管理该基金的公司进行谨慎和全面的了解，切忌盲目冲动或一窝蜂似的抢购基金。

具体来说，投资者要做好以下几方面工作：

（1）看懂基金招募说明书

基金招募说明书是基金发起人按照国家有关法律、法规制定的并向社会公众公开发售基金时，为基金投资者提供的、对基金情况进行说明的一种法律性文件。基金招募说明书是投资人了解基金的最基本也是最重要的文件之一，是投资前的必读文件。

基金招募说明书是基金最重要、最基本的信息披露文件，有助于投资者充分了解将要买入的基金，是一份相对专业和标准的基金说明书，有着标准的格式。招募说明书一般分为三部分：

第一部分要标明基金名称、基金管理人（即基金公司）的介绍和基金托管银行介绍，以及相关销售机构联系方式等内容，投资者可以从中了解基金公司的实力和销售服务能力。

第二部分相对重要一些，即基金名称、基金类型和基金的认购（申购）方式以及认购费率，以及基金的管理、托管费用，这主要关系到投资者的投资成本，不可不察。但一般而言，这些成本不轻易打折，留给投资者操作的余地不大。

第三部分是最为重要的基金投资方向、投资策略、资产配置和业绩比较标准。

投资者在看基金招募说明书时主要从以下几方面进行分析，如表2-1所示。

表2-1　基金招募说明书的分析事项

分析方面	具体内容
基金管理人	要细看说明书中对基金管理公司和公司高管的情况介绍，以及拟任基金经理的专业背景和从业经验的介绍。优质专业的基金管理公司和投资研究团队是基金投资得以良好运作的保障
过往业绩	过往业绩可以在一定程度上反映出基金业绩的持续性和稳定性。开放式基金每6个月会更新招募说明书，其中投资业绩部分值得投资者好好分析比较一下
风险	这其实是对投资者来说最为关键的部分之一。招募说明书中会详细说明基金投资的潜在风险，一般会从市场风险、信用风险、流动性风险、管理风险等方面来作说明。只有明了风险，投资才能更加理性
投资策略	投资策略是基金实现投资目标的具体计划，描述基金将如何选择以及在股票、债券和其他金融工具与产品之间进行配置。目前大多数基金均对投资组合中各类资产的配置比例作出了明确限定，这和基金投资风险是直接相关的
费用	基金涉及的费用主要有认购/申购费、赎回费、管理费和托管费等。这些在招募说明书中都会详细列明，投资者可据此比较各只基金的费率水平

※ 小贴士　招募说明书是动态更新的

投资者要注意，由于开放式基金的申购是一个持续的过程，其间有关基金的诸多因素均有可能发生变化，为此，招募说明书（公开说明书）会定期更新。通常，自基金合同生效之日起，每6个月更新一次，并于6个月结束之日后的45日内公告，更新内容截至6个月的最后一日。

（2）读懂基金排行榜

在利用基金排行榜挑选基金时，应该全面、客观地看待各类基金排名，注意以下几点：

①考量自身风险承受能力选基金。在选择基金产品时，最重要的是考虑自己的风险承受能力及投资期限，激进型投资者适合将资金较高比例用于购买风险较高的股票型基金，稳健型投资者则可以考虑均衡投资股票型、债券型及货币型基金，如果是保守型投资者则不适宜买入股票型基金。

②善用"4433法则"选基金。在关注基金排名时，可采用"4433法则"：关注长期指标时，第一个"4"是指选择一年期业绩排名在同类产品前1/4的基金，第二个"4"代表选择两年、三年、五年以及自今年以来业绩排名在同类产品前1/4的基金；关注短期指标时，第一个"3"是指选择近6个月业绩排名在同类产品前1/3的基金，第二个"3"代表选择近3个月业绩排名在同类型产品前1/3的基金。

一般地，长期排名靠后的个基往往在判断市场走势与风格上、行业配置与精选个股等能力上多显欠缺，或所属基金公司整体投研实力偏弱，这类个基应慎投。

③关注业绩持续性。在分析基金排名时，需要综合分析短期、中期和长期业绩，这种情况只针对存续期大于3年的基金，关注1个月、3个月、1年、2年和3年的各项业绩。通常来说，三个不同期限业绩均排行靠前的基金，往往后期业绩优秀的可能性更大。在此需要说明，货币基金本身属于长期投资型基金，因此需要重点关注的是两年及以上的收益率排行。

④重视指标分析。"风险系数"和"夏普比率"是两项经过风险调整后的收益指标，如果一只基金的风险系数为"低"，夏普比率为"高"，说明这只基金在获得高收益的同时只需承担较低的风险，基金业绩表现更稳定，专业研究机构也往往给这种基金比较好的等级评价。因此，选择基金应将基金排名与上述两个指标综合起来进行比较。同时，还应该将基金业绩与比较基准收益率进行比较，如果一只基金能够长期超过比较基准收益率，可以将之归为投资管理能力较强的基金。当然，需要将新基金排除在外，因为刚刚运作的基金均落后于其业绩比较基准。

⑤不可盲目依赖排行榜。对于基金排行榜，应该辩证地看待，正所谓"尽信书不如无书"，一味地信服排行指数往往只会让自己缺乏适时应变的判

断能力。

首先，每只基金都有自己风险收益特征，排名靠前基金所获得高收益可能对应的是高风险，也就是其回报不确定性会特别高，对于风险规避型的投资者而言，收益最高的基金未必是最适合他的基金。

其次，当一只基金挤进排行榜前列时，其所投资的股票债券可能早已涨了一大段，在这个时点进去，自己不但不能享受到这些资产增值的收益，净值损失的可能反而比较大。

最后，由于目前国内基金排行榜分类比较粗略，而基金产品发展却相对迅速，导致一些不同类基金被放在同一类内比较，自然缺乏可比性，容易对投资者造成一定的误导。

基金作为一项具有风险的投资产品，选购的时候更应该"慎之又慎""货比三家"。基金业绩排行榜只是给基民提供了一个直观、系统的参照，须谨记的是，过去并不代表未来，在实际选择过程中，除了以上几点注意事项之外，还需要留心基金公司本身的运作能力、基金的产品设计、基金经理变动等诸多因素，从而挑选出最值得托付的"良基"。

（3）分析基金公司的盈利水平

投资者购买基金，首先应该看的是基金公司的投资业绩，如若投资稳定，盈余较多，说明此公司投资理念正确。

基金管理公司要得到投资者的信赖，一定要有成熟的投资理念、专业化的研究方法、良好的治理结构、标准化的产品、严格的内部风险控制制度、严格的外部监管和信息披露制度。它要与证券公司相互制衡，对上市公司进行合理估值和定价，促进上市公司改善公司治理，推动产业升级，优化产业结构，加快技术、产品和制度创新，提高资本回报率，让广大投资者分享公司成长的红利，实现投资者与资本市场的共赢。同时，它还要按照诚实信用、勤勉尽责的原则，认真履行受托人义务，根据市场投资价值的变化做好投资者教育，合理决定基金募集的时机和规模。

正如股价在相当程度上反映了上市公司基本面，历史业绩也是基金基本面最直接的反映。从历史业绩来评价基金，可以追溯的年限越长，评价的相对可靠性就越高（通常有三个独立年度以上的历史业绩是比较好的），但国内基金业历史较短，一个解决办法是可以以半年为区间对历史业绩进行移动平均，这样可以更好地看出基金业绩表现的趋势。

（4）选择基金经理

对于大多数投资者来说，多数时候基金选择的最终落脚点在于寻找一个安全可靠的基金经理，尤其是对于主动管理型基金而言，基金经理可谓是"灵魂人物"，基金经理是否优秀常常在很大程度上直接影响基金业绩的好坏。

基金经理手握基金的投资大权，决定买什么、卖什么和什么时候买卖，从而直接影响基金的业绩表现。基金的管理方式有三种：

第一种是单个经理型，即基金的投资决策由基金经理独自决定。当然，基金经理并不是包揽研究、交易和决策的全部工作，他的周围有一组研究员为其提供各种股票和债券的信息。

第二种是管理小组型，即两个或以上的投资经理共同选择所投资的股票。在这种方式下，小组各个成员之间的权责难以完全清楚地划分，但有时也会由一个组长做最终决定。

第三种是多个经理型，每个经理单独负责管理基金资产中的一部分。

投资者选择基金经理应从多方面入手：

①基金经理的从业、任职年限。一个稳定的管理团队对基金业绩的作用是不言而喻的，尤其是对基金长期业绩的贡献。虽然说，投资经验不能当饭吃，但是通常来说，经验丰富的基金经理在应对极端情况时，会更加沉稳。尤其是经过牛熊周期"洗礼"的基金经理，从长期来看，基金业绩会表现得更加平稳。

②基金经理的管理能力。机构投资者以及各种投资咨询机构可以通过多种途径了解基金经理的投资管理能力，比如调查基金经理与研究员的背景，深入了解投研团队的决策模式等。但是，普通投资者在时间、精力和手段方面显得捉襟见肘，获取翔实的资料也是不切合实际的。不能靠简单的历史业绩数据来评价基金经理的投资能力，但可以通过关键的线索挑选坚持自身投

资理念的基金经理。

③基金经理的投资操作风格。不同基金经理的操作风格总是千差万别，无所谓好坏，关键在于基金经理能否在"知行合一"的前提下为投资者创造更高的收益。投资者在选择基金经理时，也要根据自己的投资偏好和风险承受能力。比如，有些基金经理崇尚深度价值挖掘，并在投资过程中不作择，这类基金的业绩表现波动可能会比较明显，典型的如国泰金鹰增长基金的张玮先生，其投资风格属自下而上选股型，对仓位和行业配置的关注相对较少。

对基金投资者来说，阅读基金定期报告从而进一步了解基金经理的方方面面，是非常有必要的。仅凭短期的基金运作状况也难以发现基金经理的潜在优势。正是诸多不利因素，使投资者在选择基金和评价基金经理时面临一定的困惑。事实上，频繁更替基金经理不可取，进行基金经理的短期排名，也不利于对基金经理进行公正、客观的评价。投资者还可通过媒体报道以及基金经理日常的投资者交流来对基金经理进行更进一步的了解。

基金净值的选择技巧

一个投资者最关心的应该是投资回报问题，如何衡量投资回报呢？我们通常用基金收益率来衡量，基金收益率在某种程度上是投资者选择投资基金的准绳之一。

1. 利用基金净值选择

（1）什么是基金净值

基金净值是指每个基金单位所代表的价值，其计算公式如下：

基金净值=（总资产−总负债）÷基金份额总数

其中总资产是指基金拥有的所有资产，包括股票、债券、银行存款和其他有价证券等；总负债是指基金运作及融资时所形成的负债，包括应付给他人的各项费用、应付资金利息等；基金份额总数是指当时发行在外的基金单

31

位的总量。

基金资产的估值是计算基金净值的关键。由于基金所拥有的股票、债券等资产的市场价格是变动的，所以必须于每个交易日对基金净值重新计算。开放式基金在每个交易日都会公告单位净值，净值是其计价基础，即申购和赎回价格取决于当日的单位净值。

（2）基金净值与股价

基金净值与股价都代表单位份额的价格，计算方法是一样的，即总资产＝份额数×单位份额价格。虽然基金净值和股价都是代表单位份额的价格，但股价受供求关系影响，一只基金的吸引力与它的单位净值没有关系。

由于上市公司总股数是一定的，如果出现大量的买盘，则股价就会上涨；反之，出现大量卖盘时，股价就会下跌。影响投资者买入或卖出股票的因素有很多，如财务报表显示强劲或微弱的盈利。基金的单位净值不受投资者购买或赎回的直接影响。当资金注入时，基金总份额增加；当投资者赎回时，基金公司付给投资者现金，不管是动用手头的现金还是卖出股票获得现金，这只会造成基金总份额减少，并不影响基金的单位净值。基金单位净值的变动主要取决于投资组合的证券价格变动。

虽然我们不能依据基金净值的高低来选择基金，但我们可以把累计净值作为选择基金的一个重要指标。这是因为累计净值是当前基金净值加上其历史所有分红，所以累计净值越高，表示基金的盈利能力越强，越值得购买。另外，投资者还可以利用基金净值增长率来评估基金在某一时间段内的业绩表现，因为基金净值增长率指的是基金在某一时间段内资产净值的增长率，其值越大，表示净利润越高，投资回报越大。

2.利用基金年报选择

岁末年初，一般都是基金公司披露基金年报的时间。通过阅读年报，投资者可以分析基金的盈利情况，找到业绩良好并适合自己的基金。很多基民朋友很少仔细阅读基金年报，他们往往觉得这些报告读起来非常乏味，抓不住重点。基金的年报是基金过往一年业绩详细信息的报告，展现了基金的投资组合和财务状况，内容较多，但作为投资者，如果重点掌握了以下几方面信息，有助于您轻松阅读年报，理性选择基金。

（1）将基金的业绩与其业绩比较基准进行比较

在衡量基金净值增长率的高低时，需要将实际增长率与业绩比较基准进行比较。这个"业绩比较基准"可以在基金的基本资料中查找。基民在衡量基金净值增长率时，应该参考的指标是"业绩比较基准"。每只基金都有自己的"业绩比较基准"，这可以认为是基金公司给自己设定的投资目标。阅读基金年报时切勿被基金公司误导，把基金业绩与大盘指数比较。业绩比较基准才是考查基金真正盈利能力的指标。

根据报告期内基金净值表现和相应的业绩比较基准收益率的比较，可以检验基金经理的实际操作效果，了解业绩波动幅度的大小。关注业绩指标应结合计算期限的长短，例如1年、2年、3年的净值增长率。

（2）参看主要财务指标

国内基金的年报在主要财务指标项下，披露了基金的收益、净收益、资产总值、净值、净值增长率等数据，并与上一期间的数据进行比较。纵向比较财务指标，可得出基金业绩增长的持续性和稳定性；横向比较这些指标，可判断该基金的排名情况和比较优势。

基金的高收益率和低标准差代表两个不同的投资方向。追求高收益的基金需要偏重于高收益、高风险的投资品种；追求低标准差的基金则需要寻找收益稳定的品种。在金融投资市场中，很难有基金可以做到两全其美。

（3）阅读基金运作情况说明

这部分是基金经理与广大投资人分享其投资理念和投资决策的陈述。优秀的基金经理的业绩回顾不仅会详尽介绍行业分布和个股选择的原因，还会解释影响基金业绩的有利条件与不利因素；在业绩不尽如人意时，不会回避错误的投资决策，而是向投资者阐明其中原因，并且说明下阶段要做什么。因此这部分值得花时间仔细阅读，以便及时掌握基金的策略变化。

（4）后市行情展望

基金经理在基金年报中会对宏观经济、证券市场和各行业走势做出展望。基民可以从中看到基金经理对于经济和股市的判断，了解基金经理在未来一年的投资思路。在相同的投资环境下，不同的基金经理从不同的角度出发，对行情做出判断，虽然他们看问题的方法都有道理，但对后市的判断可能发生分歧。有的基金经理看涨，有的基金经理看跌；有的基金经理看好大盘蓝筹股，有的基金经理看好小盘成长股。投资者可以在众多基金经理中找到适合自己的基金经理，然后把资金交给他，让他帮你去打理。

有的基民可能对宏观经济了解得不多，没有自己明确的看法。这样的基民可以翻阅基金过去几年的报告，看看基金经理在过去几年里有几次预测对了行情，看准了强势板块。用这种方法，毫无专业知识的基民也能轻易判断出基金经理的能力，最后决定把自己的钱交给哪位基金经理。

基金品种的选择技巧

随着股市持续转暖，越来越多的人开始关注基金。面对目前众多的基金产品，由于其投资范围各不相同，费率水平亦有显著差异，中小投资者对于不同基金的投资显得力不从心，往往因为错误的操作带来不必要的损失。因此，在基金投资中，如何根据基金种类的不同选择合适的买卖技巧，是一门值得投资者掌握和了解的功课。

1. 如何选择适合自己的基金

不同的投资者，具有不同的性格特点，处于不同的年龄阶段，承担着不同的消费需求，从而产生了不同的投资兴趣和偏好，投资者在选择基金产品时，一定要从自己的实际情况出发，选择适己的基金产品。需要投资者遵循以下标准。

（1）根据风险和收益来选择

首先，投资者要根据自己的风险承受情况选择基金产品的类型，或者可以构筑一个投资组合，将低风险和高风险的基金产品进行搭配。就基金类型来说，货币市场基金是一个低风险产品，目前收益在 2% 以下；股票型基金是高风险产品。介于这两者中间的就是债券类基金等其他基金品种。

投资者要根据自己的风险偏好来选择基金。若不愿承担太大的风险，就考虑低风险的保本基金、货币基金。若风险承受能力较强，则可以优先选择股票型基金。股票型基金比较适合具有固定收入又喜欢激进型理财的中青年投资者。承受风险中性的人宜购买平衡型基金或指数基金。与其他基金不同的是，平衡型基金的投资结构是股票和债券平衡持有，能确保投资始终在中低风险区间内运作，达到收益和风险平衡的投资目的。风险承受能力差的人宜购买债券型基金、货币型基金。

（2）根据投资者年龄来选择

一般来说，年轻人事业处于起步阶段，经济能力尚可，家庭或子女的负担较轻，收入大于支出，风险承受能力较高，投资期限相应要长些，股票型基金或者股票投资比重较高的平衡型基金都是不错的选择。

中年人家庭生活和收入比较稳定，已经成为开放式基金的投资主力军，但由于中年人家庭责任比较重，风险承受能力处于中等，投资时应该在考虑投资回报率的同时坚持稳健的原则。可以结合自己的偏好和经济基础进行选择，最好把风险分散化，尝试多种基金组合。

老年阶段一般没有额外的收入来源，主要依靠养老金及前期投资收益生活，风险承受能力比较小，而且投资期限不会很长。这一阶段的投资以稳健、安全、保值为目的，通常比较适合平衡型基金或债券型基金这些安全性较高的产品。

（3）选择与自己投资目标适合的基金

不同的投资者对未来资金的保值与增值的需求也是不同的，会制定不同的收益预期目标。但这需要配置合适的基金产品。追求资本的长期增值，应当优选股票型基金，而对于追求收益稳定性的投资者，可以将债券型基金产品作为目标，此外，对资金流动性需求强烈的投资者可以选择货币市场基金。

（4）根据投资期限来选择

购买基金还需要考虑投资期限。尽量避免短期内频繁申购、赎回，以免造成不必要的损失。短线操作风险太大，且不好把握，最好长期持有一段时间，才能真正获取收益。

投资期限在 2 年以下的短期投资，投资的重点应该放在债券型基金、货币市场基金这类低风险、收益稳定的基金产品上。特别是货币基金流动性几乎等同于活期存款，又因其不收取申购、赎回费用，投资者在用款的时候可以随时赎回变现，在有闲置资金的时候又可以随时申购，堪称短期投资者的首选。

投资期限 2~5 年的中期投资，除了股票类基金这类风险高的基金产品外，还要加入一些收益比较稳定的债权型或平衡型基金，以获得比较稳定的现金流入。但是，由于买进卖出环节都要缴纳手续费，一定要事先算好收益成本。

投资期限为 5 年以上的长期投资，可以投资于股票型基金这类风险系数比较大的产品。这样既可以抵御一些投资价值短期波动的风险，又可获得长期增值的机会，预期收益率会比较高。保本基金也是在一定的投资期内（如 3 年或 5 年）为投资者提供一定比例的本金回报保证，不到期限就不能保本，因此，也适合长期投资。

投资者选择基金的过程，也是对自我投资行为、理念和操作习惯进行检验的过程。因此，具有不同操作习惯和投资理念的投资者，应当在选择基金产品方面有所区别。

2. 不同的年龄段如何选择基金

对于一般的投资者而言，在我国目前专业理财顾问很少的情况下，如何才能走出误区，省时、省力地实现理财投资的目标呢？选择基金投资的最大优势就是不用劳心费神地自己去"选股""择时"，选择适合的基金，构造合理的基金投资组合最重要。由于人们在不同的年龄段具有不同的财务状况、风险承受能力，对理财投资的需求和目标也各不相同。所以，构建一个合理的基金投资组合，不同年龄的人会各有不同。

对于年轻人而言，如经济能力尚可，家庭负担较轻，投资期限长，能承担较大的风险，可选择以股票型基金为主要投资对象，少量兼顾中低风险的基金产品；对于中年人，收入比较稳定，但家庭责任较重，投资时应该在考虑投资回报率的同时坚持稳健的原则，分散风险，尝试多种基金组合；对于老年人而言，应以稳健、安全、保值为目的，可选择货币型、保本或股票配置比例低的平衡型基金等安全性较高的产品。

在欧美成熟市场有一个通行公式：用80减去自己的年龄，就是一个人投资于股票型基金的大致比例。例如投资者今年30岁，80-30=50，因此，股票型基金就可以占到基金投资的50%。当然，不同的人可以根据自己的风险偏好、投资期限、投资目标适当调整这一比例。

3. 根据理财需求情况选择基金的技巧

如今，我国基金的种类和品种已经比较丰富，普通投资者完全可以通过把资产配置在不同类别的基金上来满足不同的理财需求。每个人具体的理财需求千差万别，但是，可以把理财需求分成不同的期限，并针对不同的期限选择不同的基金。

例如，短期目标：建立应急基金、为度假而储蓄等；中期目标：为房子的首付储蓄等；长期目标：为孩子的教育储蓄、为退休储蓄等。确定了不同的理财需求与期限，那么基金投资应该占个人投资多大比例呢？

投资者要在银行、保险、资本市场中合理配置资产，一般应遵守"三三制"的配置原则。首先，投资者不能用基金投资来替代保险的保障功能。其次，由于货币型基金风险很低，流动性较好，被证明是良好的现金管理工具，可以替代部分储蓄产品；债券型基金属于基金中相对低风险的品种，其长期平均的风险和预期收益率低于股票型基金和混合型基金，高于货币市场基金，稳健的投资者在谨慎选择产品的基础上，也可以替代部分储蓄产品。最后，不要把预防性储蓄投资到高风险的资本市场中。

在明确了上述原则后，投资者可以根据个人的投资组合成分、比重与其他资产的配置确定基金投资比例。对大部分人而言，只有依靠合理的投资回报率，才能既提高生活品质，又不断改善财务健康状况。从理财的角度看，一般来说，投资者应至少拿出净资产（全部资产减去全部负债）的50%用于投资（如基金、股票、债券、投资性房产等）。

※ 小贴士　投资期限与风险承受能力

投资期限越短，投资者的风险承受能力越低，越应该加大低风险类基金的比例，甚至全部由低风险类基金构成。如果投资者的风险承受能力较高，而且用于投资的资金在较长时间内可以不动，则可以采取较为激进的投资策略，把较多的资产配置在股票类基金上。

4.通过基金评级选择基金

基金评级简单易懂，在投资者选择基金时起到筛选、缩小基金挑选范围的作用。投资者可以根据评级了解到基金过往投资成绩如何，基金评级存在的价值。简言之，就是将基金历史的风险调整后收益进行比较，以此反映基金经理的投资管理能力，是一个定量评价指标。

很多投资者喜欢把基金评级作为自己选购基金产品的重要参考，可是面对眼花缭乱的各类评级又不免让人感到困惑。应该如何使用好基金评级挑选满意基金呢？

①优先考虑权威评级机构。就目前而言，国内的如银河证券基金研究中心、国金证券基金研究中心等，国际专业基金评级且已在国内开办分支机构的如晨星、理柏等，都是参考的首选。

②星号多少很重要，但在注重星号的同时还需留意基金风险。一般而言，一只基金星号的多少的确能在一定程度上反映出基金成立以来的业绩状况。同样的运作年份，高星级的基金业绩必然优于低星级的同类基金。但星号较多的基金未必就是低风险基金，一只五星级基金很有可能是高回报与高风险并存的基金。如果你是保守稳健型的投资人，你除了观察星号多寡外，还要注意该基金的波动风险如何，是否超出了自己的风险承受能力。

③依据基金星号评级挑选基金是个不错的方法，但应明了基金评级采用的数据一般都是基金过去的表现，而不是未来获利的保证。此外，评级也处于不断的动态调整中。

即使你现在精心挑选了一只在好几个权威评级中都有五颗星的基金来投资，你仍然无法保证这只基金将来的回报一定会超过目前评级比它低的基金。

④基金星号只是针对同类型基金的比较，因此不同类型的基金，是不能单纯用星号来比较孰优孰劣的。比如，拿一只五颗星的股票基金和一只四颗星的债券基金相比就不太合适。其实四颗星的债券基金对于偏好追求稳定收益的投资者而言，反倒是一个不错的选择。

5.选择有利的分红方式

基金分红是指基金将收益的一部分以现金方式派发给基金投资人。对于开放式基金，目前大部分基金公司提供了现金分红和红利再投资两种方式供投资者选择。

投资者选择现金分红，红利将于分红实施日从基金托管账户向投资者的指定银行存款账户划出。而红利再投资则是基金管理公司向投资者提供的，直接将所获红利再投资于该基金的服务，相当于上市公司以股票股利形式分配收益。如果投资者暂时不需要现金，而想直接再投资，就可以选择红利再投资方式，在这种情况下，分红资金将转成相应的基金份额并计入您的账户，一般免收再投资的费用。

实际上，这两种分红方式在分红时实际分得的收益是完全相等的。这部分收益原来就是基金单位净值的一部分。因此，投资者实际上拿到的是自己账面上的资产，这也就是分红当天基金单位净值下跌的原因。由于封闭式基金一般在存续期内不再发行新的基金单位，因此，封闭式基金的收益分配只能采用现金分红的形式。

一般情况下，选择现金分红方式的人比较多，因为这种方式非常普遍，可以说通俗易懂，并且现金分红是实实在在拿到钱，可以落袋为安。这种选择主要适合以下两种情况：

一是希望用分来补贴家用的投资者，很多退休者或生活来源受限制的投资者，希望经常有投资收益来补贴家用，这时自然选择现金分红最为合适；

二是在基金净值进入下降通道的时候，如果预计基金净值今后还将继续下跌，这时选择现金分红可以真正起到落袋为安的作用，如果红利积攒到一定程度，并且基金净值经过下跌已经有企稳迹象，这时可以选择用积攒的现金分红再一次性低价申购开放式基金，这样实际收益会比选择红利再投资高很多。

在牛市，选择红利再投资能给投资者带来更大回报。此外，如果投资者有长期投资基金的打算，红利对自己来说暂时没有用处，可以选择红利再投资。如果投资者手中不缺现金，最好选择红利再投资。

如果选择现金分红，基金每一次分红后就可以拿到现实的资金，但这部分资金失去了投资机会。应该注意的是，基金回报的计算数据往往是以投资者选择红利再投资为假设前提的。目前，不同基金对每个账户的最低金额要求也不相同，如代销网点为 1000 元，而直销网点可能为 1 万元。无论采取哪种方式，投资者都要保存好申购的确认凭证，这样才会对自己的投资有个记录。大多数基金管理公司每个季度或每个月都会向投资者寄送对账单。

基金分红方式并不是一成不变的，投资者可以根据个人的具体情况以及基金行情的变化，通过网上银行、网上直销系统以及到银行柜台随时修改自己的分红方式。

6. 投资者如何巧打选购基金时间差

投资者购买基金的主要目的是省去较多的资产配置时间，通过专家理财来实现既得利益。但人们实际购买基金时，常常具有时间管理的意识，而缺乏时间管理的方法。主要表现在对基金产品的购买时点、资金组合等缺乏应有的时间观念，不能巧打"时间差"，从而错过了很多获取收益的机会。

（1）认购期和申购期的"时间差"

开放式基金其认购期一般为 1 个月，而建仓期却需要 3 个月。从购买到赎回，投资者需要面临一个投资的时间跨度，这为投资者选择申购、赎回时点进行套利，创造了"时间差"。因此，对于偏好风险的投资者来说，只要掌握了股票型基金的建仓特点，就能获取不菲的基金建仓期收益。

（2）前端和后端收费的"时间差"

为了鼓励基金持有人持有基金时间更长，同时增强基金持有人的忠诚度，各家管理公司在基金的后端收费上设置了一定的灵活费率，即随着基金持有人持有基金时间越长而呈现后端收费的递减趋势。对于资金量小、无法享受认购期大额资金费率优惠的，不妨选择缴纳后端收费的方式，做一次长期价值投资。

（3）场内与场外转换的"时间差"

在基金投资品种中，有一种 LOF、ETF 基金既可以进行场内的正常交易买卖，还可以进行场外的申购、赎回，并存在多种套利机会。怎样研究分析和把握套利时点，对投资者购买此项基金是十分重要的。

（4）价格与净值变动的"时间差"

对于封闭式基金而言，交易价格和净值波动价格是随时变动的，而且交易价格的变动和净值的变动没有一定的波动规律，但在交易价格与基金净值之间却存在一定的联动关系，即封闭式基金的交易价格与净值之间的价差越大时，其折价率就越高。这为进行交易价格和净值之间进行套利的投资者提供了"时间差"。

总之，投资者只要善于把握不同基金产品的特点，捕捉基金产品投资中的机会，就能因巧打"时间差"带来获利机会。

7. 牛市选择基金的技巧

在牛市中，上证指数节节攀升，大部分投资者都想通过基金赚上一笔，但面对市场上种类繁多的基金，很多人难以选择。那么，在目前牛市格局中，到底应该如何投资基金呢？

（1）选择老基金

"牛市看老，熊市看新。"有关理财专家认为，在持续走高的市场中，高净值的老基金比新基金更具优势。在持续走高的市场中，业绩好的老基金比新基金更具优势。业绩好的老基金一般反映了该基金经理的投资水平比较好，而且老基金在前面运作中，已经可见运作风格和收益情况，风险相对较低。更重要的是，在后市看涨的情况下，由于老基金已有很多重仓的股票，能够直接获得上涨收益。而新基金则必须在持续走高的市场环境下缓慢建仓，不仅建仓成本高，而且容易错过突如其来的市场机会。

（2）选择规模适中的基金

基金规模也是牛市选择基金必须关注的一个问题。基金规模大到一定程度会影响投资组合的流动性，而且规模太大导致无论是买入还是卖出股票时均会推动股票价格朝不利于组合的方向发生变化，从而对收益率产生一定的负面影响。理财专家指出，在其他因素确定的情况下，积极型投资者优先考虑选择规模较小的股票型基金，稳健型投资者优先考虑规模稍大的低股票配置的保守型基金。

（3）选择净值高的基金

净值高的基金，是其过去投资能力的直接体现，意味着每份基金所包含的资产价值高。高净值基金充分说明了基金管理人的管理运作水平和风险控制能力。此外，高净值基金不等于它持有股票的价格已被高估。基金不是股票，"高抛低吸"并不适用于基金投资。基金的价值由其资产净值决定，高净值的背后，是基金经理的操作能力。优秀的基金经理对他所选股票有自己的目标价格，当他持有的股票被高估时，他就会获利了结，然后再买他认为价格被低估的股票。所以高净值基金里，未必有价格被高估的股票。判断基金好坏的依据并不是净值的高低，基金净值没有最高，只有更高。

8.股市剧烈震荡时选基金的技巧

如果遇到市场震荡调整剧烈，股基债基纷纷下跌，这对于基民而言，是一个苦不堪言的日子。其实在震荡市中，风险承受能力较强的投资者可以考虑分批买入。具体而言，有以下三种投资方式。

（1）定期定投

遇到市场急剧下跌，基民可借机进行抄底，但可以适度把握定投的节奏，通过定投方式买入指数基金。首先，对于指数基金这种高波动性的投资产品正好可以通过定期定投来降低风险，定投的效果最佳。其次，把定期定投和指数基金结合起来，可以严格执行投资纪律，锁定投资效果。

（2）选择保本基金

投资者在投资过程中，首先考虑投资标的的安全边际，在守住本金后再考虑追求更高的投资收益。虽然市场深陷阴霾，但保本基金仍然可以保持正收益。这得益于保本基金审慎稳健的建仓策略，旨在规避近期大面积的下行风险，为下一阶段的逢低增持提供了有利条件。保本基金安全垫逐步积累和提升，就可赢得更大的空间去赚取增值收益。但是投资者要注意的是，保本基金规定，只有在认购期认购并持有至保本周期结束，才能享受保本条款。

第三章　各基金品种投资技巧

开放式基金投资技巧

在开放式基金日渐受到投资者欢迎的情况下，许多人对于投资开放式基金产生了浓厚的兴趣。其实，投资开放式基金有很多省钱之道，掌握了这些窍门，会使投资顾虑很快烟消云散。

1. 节省交易费用

购买开放式基金时的申购（认购）费用分为前端收费和后端收费。如果打算仅作短期投资，持有时间在 1 年以内，前端收费的费用相对较少，大约可节省 0.3% 的费用。如果计划持有时间在 1～2 年，前后端收费的差异并不大，但由于可先将交易费用用于投资，显然采用后端收费更为有利，因为持有的时间越长，交易费用越低。而持有时间在 4 年以上，大部分基金都将免除交易费用。

基金首发时的认购费用均会比其后的持续销售中的费用低 0.2%～0.5%。此外，不同类型的开放式基金的交易费用不同，同一类型的开放式基金的交易费用也有可能有差异，对此投资者可细心甄别。

2. 选择买卖方式

除了一次性买入外，投资开放式基金还可采用类似银行零存整取的投资方式，即定期定额投资方式。只要每月在银行账户存入一定的资金，约定期限内银行将自动扣款买入相应的基金。这种方式特别适合期望获得高回报的工薪阶层。

　　按照基金公司的规定，认购、申购数额越高，手续费越低。比如某基金申购金额低于 50 万元时费率为 1.5%，高于 500 万元时费率仅为 0.5%，二者相差数倍。根据这一规定，同事、朋友、网友们可以"团结"起来，使一次性购买基金的额度达到享受手续费优惠的金额便可节省一大笔费用。另外，目前国内出现了专门的基金团购网，办理该网站指定银行的银联卡，开通"银联通"业务，就可以在团购网的指导下购买相关基金，享受团购费率优惠。比如，购买"华夏宝利配置"基金，普通的申购费率是 1.2%，通过团购网可以享受 0.48% 的优惠。

　　过去认购、申购开放式基金只能到证券公司或银行网点才能办理，现在工行、招行等金融机构都推出了"网上基金"业务，且银行对网上基金交易都有一定的优惠政策：从网点开立基金账户一般要缴纳一定的开户手续费，而在网上自助开立基金账户则是免费的；网上认购、申购开放式基金可以享受一定的手续费折扣，比如，通过某银行"银基通"购买开放式基金，申购费最多打 4 折。最关键的是网上购买基金可以节省大量时间，对于现代人来说，节省时间就等于创造"金钱"。

　　3. 巧妙利用伞形基金

　　由于伞形基金内各基金转换条件宽松甚至免费，因此可以利用伞形基金巧妙节省费用。例如打算购入景顺长城系列下的景顺长城优选股票基金，直接购买申购费用为 1.5%；为节省费用，可先买入景顺长城系列下的景顺长城恒丰债券基金，申购费用为 0.8%，然后再将债券基金转换成景顺长城优选股票基金。由于转换免费，实质可节省申购费用 0.7%。

　　4. 避免频繁交易

　　开放式基金的申购和赎回费用合共一般高达 2% 左右，高于封闭式基金和股票的交易费用。若过于频繁地进行买卖，无形中将大幅增加投资成本。因此，投资者应尽量树立长线投资的理念，不能将开放式基金当成股票来买卖，不能有短期暴富的心理。持有的时间越长，相关的交易费用越少，获取的投资回报也越高。

5. 红利再投资节省申购费

基金投资者可以选择两种分红方式：一种是现金红利，另一种是红利再投资。为鼓励大家继续投资，基金公司对红利再投资均不收取申购费，红利部分将按照红利派现日的每单位基金净值转化为基金份额，增加到投资人账户中。这种方式不但能节省再投资的申购费用，还可以发挥复利效应，从而提高基金投资的实际收益。

封闭式基金投资技巧

封闭式基金的投资技巧主要包括如下内容。

1. 判断封闭式基金的投资价值

判断封闭式基金的投资价值，归结起来主要有八点，如表 3-1 所示。

表3-1 封闭式基金的投资价值判断

方式	分析
内部收益率	以到期进行清算获取收益对封基进行绝对估值，估值方法采用现金流贴现法，计算基金价格向净值回归过程中的投资价值
基金未来分红派现能力	基金分红必须满足两个条件，即"基金单位净值在1以上"和"基金每基金份额可分配收益为正"，该指标主要考察基金净值持续增长情况
基金历史净值增长水平及稳定性	历史净值增长情况和稳定性虽然不能完全说明未来的情况，但是基金投资思路的延续性和连贯性，必然影响未来收益水平
持仓结构及重仓股成长能力	股票型基金最重要的利润来源即是股票投资收益，因此对于基金持仓结构和重仓股成长能力的分析尤为重要
市场表现及换手率	通过分析封闭式基金二级市场表现和换手率变化，了解基金投资者的持有成本的变化，可以更好地判断基金未来市场走势
持有人结构	封基投资以机构为主，分析持有人机构的变化，可以大致判断基金品种的特点和未来的可能变化
基金管理公司综合水平	投资基金，归根结底就是投资基金管理人，以及投资基金投研团队的历史业绩和运作能力
参考基金评级	选择目标品种时可以参考一些机构评级中的相关指标

2. 选择折价率较高的基金

在过去很长一段时间，我国的封闭式基金都是在折价交易，折价率一度高达 50% 以上。造成折价交易的原因有很多，主要原因有：第一，封闭式基金到期后处理方案的不确定性，如果到期后选择清盘，那么集中抛售股票就会导致基金资产缩水；第二，对封闭式基金激励机制的质疑，封闭式基金由于没有赎回压力，因此会被投资人认为没有足够的动力去追求良好的业绩回报。此外，市场行情和投资者认识上的误区也是导致封闭式基金折价交易的原因。

由于封闭式基金的价格是由市场交易双方供求关系决定的，交易价格经常会与基金净值之间发生偏差。投资封闭式基金要尽量选择折价的基金，折价率越高，蕴含的价值回归趋势就越明显。

3. 市净率上升空间相对较高的品种

在较长一段时期内，封闭式基金的市净率和其规模有着较强的负相关关系，而在同规模基金中，不同基金的市净率也保持着一个比较稳定的相对强弱关系。因此，投资者在以市净率为依据选择基金时，需要考虑的是该基金市净率的相对上升空间，而非折价情况。

4. 选择小盘封闭式基金

选择小盘封闭式基金，特别是要注意小盘封闭式基金的持有人结构和十大持有人所占的份额，如果基金的流通市值非常小，而且持有人非常分散，则极有可能出现部分主力为了争夺提议表决权，进行大肆收购，导致基金价格出现急速上升，从而为投资者带来短线快速盈利的机会。

5. 选择净值运营较好的基金

从市场运行形势以及市场运行的规则来看，强者越强的趋势在短期内不会有大的改变，因此在同样的情况下，投资者选择基金时有必要优先考虑那些自今年年初以来单位净值增长良好的基金。

6. 关注封闭式基金的分红潜力，选有中期分红可能的基金

作为基金的一种，封闭式基金具有集合资金、共担风险、共同分享投资收益等特点，是比较好的中长期投资产品。封闭式基金的获利主要来自买卖

差价收入和基金分红收入。

想要封闭式基金兑换非常方便，只要像卖股票一样将其份额卖出即可，但是封闭式基金不像开放式基金那样可随时将其实际的价值兑现。封闭式基金的价值兑现是一个相对漫长的过程，只能到封闭期结束时才能完全体现。封闭式基金的每一次分红都相当于将这部分价值提前赎回给了投资者，因此分红可能性大的基金更有投资价值。

7. 关注基金重仓股的市场表现和股市未来发展趋势

同样是因为封闭转开放以后，基金的价格将向其价值回归，所以，基金的未来涨升空间将和基金重仓股的市场表现存在一定关联，如果未来市场行情继续向好，基金重仓股涨势良好，会带动基金的净值有继续增长的可能，将使得基金更具有投资价值。

8. 控制风险

在具体操作中，投资者应构建多只封闭式基金组合，这样才可以有效分散因个别基金管理不当造成的风险。封闭式基金的风险包括宏观经济导致的系统性风险，控制这种风险的方法只有把握好入市和出市的时点。此外，也应充分注意消息面的变化，如基金的"封转开"，一旦消息朝不利方向转化，我们还应果断处置。

※ 小贴士　投资封闭式基金要克服暴利思维

按照目前的折价率进行计算，如果封闭式转开放的话，其未来的理论上升空间应该在 22%~30%，当基金上涨幅度过大，接近或达到理论涨幅时，投资者要注意获利了结。

股票型基金投资技巧

专家建议，面对国内市场上的众多股票型基金，投资者可优先配置一定比例的指数基金，适当配置一些规模较小、具备下一波增长潜力和分红潜力的股票型基金。

选择股票型基金时通常要注意以下几方面内容：

1. 投资取向

即看基金的投资取向是否适合自己，特别是对没有运作历史的新基金公司所发行的产品更要仔细观察。基金的不同投资取向代表了基金未来的风险、收益程度，因此应选择适合自己风险、收益偏好的股票型基金。

2. 基金公司的实力

买基金是买一种专业理财服务，因此提供服务的公司本身的素质非常重要。目前国内多家评级机构会按月公布基金评级结果。尽管这些结果尚未得到广泛认同，但将多家机构的评级结果放在一起也可作为投资时的参考。

投资者选择股票型基金时，看盈利能力是最直接的，一般考虑基金的阶段收益率和超越市场平均水准的超额收益率。基金的阶段收益率反映了基金在这一阶段的收益情况，是基金业绩的最直接体现，但这个业绩受很多短期因素影响，有较多偶然成分。评价收益率还需要考虑基金获得超越市场平均水准的超额收益率，常用詹森指数等作为衡量指标。詹森指数衡量基金获得超越市场平均水准的超额收益能力，可以作为阶段收益率的补充，还可以帮助投资者更全面地判断基金的盈利能力。

3. 抗风险能力

投资者选择股票型基金时，还应关注基金的抗风险能力，这主要通过该基金的亏损频率和平均亏损幅度来比较。不同的亏损频率和亏损幅度在一定程度上反映了基金经理的操作风格，只有将亏损频率和亏损幅度较好平衡的基金才具有较强的抗风险能力，帮助投资者实现长期持续的投资回报。

任何一种投资方式都有利弊，如何规避风险，提高收益是对投资者最大的考验。无论投资者是选择股票基金还是选择其他投资方式，要记得最大限度地降低风险，避免血本无归的结局。面对国内市场上的众多股票型基金，投资者可优先配置一定比例的指数基金，适当配置一些规模较小、具备下一波增长潜力和分红潜力的股票型基金。

投资股票型基金应注意风险。由于价格波动较大，股票型基金属于高风险投资。除市场风险外，股票型基金还存在集中风险、流动性风险、操作风险等，这些也是投资者在进行投资时必须关注的。

投资者购买了一只股票型基金，那么就意味着成为该基金所投资的上市公司的股东后，可能获得两方面利润：一是股票价格上涨的收益，即通常所说的"资本利得"；二是上市公司以"股利"形式分给股东的利润，即通常所说的"分红"。股票型基金，虽然在短期"对价"行情中落后市场，但其长期表现看好，投资者不应进行频繁调整，以免交易成本上升净值表现落后大盘。

随着股市的大涨大跌，自然也会给股票型基金带来不小风险，主要表现在：虽然长时间看投资股票型基金亏损的概率几乎为零，但对一些中短期投资者来说，亏钱的风险仍不小。

选择股票基金，从股票基金的投资策略开始，因为这代表了基金经理选股最根本的原则。从投资策略角度来看，股票基金可以细分为价值型、成长型和平衡型三种。

价值型基金的风险最小，但收益也较低，适合想分享股票基金收益，但更倾向于承担较小风险的投资者。价值型基金多投资于公用事业、金融、工业原材料等较稳定的行业，而较少投资于市盈率倍数较高的股票，如网络科技、生物制药类的公司。通常来说，价值型基金采取的投资策略是低买高卖，重点关注股票目前价格是否合理。因此，价值型投资的第一步就是寻找价格低廉的股票。

成长型基金适合愿意承担较大风险的投资者。因为这一类基金风险最高，不过，赚取高收益的成长空间相对也较大。成长型基金在选择股票的时候对股票的价格考虑得较少，多投资产业处于成长期的公司，在具体选股时，更青睐投资具有成长潜力如网络科技、生物制药和新能源材料类上市公司。

平衡型基金则处于价值型基金和成长型基金之间，在投资策略上一部分投资于股价被低估的股票，一部分投资于处于成长型行业上市公司的股票。

在三类基金中，平衡型基金的风险和收益介于上述两者之间，适合大多数投资者。要提醒投资者的是，对于大额的投资于股票型基金的决定，应该避免在市场过度炒作时作出决策。

指数型基金投资技巧

指数基金的投资采取拟合目标指数收益率的投资策略，分散投资于目标指数的成分股，力求股票组合的收益率拟合该目标指数所代表的资本市场的平均收益率。运作上，它比其他开放式基金具有更有效规避非系统风险、交易费用低廉、延迟纳税、监控投入少和操作简便的特点。从长期来看，指数投资业绩甚至优于其他基金。

指数基金作为一种重要的长期资产配置和短期波段操作的工具，得到越来越多投资者的认同。市场上可以选择的指数基金也越来越多，随着指数基金数量和品种的增加，投资者在投资指数基金时，常有不知从何选择之感。投资者在选择指数基金时，可以从以下几个角度入手：

1. 关注基金公司实力

选择任何基金时，基金公司实力都应该是投资者关注的首要因素，指数基金也不例外。虽然指数基金属于被动式投资，运作较为简单，但跟踪标的指数同样是个复杂的过程，需要精密的计算和严谨的操作流程。实力较强的基金公司，往往能够更加紧密地进行跟踪标的指数。

2. 选择标的指数表现优越的基金

所谓投资指数基金，就是投资指数，因此选择一个合适的指数很关键。一般而言，指数型基金分为市值加权法、平均加权法、基本面指数投资法3种投资策略，由于每种指数投资策略都有各自的核心，所以投资者可以根据市场环境选择指数基金。

比如，基本面投资策略是以价值为导向，当价值型股票成为市场青睐的对象时，这种策略就会奏效。而此时，市值加权投资策略就会显得逊色。然而，在牛市中，市值加权投资策略往往能战胜基本面投资策略。同样地，当中盘股和小盘股受到青睐时，平均加权策略更加奏效。因此，投资者无论选择哪种指数基金，最主要的还是看所选指数是否适合自己的理财目标。从长期来看，传统的市值加权策略对于大多数投资者来说已经足够。

3. 考虑费率差异对投资效率的影响

大部分的指数基金都是跟踪指数、复制指数收益的投资工具，相较于主动投资的基金，指数基金不仅管理透明，更具有成本优势。股神沃伦·巴菲特曾说："成本低廉的指数基金，也许是过去 35 年最能帮投资者赚钱的工具。"

由于基金的管理费和托管费是按照基金资产每日计提的，投资者感受并不明显，投资者经常会陷入不重视基金管理成本的误区，很多投资者甚至不清楚自己投资基金的管理费是多少。一般主动式管理基金的管理费为 1.5%，托管费为 0.25%，而国内指数基金的管理费率介于 0.5%~1.3%，托管费率则在 0.1%~0.25%。相对于主动管理的基金，指数基金每年可以节省 1% 左右的管理成本。如果每年可以节省 1% 的投资费用，代表额外赚取 1% 的投资收益，在长期投资复利的威力下，投资结果会有极大的不同。

目前我国的指数基金费率也存在一定差异，其原因多种多样。从总体上看，ETF 和指数 LOF 的费率水平较低。投资者在选择指数基金前，应该事先阅读基金合同及招募说明书了解产品特性和费率水平。

4. 看指数拟合度

投资者投资指数基金时，大都希望指数基金能完全复制跟踪指数的业绩表现，才能达到短期波段操作或是长期资产配置的投资效果。因此，判断一只指数基金是否投资操作良好，并不是看这只指数基金的业绩有多突出，而是看这只指数基金是否有较好的复制指数表现，也就是市场关心的"跟踪误差"。投资者可以通过查阅基金历史数据，了解基金以前的拟合表现。

跟踪误差就是指数基金净值波动和标的指数波动之间的拟合程度，反映了指数基金的操作能力。一般而言，好的指数基金是跟踪误差最小的。

※ 小贴士　如何选择跟踪标的与指数基金

投资者在确定跟踪指数时需兼顾代表性与跟踪成本，在选择指数基金时应同时考虑规模、费率与跟踪误差等因素，权衡多付出的费用是否能带来"额外收益""交易便利"或"更大的覆盖率"，力争选择最合适的投资标的。

目前，市场上的指数基金跟踪的大多是价格指数而非收益指数，价格指数对上市公司分红派息不作除权调整，任指数自由回落，更多地反映了买卖价差所赚取的收益，相较收益指数更容易被超越。

市值加权指数容易受一群市值较大的样本股的影响，更多地反映了市值较大股票的波动，也可能出现某些行业"超配"的现象，投资者需了解被投资规模指数的行业分布情况，并将其作为决策因素之一。

等权指数能在中长期提供"再平衡溢价"；严格执行分散化投资，是价值投资、均值反转理念的有效实践；在震荡市中有较好的表现。然而，随着成分股数量增加，等权策略的成本会成比例增加甚至大于收益，不适用于大型综指；"强者恒强"现象也会使等权指数表现不如市值加权指数。

债券型基金投资技巧

债券型基金主要追求当期较为固定的收入，相对于股票基金而言缺乏增值的潜力，较适合不愿过多冒险、谋求当期稳定收益的投资者。

债券型基金是指百分之八十以上的基金资产投资于债券的基金。债券型基金按照投资范围与投资目标等不同分为纯债基金、一级债基金和二级债基金3个子类别如表3-2所示。

表3-2　债券型基金的分类

分类	分析	挑选依据
纯债基金	指投资对象仅限于不参与股票投资的债券基金	纯债基金以定期存款为绝对基准，依次考察盈利能力和业绩稳定性
一级债基金	指可参与一级市场新股申购，可持有因可转债转股所形成的股票，股票派发或可分离交易可转债、分离交易的权证等资产的债券基金	依次考察盈利能力和业绩稳定性
二级债基金	指可适当参与投资二级市场股票以及中国证监会允许基金投资的权证等其他金融工具，也可参与一级市场新股申购的债券基金	除考察盈利能力和业绩稳定性外，增设抗风险能力

　　债券市场的赚钱效应吸引了大量投资者从股票市场转战债券市场，债券型基金的申购量大增。投资者在选择债券基金时需要注意以下几点：

　　1. 判断宏观经济环境

　　与股市相比，债券型基金受到宏观经济影响相对较小，但是如果是冲着债券型基金的大行情去的，就不能忽视宏观经济对债券型基金的影响。一般来讲，降息对债券型基金是利好，如果宏观经济处于降息周期内，那么持有债券型基金可能获得较高收益；反之，如果进入升息周期，债券型基金的收益率则可能降低。

　　适合投资债券型基金的时机有两种，如图 3-1 所示。

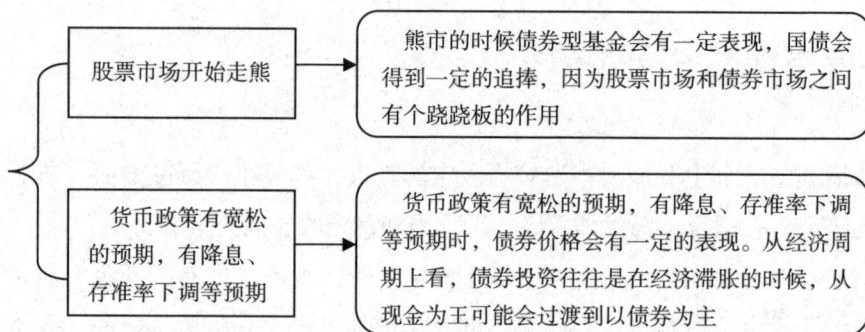

图3-1　债券型基金的投资时机

　　投资者如果发现股票市场已经出现一些低迷的态势，开始从牛转熊，央行有降息的预期，经济周期是从繁荣步入滞胀、衰退的阶段，提前布局债券型基金，应该是个不错的时机。

2. 选择基金的总费率

费率的高低直接影响投资者的收益水平，老债券基金多有申购赎回费用，而新债券基金大多采用销售服务费替代申购费赎回费，这样就避免了一次性的费用支出，而摊薄到每一天。不同债券基金总费用之间最高差异有两到三倍之多，投资者应在同等基金中选择费用较低的产品。因此，投资者需要将各类费用加总后比较总费率高低。以广发强债基金为例，该基金没有任何认购费和申购费，持有期限在 30 日以内的基金份额，赎回费率仅为 0.1%；持有期限超过 30 日 (含 30 日) 的，不收取赎回费用，其管理费每年为 0.6%，托管费每年为 0.2%，销售服务费每年为 0.3%，最高总费率为 1.2%，且多在基金净值中计取，属于较低手续费用的基金。

3. 投资范围

投资范围是决定风险收益水平的主要因素，也是基民的第一关注点。目前市场上，最高股票投资比例在 20% 的债券基金比较多。但市场上也不缺乏股票投资最高仓位达到 40% 的债券型基金，不过 40% 的比例已接近于一个混合型基金的股票投资仓位。风险相对最低的为纯债基金，该类基金不得投资于股票。此外，除了关注债券基金投资股票的份额外，在投资债券的份额中，应关注投资于利率债与信用债的比例。进一步而言，如果投资信用债，应考察信用债的评级等状况以判定债基的风险收益状况。

4. 选择适合自己的产品

和股票型基金类似，不同的债券型基金具有不同的风险收益特征，投资者应该选择与自己承受能力相匹配的产品。一般而言，低风险承受能力的投资者应当选择纯债基金，这种基金只投资债券市场，不受股市波动影响。中风险承受能力的投资者可以选择强债基金，这类基金除投资债券外，还可以打新股，适合震荡市场。而具有较高风险承受能力的投资者，既希望主要资产投资于债券，又希望将部分资产投资高风险高收益股票市场的，可以选择投资二级市场的债券基金。再者，应关注基金整体运作是主动型管理还是被动型管理，考察基金经理的历史业绩、基金公司的实力，寻求过往表现好的基金经理与实力较强的基金公司进行投资。

※ 小贴士　投资可转债基金的注意事项

可转债就是可以转换的债券，直接投资可转债或是重仓可转债的基金称作可转债基金。

可转债基金收益率飙升，受到越来越多投资者的关注，在挑选可转债基金时要注意以下几点：

①关注杠杆水平及可转债仓位水平。在股市向好环境下，可转债仓位越高、杠杆水平越高的可转债基金，获取超额收益的能力越强。

②所选基金资产配置与自身的风险偏好相匹配。除可转债基金投资可转债的比例不低于80%外，有的可转债基金不参与一、二级市场股票投资；有的仅仅参与一级市场新股申购或增发，不参与二级市场股票投资；而大部分可转债基金还可投资股票等权益类资产，一般规定为不超过基金资产的20%，另外，兴全可转债则规定股票投资不高于30%。

③通过统计不同债市、股市环境下，可转债基金、偏股基金和全部债基的收益率发现，"股债双牛"和"股牛债熊"是最适合投资可转债基金的时期，在这两种环境下，可转债基金大幅好于其他债基，甚至好于偏股基金；而在"股债双熊"和"股熊债牛"的环境下，应该回避可转债基金，选择风险更低的纯债基金，但可转债基金"以债为盾"较偏股型基金仍具有相对优势。

④选择公司固定收益团队实力强和基金经理投资管理能力强的基金。可转债基金投资单只转债比例不受10%的限制，更为考验基金经理的选券和配置能力，而投资经验丰富和投资能力强的基金经理对券种的选择、配置和杠杆的操作以及对市场的判断具有一定优势。

货币市场基金投资技巧

货币型基金作为证券市场中的后起之秀，越来越受到投资者的关注，其突出的优点让我们不难相信货币基金将成为未来中国人现金管理的主要工具，掌握货币基金购买技巧或许能为您的日常理财带来很多帮助。

货币市场基金的申购方法与其他基金基本一样，投资者可以到指定的银行、证券营业部、基金公司柜台或者通过网络申购相应的货币基金。不同的是，货币基金的投资成本很低，其申购和赎回无须缴纳任何手续费，管理和托管费用金额也较小。目前国内的货币市场基金已基本实现赎回到账 T+1 日，即当日申请赎回，次日就可以拿到现金。每日下午 3 点之前交易算当日，赎回资金一般于下午 5 点后到账。

购买货币型基金最重要的一点是选择合适的货币市场基金，当然这比选择投资股票简单很多，通常投资者应遵循三条原则：

一是购买货币基金要注重流动性而不是收益率，资金安全第一，尽量选取投资组合平均、剩余期限相对较短的产品。如要赚取更高收益率，不如购买股票基金或债券基金。

二是买高不买低，即选择年化收益率较高的货币型基金，一般通过关注评级机构对各类基金的排名获得相关信息。

三是买旧不买新，即成立时间较长，经历过市场考验、发展成熟的货币市场基金更受投资者青睐。

1. 如何衡量和计算货币市场基金的收益

衡量货币基金收益计算的指标很多，代表了不同的含义，如表 3-3 所示。

表3-3　货币基金收益计算指标

指标	分析
基金日收益	指公告日每万份基金份额的日收益

指标	分析
基金7日收益率	指以最近7日（含节假日）收益所折算的年资产收益率
基金近30日收益率	指以最近30日(含节假日)收益所折算的年资产收益率
基金今年以来收益率	指以今年所有收益所折算的年资产收益率
基金成立以来收益率	指以基金成立以来所有收益所折算的年资产收益率

通常反映货币基金收益率高低有两个指标：一是7日年化收益率，二是每万份基金单位收益。

货币基金的单位净值永远是1元，它的收益是每天分配的，收益分配公布方式就是"万份收益"和"7日年化收益率"。"万份收益"是投资者每天实际得到的收益。"7日年化收益率"是考察一个货币基金长期收益能力的参数。一般而言，"7日年化收益率"较高的货币基金，获益能力也相对较高。

不同的份额结转方式使货币市场基金在收益指标上丧失了可比性。从日每万份基金净收益指标看，按日结转份额的基金在及时增加基金份额的同时也会摊薄每万份基金的日净收益。同时，份额的及时结转也增加了管理费计提的基础，使日每万份基金净收益有可能进一步降低。从最近7日年化收益率指标看，按日结转份额的最近7日年化收益率相当于按复利计息，因此，在总收益不变的情况下，其数值要高于按月结转份额所计算的最近7日年化收益率。

2. 货币基金巧转换收益更高

现金管理是投资者进行投资理财的重要一环。货币市场基金是目前最好的现金管理工具，具有收益稳定、买卖免费、天天有息、分红免税等特点，可完全满足现金管理的要求。但大多数投资者将货币基金仅仅理解为获得稳健收益的投资工具，而忽略了货币市场基金的转换功能。其实，巧妙利用货币基金的转换功能，可以实现降低交易成本，实现更高收益。

货币市场基金的流动性有两方面含义：一是能否迅速转换为现金，以便用于消费支出；二是在市场机会来临时，能否快速地转换为所需要的投资品种。前者对大多数货币市场基金来说都是相似的，无多大区别，但后者则相差很大。

假设投资者已经购买了 A 货币基金，但此时股票市场已出现转机，为了抓住这次市场机会，投资者可以立即赎回 A 货币基金，等资金到账之后，再去申购 B 股票基金；在此过程中，来回申购赎回，要耗费 5 个工作日即一个星期的时间，延误投资时机，而且手续烦琐，在申购、赎回股票基金时还要支付高额的申购赎回费。但如果 A 货币基金和 B 股票基金刚好是同一家基金管理公司旗下的基金，则情形就大为不一样了：当投资者看好市场时，只需方便地将 A 货币基金转换为 B 股票基金，马上可享受市场上涨收益；当不看好市场时，再将 B 股票基金转换为 A 货币基金，可立即避免市场风险，手续简便，费率低廉。

3. 货币市场基金的交易要点

在股票市场相对低迷的情况下，货币市场基金以银行活期存款的流动性以及高于一年期定期存款税后利率的收益还是有一定吸引力的。投资者在选择货币市场基金时，应该注意以下方面。

（1）短期资金才可考虑购买

对于投资者而言，其实货币型基金只是一种短期的投资工具。如果投资者手中的钱是当成活期或者在短期内，比如 1 个月、2 个月用，这才适合去购买货币型基金。如果自己手中的钱是在 1 年以上不用，则最好根据市场情况考虑选择投资国债、股票型基金、混合型基金等。因为这些投资产品，在较长的时间里，通常会为投资者带来高于储蓄存款或货币型基金的收益。

（2）注意基金设立时间

新基金从开始投资运作、建仓完毕到组合收益达到市场平均水平，需要一个过程。如果是在利率不断上升的环境下，新基金可以购买收益率较高的券种，这种建仓损失很小，甚至可以忽略，相反，如果是在一个利率不断下降的过程中，新基金只能购买收益率相对较低的券种，这种建仓损失就要考虑在内。我国货币市场工具收益率不断下滑，从收益的角度来看，选择申购一只成立有一段时间、业绩相对稳定的货币市场基金对投资者也许是一个更

59

明智的选择。

（3）选择规模较适中的货币市场基金

规模大的货币市场基金在银行间市场投资运作时，具有节约固定交易费用、在一对一询价中要价能力强等优势，抵御赎回负面影响的能力相对较强。但规模过大可能导致基金无法买到合适的投资品种，进而影响其收益水平，因此，投资者应更多关注规模适中、操作能力强的货币市场基金。

（4）看排行榜通过比较购买

对于任何种类的基金来说，其最终收益都会受到运作水平等因素影响，当然货币市场基金也不例外，在同等时间内，每只货币市场基金的收益都不会等同。因此，如果投资者想要购买货币市场基金，就需要对每一只基金进行综合衡量，只有这样才能做到优中选优。

（5）把握买入时机，灵活转换

按照现行银行划款系统和基金计息方式，投资者第 T 日在代销机构 (银行和券商) 申购货币市场基金，$T+1$ 日确认并开始享受每日基金投资收益。需要强调的是，这里的 T、$T+1$ 都指的是交易日，因此，投资者要坚决回避在法定节假日前一天申购货币市场基金。此外，由于货币市场基金申赎没有手续费，因此，可以在货币市场基金之间灵活转换。

※ 小贴士　选择货币市场基金应考察其流动性和服务情况

尽管货币市场基金的风险较低，但并不意味着货币市场基金没有投资风险。我们建议投资者在选择货币市场基金时不要把收益率作为唯一的参考指标。投资者在选择货币市场基金时应重点考察基金的流动性和服务情况，规模较大、到账快的货币市场基金应该是首选，在此基础上，再考虑其阶段收益率和收益率的稳定性。

保本基金投资技巧

保本基金对于风险承受能力比较弱的投资者或是在未来股市走势不确定的情形下，是一个很好的投资品种，既可以保障所投资本金的安全，又可以在股市上涨时获利，具有其特定的优势。

1. 如何挑选保本基金

在挑选保本基金时，投资者应考虑以下几点：

（1）看清保本条款

在选择购买哪只保本基金时，最重要的是看保本基金的"保本"条款。

首先，投资者在投资时要看清保本期，只有在募集期的保本基金才能保本。因为保本基金的保本承诺，有认购保本和申购保本之分，现在市场上的所有保本基金中，大部分都是对认购保本做承诺。简单来说，这些保本基金只有投资者在募集时购买的份额，才能享受保本的待遇，在之后打开申购的时间里购买的份额是不能享受保本的。对投资者来说，如果想保本，只能考虑申购正在募集期的保本基金。

其次，要看保本的额度是多少，基金的保本额度是80%、90%，还是100%。高的保本额度意味着低的风险投资额度，也就意味着资本增值能力有限，未来取得高收益的可能性很低；相反，保本额度越低，用来做高风险投资的资金就越多，基金的资本增值能力就越强，未来取得高收益的可能性也就越高。因此，随着保本额度的增加，风险随之减小，预期收益也会减少。建议投资者根据自己的风险承受能力来选择投资哪种保本基金。

（2）关注基金公司综合实力和基金经理的资产管理能力

保本基金通过对保本资产的运作获取安全垫，超额收益主要取决于风险资产部分的运作以及风险资产乘数的设定水平。风险资产部分的运作水平取决于基金管理人的投资管理能力。此外，风险资产乘数的设定水平也直接反映了基金管理人的投资管理能力。因此，在选择保本型基金时要综合考察投资能力以及过往基金管理业绩。

（3）选好时机

保本基金是大部分资金投资于固定收益证券，少部分资金投资于股票或衍生工具。这一特点决定了它在股市比较低迷的时候往往能够表现出良好的抗跌性，保持一定的净值增长率。因此，在股票市场低迷的情况下，投资保本基金是明智的选择。

一般来说，投资期限越长，越可能做到保本加保息，但如果要求保障的程度高，投资的参与率就更少。如果投资者要求保障的程度高，可以选择投资参与率较低的保本基金；相反，如果投资者希望增值潜力大，那么可以选择参与率相对较高的保本基金，当然参与率高也意味着风险较高。

（4）看清风险

投资者要看清风险资产配置范围以及保本策略，选择适合自己风险偏好的基金。保本基金可以投资于股票等风险资产的比例上限不同，有的是30%，有的是40%，有的甚至只有15%，从理论上看，股票风险资产上限较高的基金风险收益高于上限较低的基金。

提前赎回保本基金还有可能"被惩罚"。保本基金的份额变化都比较小，有点类似封闭式基金。因此，保本基金会把绝大部分钱用来投资，不像开放式基金那样，随时留一笔现金应对赎回，而出现赎回现象时会比较被动。因此，对于提前赎回的投资，保本基金的赎回费率比较高，带有一定的惩罚性质。

2. 如何购买适合自己的保本基金

虽然保本基金可以给投资者带来希望，但是如果不掌握一定的投资策略，投资再多也是徒劳。面对日渐丰富的保本基金阵营，投资者应该怎样购买适合自己的保本基金？

（1）合理设计投资计划

保本基金的设计关键在于资产配置。一般而言，基金管理人员会把基金资产的一部分投向债券市场，并确保这些债券的到期收益率能满足整个基金的保本支付，再将另一部分资金投向高风险的证券股票或基金市场获取更高收益，即使造成亏损也不影响基金的保本支付。

（2）坚持长期投资

基金投资不是赌博，不是一夜之间就能让自己的资本像滚雪球那样越滚越大，投资者所追求的终极目标应该是基金的未来和长期的业绩表现。而保本基金的回报需要一个过程来实现，因此保本投资要耐得住寂寞，追求在长跑中胜出。保本基金一般都是 3 年一个运行周期，在保本周期届满时，投资者不仅可以拿回所投本金，甚至还会获得超额收益。如果盲目"炒短线"，不但会增加操作成本，还会影响整体收益，所以，进行保本基金投资，要持之以恒，不要半途而废，导致不必要的损失。

（3）巧用保本基金条规

对广大保本基金投资者来说，大多保本基金选择现金红利，每年能稳定地获取收益比较适合保守型投资者。但是在实际投资过程中，需要了解和熟悉该产品的几个方面。

其一，要了解具体的保本条款，目前市场上有只保本基金，但是并非每只基金都和银华保本三期一样是完全保证本金。

其二，投资者需要了解保本资金的购买要求，按照约定只有那些在基金认购时申购的基金份额并持有到期，才符合保证本金及手续费的条件，在募集期结束后购买的份额基金公司不承担保本责任。

其三，由于保本基金的设计特点，一般来说，在持有保本基金的第一年就赎回的话，需要支付非常高的赎回费用，目前都超过 2%，然后，再逐年递减，3 年后赎回的话，手续费为零。因此，如果计划投资此类基金，要做好资金的长期安排，不要在投资后轻易改变决策，轻率卖出。

基金组合投资买赚技巧

为了实现长期、稳定的盈利，投资者在面对不可预知的金融投资风险时，建立基金投资组合是相当必要的。基金组合能够通过降低"可分散风险"，从而间接提高预期收益。另外，一套合理的基金组合，能够帮助投资者把握资本市场中时而突现的投资时机，通过长期的积累来帮助投资者实现高效投资。

基金投资组合包括资产的动态配置和基金风格的互补。投资者通过基金投资组合，可以实现投资目标，也可以通过它的调整来适应行情的发展变化。

1. 如何制定基金组合投资

投资领域有一句话：鸡蛋不要放在同一个篮子里，很多人都懂，意思是要分散风险。投资基金也一样，投资者需要在风险和收益之间找到平衡点，这就要求投资者根据自身的特点如风险偏好、风险承受力、期望收益率等方面，从基金产品中选择基金形成一个基金组合套餐。

（1）不同投资类型基金的组合

要想构建合理的基金组合，首先要明确各种类型基金的投资标的及特点。股票型基金、债券型基金、货币市场基金等各种类型的基金拥有不同的风险收益特征，股票型基金和债券型基金的风险主要来自于股票市场和利率的变动，而货币市场基金的风险相对较低。将基金资产在不同类型的基金品种间进行配置，尽量投资于相关性较低的不同资产类别中，这样才能够有效分散风险。例如，如果投资者的风险承受能力较强，可以选择较大比例的股票型基金或混合型基金，获取更大的收益；反之则选择货币基金等稳健风险小的基金。

在不同类型的基金之间进行组合配置，即在股票型基金、债券型基金、货币市场基金等不同类型的基金上进行配置。一般来说，根据投资者的投资目标、风险偏好、年龄结构等因素，现金与货币市场基金的配置比例应控制在 0 ~ 30%的范围内，保证部分资产拥有较强的流动性；债券型基金的配置比例应控制在 15% ~ 50%，保证部分资产的稳健增长；股票型基金的配置比例应控制在 20% ~ 75%，保证部分资产能够有较高的增值潜力。

（2）新老基金组合

新老基金结合，当市场处于上升阶段时，老基金持股比例较高，此时股票的上涨直接体现为基金净值的上升；当市场处于下跌阶段时，新基金持有现金比例较高，可以及时逢低买入股票。

（3）不同投资标的组合

基金可以根据投资标的进一步细分，例如，都是投资于股票市场，有的主要投资于中小盘股票，有的主要投资于大盘蓝筹股。市场往往是轮动的，某一段时期可能中小盘股表现优异，另外一个时期可能大盘蓝筹股表现好。如果投资者进行了不同投资标的的基金组合，那么在每轮行情中，都可以分享市场带来的收益。

（4）不同基金公司组合

不同的基金公司由于投资理念不同，基金的投资风格不同，如果投资者将资金分散投资到几家优秀的基金公司旗下的基金产品，可以更有效地分散风险。

在制定组合时，应遵循简单的原则，注重基金业绩的稳定性而不是波动性，即核心组合中的基金应该有很好的分散化投资并且业绩稳定。客户可首选费率低廉、基金经理在位期间较长、投资策略易于理解的基金。此外，投资者应经常关注这些核心组合的业绩是否良好，如果其表现连续3年落后于同类基金，应考虑更换。

将不同公司、不同类型、不同投资标的的优秀基金进行组合投资，可以有效降低投资风险，充分分享市场收益。熊市下投资能力欠缺的基金调出组合。

2. 构建基金组合的步骤

投资者在拥有构建基金投资组合的基本思路后，便可以按照下面3个步骤来构建自己的基金投资组合。

（1）明确投资目标

投资者构建基金组合的过程是建立在基金投资目标基础上的。因此，要构建适合投资者自己的基金组合，首先要对自己的风险偏好、年龄结构、资产状况、收入水平、投入金额、目标实现时间等进行详细的了解和评估，进而制定合理的投资目标，如子女教育目标、养老目标、购房目标等。然后根据这一目标制订一个基金组合，也可以根据不同的目标制订单独的基金组合，实现独立管理。

时间因素对构建基金组合也有重要影响。如果投资目标是30年后退休养老，投资者可承受较大的收益波动，因为可分散风险的期限较长，即使投资出现亏损，还有时间可以等待基金份额净值的回升。如果离投资目标为期不远，那么应注重保有已获得的收益，而不要为了赚取更多收益去冒险；应该多投资于债券基金、货币市场基金，少投资于股票基金。

（2）测试自己的风险偏好

构建基金组合的目的是分散风险，并且保证良好的收益，进而在不同风险收益特征的基金理财品种间构建组合，不同基金组合的风险收益也会有所差别。因此，投资者必须正视自己的风险承受能力，再选择适合自己的方式来构建基金组合。根据风险偏好不同，投资者可以参照下面5种模式来构建自己的基金组合。

①保值型组合。保值型组合是指现金的比例为20%，股票型基金的比例为10%，混合型基金的比例为10%，货币市场基金的比例为10%，债券型基金的比例为50%。保值型组合适合风险承受能力低、期望资产保值、投资目标实现周期较短的投资者。

②保守型组合。保守型组合是指现金的比例为10%，股票型基金的比例为20%，混合型基金的比例为10%，货币市场基金的比例为15%，债券型基金的比例为45%。保守型基金适合风险承受能力较低、期望资产稳步增值、投资目标实现周期较短的投资者。

③平衡型组合。平衡型组合是指现金的比例为5%，股票型基金的比例为35%，混合型基金的比例为15%，货币市场基金的比例为0，债券型基金的比例为45%。平衡型组合适合具有一定风险承受能力、期望资产快速增长、投资目标实现周期较长的投资者。

④成长型组合。成长型组合是指现金的比例为5%，股票型基金的比例为40%，混合型基金的比例为15%，货币市场基金的比例为0，债券型基金

的比例为40%。成长型组合适合风险承受能力较高、期望资产快速增长、投资目标实现周期长的投资者。

⑤进取型组合。进取型组合是指现金的比例为5%，股票型基金的比例为55%，混合型基金的比例为10%，货币市场基金的比例为0%，债券型基金的比例为30%。进取型组合适合承受能力高、追求较高的价值增长且投资目标实现周期长的投资者。

（3）制定投资绩效考核

架构在投资者构建基金组合的过程中，会涉及具体基金的选择，此时可以根据某只基金在同类型基金中的历史业绩，来制定绩效考核架构。基金组合的绩效考核既包括对组合整体收益的考核，又包括对组合中每一只基金的考核。投资者应尽量选择长期表现优秀的基金，从长期的角度来衡量一只基金的增长能力，不宜用短期表现来判断一只基金的优劣。但是如果某基金在未来2~3年始终能达到绩效考核的要求，则可以考虑进行调整。投资者在构建完基金组合后，便不宜轻易地改变，更不可频繁调整基金组合。应树立正确的投资观，坚持长期投资，在时间复利的驱动下慢慢接近自己的投资目标。

3. 基金组合的常见形式

基金组合的常见形式有3种，分别是哑铃式、金字塔式、核心卫星式。

（1）哑铃式

哑铃式，即选择两种不同风险收益特征的基金进行组合，如"股票型基金＋债券型基金""大盘基金＋中小盘基金""价值型基金＋成长型基金"等，如图3-2所示。

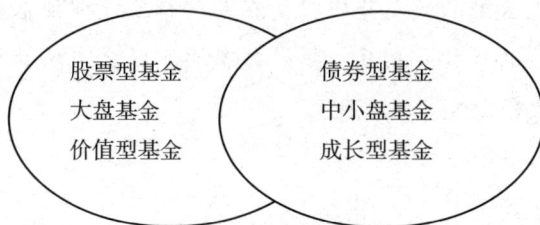

股票型基金　债券型基金
大盘基金　　中小盘基金
价值型基金　成长型基金

图3-2　哑铃式

哑铃式基金组合的优点在于基金组合结构简单，便于投资者进行管理，组合中不同类型的基金能够形成优势互补。

（2）金字塔式

对于有一定投资经验的投资者来说，金字塔式的基金投资组合最为灵活。投资者需要在金字塔的"底端"配置稳健的债券型基金、货币市场基金或相对灵活的混合型基金；在金字塔的"腰部"配置能够充分分享市场收益的指数型基金；在金字塔的"顶端"配置高成长性的股票型基金。并且投资者可以根据自己的投资目标与风险偏好，在各类型基金中进行适当的调整，从而获得较高的收益，如图 3-3 所示。

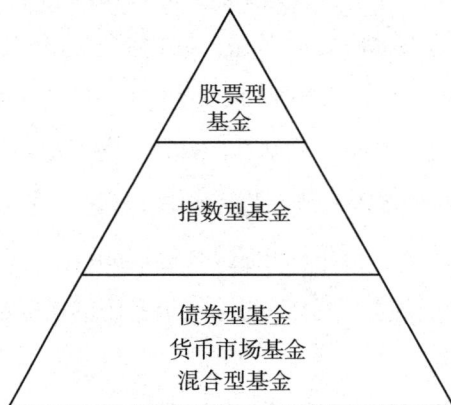

图3-3　金字塔式

※ 小贴士　组合的分散化程度

需要强调的是，整个组合的分散化程度远比基金数目重要。如果投资者持有的基金都是成长型的或是集中投资在某一行业，即使基金数目再多，也没有达到分散风险的目的。相反，一只覆盖整个股票市场的指数基金，要比多只基金构成的组合更能分散风险。

（3）核心卫星式

核心卫星式是一种相对灵活的基金组合方式。组合中的"核心"部分选择长期业绩出色并且较为稳健的基金。"卫星"部分选择短期业绩突出的基金，如图 3-4 所示。

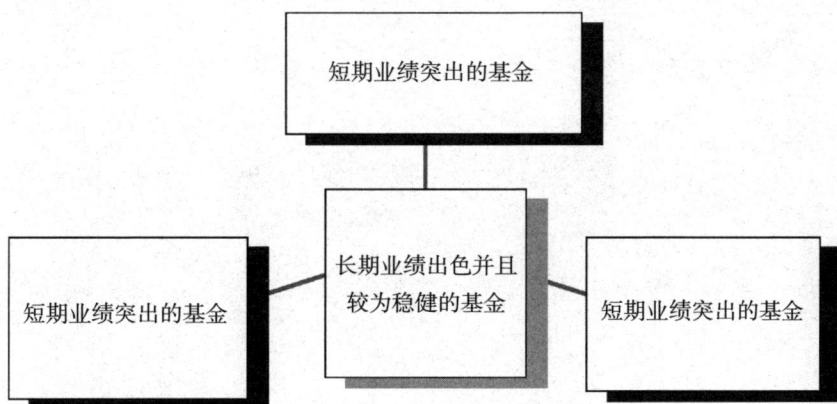

图3-4　核心卫星式

核心卫星式组合能够保障基金组合的长期稳定增长，因此无须投资者进行频繁的调整，同时又能满足投资者灵活配置的需求。

下篇
基金投资大师经典投资理念与技法

　　常规的投资战法投资者早已耳熟能详，但影响投资结果尤其是长线投资结果的往往是投资理念、投资原则、投资纪律，这一点容易被重视短平快、技战术的基民朋友所忽视。世界顶尖的基金投资大师以其卓越的投资理念、卓著的投资成绩而被世人瞩目，大师也曾来源于凡人，但大师之所以成为大师，必有其不同于常人之处。本篇汇集了七位世界级著名投资大师的经典建言，用这些投资大师的投资理念来指导我们正确地购买基金，以期能够拨云见日，找到投资基金的良途。

　　这七位投资大师分别是："股神"沃伦·巴菲特、"金融杀手"乔治·索罗斯、"第一基金经理"彼得·林奇、价值投资大师比尔·米勒、指数基金投资大师辛克·菲尔德、"债券之王"比尔·格罗斯、"商品之父"吉姆·罗杰斯（国际商品指数的创立者）。在这里，每位投资大师都将传授给你自己最独特、最擅长、最有效的投资方法。

第四章　沃伦·巴菲特教你考察基金公司基本面

★大师传奇

1930 年 8 月 30 日，沃伦·巴菲特出生于美国内布拉斯加州的奥马哈市，沃伦·巴菲特从小就极具投资意识，他钟情于股票和数字的程度远远超过了家族中的任何人。他满肚子都是挣钱的道儿，5 岁时就在家中摆地摊兜售口香糖。稍大后他带领小伙伴到球场捡大款用过的高尔夫球，然后转手倒卖，生意颇为红火。1941 年，刚刚跨入 11 岁，他便跃身股海，购买了平生第一张股票。

1947 年，沃伦·巴菲特进入宾夕法尼亚大学攻读财务和商业管理。两年后不辞而别，辗转考入哥伦比大学金融系，拜师于著名投资学理论学家本杰明·格雷厄姆。在格雷厄姆门下，巴菲特如鱼得水。格雷厄姆反投机，主张通过分析企业的赢利情况、资产情况及未来前景等因素来评价股票。他教授给巴菲特丰富的知识和决窍。富有天赋的巴菲特很快成了格雷厄姆的得意门生。

1956 年，巴菲特的一帮亲朋凑了 10.5 万美元，其中有他的 100 美元，成立了自己的公司——巴菲特有限公司。创业之初，巴菲特非常谨慎。当了老板的巴菲特竟然整天躲在奥马哈的家中埋头于资料堆里。他每天只做一项工作，就是寻找低于其内在价值的廉价小股票，然后将其买进，等待价格攀升。这正是格雷厄姆教给他的秘诀。这些远远低于其营运资本的股票果然为他带来了丰厚的利润，格雷厄姆的"点金术"百试百验。在不到一年的时间内，他已拥有了 5 家合伙人公司。1957 年，巴菲特掌管的资金达到 30 万美元，到年末则升至 50 万美元。

1962 年，巴菲特合伙人公司的资本达到了 720 万美元，其中有 100 万美元是属于巴菲特个人的。当时他将几个合伙人企业合并成"巴菲特合伙人有限公司"。最小投资额扩大到 10 万美元。情况有点像现在中国的私募基金或私人投资公司。

1967 年 10 月，巴菲特掌管的资金达到 6500 万美元。

1968 年，巴菲特公司的股票取得了它历史上最好的成绩：增长了 59%，而道·琼斯指数才增长了 9%。巴菲特掌管的资金上升至 1 亿零 400 万美元，其中属于巴菲特的有 2500 万美元。但就在股市一片凯歌的时候，巴菲特却通知合伙人，他要隐退了。随后，他逐渐清算了巴菲特合伙人有限公司的几乎所有股票。

1972 年，巴菲特又盯上了报刊业，自 1973 年开始，他偷偷地在股市上蚕食《波士顿环球》和《华盛顿邮报》，他的介入使《华盛顿邮报》利润大增，每年平均增长 35%。10 年后，巴菲特投入的 1000 万美元升值为 2 亿美元。

1980 年，他用 1.2 亿美元、以每股 10.96 美元的单价，买进可口可乐 7% 的股份。到 1985 年，可口可乐改变了经营策略，开始抽回资金，投入饮料生产。其股票单价涨至 51.5 美元，翻了 5 倍。

1992 年，巴菲特以 74 美元一股购下 435 万股美国高技术国防工业公司——通用动力公司的股票，到年底股价上升到 113 元。巴菲特在半年前拥有的 32200 万美元的股票已值 49100 万美元。

如今的伯克希尔工业王国早已不再是一家纺纱厂，它已变成巴菲特的庞大的投资金融集团。现在，伯克希尔集团已发展成为集银行、基金、保险业、新闻传媒于一体的大型控股经营集团公司，其投资参股了可口可乐、美国运通、吉列、迪斯尼、时代·华纳、所罗门公司等大型企业，已跻身《财富》全球 500 强的知名企业行列。1965~2019 年，伯克希尔的复合年增长率为 20.3%，远远超过标普 500 指数的 10.0%，而 1964~2019 年，伯克希尔的整体增长率是惊人的 2744062%。如果谁在 1965 年投资了巴菲特的公司 1 万美元，那现在他早已成为千万富翁，这简直就是坐上了发财的火箭，但如此幸运的人并不多。

直到 2001 年美国股票市场泡沫破灭之后，巴菲特的价值投资理念和长期持股策略才被人们广泛认同，社会公众又开始重新关注上市公司的收益、价格和价值。40 多年中，巴菲特为信任他的投资理念、向他的公司投资的几十万股东创造了 3 万多倍的高额回报，为美国、英国、德国、印度和加拿大等地的 30 多万名伯克希尔股东培育了数以万计的百万富翁、千万富翁和亿万富翁。据统计，仅在巴菲特长期居住的奥马哈市就孕育了 200 名巴菲特级的亿万富翁。因此，巴菲特也是唯一被称为"股神"的投资大师。

了解公司的投资理念与投资风格

20 世纪 70 年代后人们才开始关注基金的投资理念与投资风格，当时随着投资管理理论的兴起，越来越多的业界人士和学术专家开始对基金的投资策略进行详细的跟踪研究。他们在对基金业绩表现进行要素分析的过程中，搜集和分析了大量的市场及基金的数据，发现有些基金有着较为类似的组合特征及业绩表现，而操作这些基金的管理人也拥有相似的投资理念，因此就把这种类似的组合特征和相应的基金投资策略归为一种投资基金的风格，基金的投资风格对基金业绩产生明显的影响。

众所周知，投资大师沃伦·巴菲特的投资理念是价值投资，在 1991 年伯克希尔的年度会议上，巴菲特说："在哥伦比亚，从本·格雷厄姆那听到了一个令人难忘的忠告：因为其他人认可你，无论你是对还是错；因为你的论据和推论是对的，所以你是正确的；这是使你正确的唯一事情。"这也是他的价值投资理念的来源，本·格雷厄姆，巴菲特的所有投资活动始终是在这种投资理念的指导下完成的。所以，只在股票价格低于其应有实值，即内在价值时，巴菲特才会考虑买入。虽然，他买入股票之后，也可能会遇上跌价，但由于他坚持一个原则，就是这些股票一定要在他买入之时，市价极低，一定要低于其内在价值，即"实值"。当市价极低，而这些股票的内在价值却很高时，即使买入之后市价仍然会有下跌的可能性，但长远而言，其市价必然会回升。事实证明，他的投资策略是成功的，他的投资取得了极大的成功。因此，巴菲特建议投资者一定要注重投资理念与投资风格，在选择基金时也要注意基金公司的投资理念与风格。

1. 股票投资比例

股票是一种风险性资产，为了追求基金投资的高收益，除了货币市场基金和债券基金之外，其他类型的基金产品都或多或少配置有股票。股票的价格波动受证券市场的影响较大：当股票价格上涨时，将会带动基金净值的上涨；相反，当股票价格下跌时，将会导致基金净值的下跌。股票投资的风险，也会直接导致基金投资的风险。只是由于基金是多只股票的组合，会在一定程度上降低基金的投资风险。因此，配置股票比例越高的基金产品，其风格特征越表现为激进。基金的风险水平同时也决定了基金公司的投资偏好，如果基金公司下设的偏股型基金较多，投资股票的比例较大，那么这类公司就是比较激进的，希望通过股票投资取得高回报，当然，同时也要投资者承担更高的风险。

2. 基金重仓股

在某只股票上的投资占基金资产净值的比例最大的少数股票，称为基金的重仓股。这些重仓股因为所占比重较大，对基金风险收益的影响也较大，是投资者进行基金投资时需要引起注意的。观察基金重仓股的变动，将在一定程度上了解到基金净值的变化状况，特别是其净值涨跌幅度。另外，还可以通过对基金重仓股的分析和研究，了解基金净值质量高低。诸如基金配置的重仓股是短期的市场热点股票，概念性的炒作较大，其潜存的投资风险就不能低估。同样，基金配置的重仓股是质优的大盘蓝筹股票，其投资的稳健型特征就较为明显。基金公司对重仓股的选择在某种程度上就决定了基金的收益及走向，这是了解基金公司投资风格不得不考虑的因素。

3. 基金管理人的投资策略

为了追求基金投资收益的最大化，基金管理人会根据市场环境和基金配置资产的表现，采取及时灵活的投资策略，以实现既定的投资目标。这种投资策略的运用，将在一定程度上影响基金的投资风格。诸如采取短线的频繁操作，在增大基金投资收益的同时，也会放大基金的投资风险。而坚守长期的价值投资，就会使基金的净值波动较小，避免了净值的大起大落。当然，也有基金管理人在长期投资中采取一定的调仓操作，不断地在一只股票上买进和卖出，以达到摊低基金投资成本的目的，但这种操作需要进行很好的时点把握。

4. 基金规模大小

一只基金的规模大小也与其投资风格有关，有的基金公司本身实力较强，有能力运作大基金，所以设置的规模较大。而一些基金公司没有能力运作大基金，设置基金的规模较小，通过灵活的配置策略在市场中寻求最佳的投资机会，也可以带来丰厚的回报。选择大规模或小规模的基金各有利弊，投资者可以根据自己的需求合理选择。

5. 基金收益分配政策

基金收益分配的方式是多种多样的，有的基金习惯于短期的连续分红，而有的基金则注重基金的长期成长，集中进行大规模分红，或者进行分阶段分红。无论哪一种分红政策，对基金投资风格都会产生一定程度的影响。

※ 小贴士　三指标解读投资风格

1. 资产配置集中度

一般来说，资产配置越集中，基金进攻性越强，同时防守就越薄弱。从股票资产配置与同业平均水平的比较，我们可以了解基金管理人对市场的信心或者基金管理人的状态，是激进还是稳健抑或是保守。

2. 股票资产活跃度

股票资产活跃度主要反映基金经理主动调整股票资产的节奏。虽然股票资产的活跃度并不能直接说明基金的业绩就比较好，但是我们可以通过持续跟踪该指标获取基金公司有价值的信息，例如，基金管理人研究的深度以及市场灵敏度等。一些优秀的基金公司的股票资产活跃度远远低于同业平均水平，但却能保持连续稳健的高增长，这无疑来自基金管理人对企业扎实的研究。

3. 基金经理稳定度

基金公司的核心就是人才，一家基金公司是否能保持一贯的风格，要看其中关键人物的动向。对于一家业绩优异的基金公司或者品牌基金来说，更换基金经理人对于持有人并非好事，但是对于业绩落后的基金公司或者单个基金来说，更换基金经理人的行为反映了基金公司决策层对于投资人殷切期望的努力。

选基金公司要遵循的原则

沃伦·巴菲特说："如果原则会过时，它们就不是原则了。"他在自己数十年的投资生涯中始终坚持着自己的投资原则，因此取得了巨大的成功。如果他半途而废，尝试别的方法，比如去利用一下金融杠杆，投资量子基金，可能他就不会成为我们如今所称赞的投资大师了。巴菲特是一个始终坚持原则的人，它在选择投资对象时也从未偏离过他的既定标准，他认为选择基金公司也应当遵守一些原则，否则就会导致整个投资的失败。

这些原则主要包括：

1. 注重公司的品牌

投资者要学会识别基金公司的品牌，成熟的投资理念、良好的业绩、完整的产品链、优质的客户服务是构筑基金公司品牌的四大支撑。在这一理念指导下，取得良好业绩、拥有完整产品链的基金公司备受投资者的关注。在赎回方面，投资者也开始在选牌子。因此，一些新基金管理公司承担了较大的压力，即使是有合资背景的基金也成了一些投资者抛售的对象。

2. 选择产品种类丰富的基金公司

一家基金公司如果有比较完整的产品线，投资人就可以在其中选择适合自己的组合，也能够在市场变换时适时地调整自己的投资。此外，同一家基金公司间的基金转换只需支付较低的费用，节约了交易成本。多品种基金的基金公司可以给投资者更多的选择。

3. 选择风格如一、业绩稳健的基金公司

投资者在选择基金公司的时候，要对其旗下产品的业绩做出中、长期比较，看看这只基金能否超越业绩基准或同类型产品。此外，还要看看这只基金的投资风格是否始终如一。不断变换投资风格的产品，往往具有较多的不确定性和不稳定性。

4. 选择服务质量高的公司

基金公司应该具备全方位整体服务的能力，这是考量一家基金公司整体实力的基本条件。其中包括：客户服务中心、网络交易查询系统、客户专属的会员服务、机构理财专户服务、投资者教育等。

5. 选择资产规模大、研究能力强的公司

资产规模大表明公司的实力和投资人的信任程度，随着全球化投资时代的来临，资产全球布局成为掌握投资先机、分散风险、提高获利能力的关键。

选基金公司要注重德才兼备

可以说，作为一种大众理财产品，开放式基金凭借专家理财的优势，已经在投资者的资产组合中占据了重要地位。面对蓬勃发展的基金市场，如何在琳琅满目的基金产品中挑选适合自己的基金是让普通投资者头痛的一件事，但比这更头痛的是如何挑选基金公司。基金由基金公司运作，选对了基金公司，基金也就八九不离十了，但是面对众多公司，投资者在对其了解相当少的情况下如何选择呢？很多投资者恐怕都是一脸茫然。

根据基金组建的信托契约，基金管理公司是基金的委托公司，与基金的信托资产有直接的信托责任，负责基金的设计与管理。作为基金管理公司，需要具备一定的条件，例如，是否具有一定的资本实力和良好的证券经营业绩，是否具有经营管理基金的专门人才和良好的投资计划等，这都关系到资金的稳定以及公司的运作是否规范。通过严格的审核合格并取得经营执照者才有资格作为基金管理公司受理基金业务。选基金公司首先要看其管理理财能力，这是所有人的共识，因为大家的目的都很明确，就是赚钱，不能赚钱就没有人投资基金了。而另一个更为重要的方面往往被人们所忽略，那就是和选人才一样，除了有"才"，基金公司也要有"德"。著名的投资大师巴菲特也是这么认为的，"一位所有者或投资者，如果尽量把他自己和那些管理着好业务的经理人结合在一起，也能成就伟业。相反，我们不希望与人品低下的经理为伍，无论他们的业务前景多么美好动人。我们从未在与一个浑蛋的好买卖中获得过成功。"投资企业要看企业管理层的水平和德行，投资基金也要注意基金公司的能力与德行，两者缺一不可。

1. 基金公司的德行

对于基金公司，所谓"德"，最关键的是做到诚信，按照规则办事，不损害任何投资者的利益。这些就要求公司治理结构良好，内部运作规范，并已在业内取得良好口碑。至于如何去了解、判断一家基金公司的德行，投资者可以从以下几方面考虑：

（1）基金管理公司的信誉

基金公司本身是一项信托事业。所谓"信托"，指的就是"信任托付"的意思。因此，基金公司是否诚信也是投资人必须加以留意的。投资者将钱交给基金管理公司经营，管理者的信誉从某种程度上来说比业绩更加重要，它直接关系到资产的安全。由于投资者的资产并不是由基金公司保管，而是由第三方机构银行来保管，所以资金的安全一般不成问题。但是投资者首先要确保自己投资的是正规的基金公司，因为目前存在许许多多的基金公司，只有通过合法成立的基金公司买卖基金，才能确保投资权益。目前许多通过非法渠道销售的私募基金，对于投资人而言，一旦产生交易纠纷，很可能面临告诉无门的窘境，导致投资权益受损，投资人不可不慎。通常来说，信誉卓著的基金管理公司往往内部管理严格、操作规范、内控制度完善，投资者可以比较放心地选择其管理的基金。

（2）市场评价

好的基金公司不仅在金融市场上表现良好，同时，其投资方式与决断能力必然会受到同行的肯定。投资人在投资基金之前，应事先打听基金公司在市场的评价是否良好，比如投资人可以向金融市场上的"老手"询问，或者向金融机构了解基金公司在市场上的评价，以便更多地掌握自己所想投资的基金公司的信息。如果一家基金公司和上市公司挂钩，哄抬炒作该公司股票价格，诸如此类的违法行为极可能危害基金投资人的权益，此时投资人就应该有所警惕，以免自己辛苦赚来的血汗钱被当作炒作的筹码。

（3）基金公司股东背景

就如同个人的生活背景与个人的品质密切相关一样，基金公司的背景也能部分体现出基金公司的道德水平。基金公司股东的背景经常成为基金公司能否独立操作的关键因素。一般来说，股东背景形象清新且具有投资管理专长的基金公司更能提供完整良好的基金理财服务。此外，基金公司旗下共同基金的种类越齐备，越能满足不同属性投资人的需求。

（4）基金管理公司的管理和投资哲学

有些基金的投资组合是由一组投资经理及分析人员负责的，有的则由一两个经理人主管。委托给单个经理时，该经理在进行投资选择时，必须在基金说明书所阐明的范围内运作。这个范围之外的，他可以自由支配，这样既使投资人对基金投资起到了一定的监督作用，又使经营者能够根据情况进行市场运作实现资本的增值。后者的个人因素较重，前者则较注重团队精神和集体智慧，其决策往往比较连贯、稳定。同样，基金经理人的投资哲学也不可忽视，基金是中长线投资品种，所以优秀的基金管理公司不仅能抓住短线机会，更注重把握中长线的投资方向，给投资者提供稳定、持续的投资回报，业绩表现大起大落的基金管理公司须谨慎对待。

此外，由于开放式基金处于各种舆论的监督之下，投资者可以借助媒体报道甄别基金公司。而社保基金在选择基金管理公司时对公司的各方面都有通盘的考查，所以，普通投资者跟随社保基金的脚步投资，理论上就可以规避多重风险。

2. 基金公司的管理水平

"才"当然是指基金公司的投资能力和管理水平。在各种投资理论盛行的今天，单纯依靠媒体宣传是苍白的。只有取得实实在在的突出业绩，才是一只基金证明自己能力的最好办法。

一方面，投资者可以从基金管理公司旗下基金的整体表现来评估基金管理公司的管理能力。评估时综合考虑其旗下基金业绩与其他同类基金和预设的业绩参照指标（比如大盘指数）的比较，如果该基金管理公司旗下的基金排名都比较靠前，并且绝大部分时间都达到或超过其预设指标，那么该基金管理公司的管理水平基本上是可以信赖的。同时，各大研究机构针对基金的业绩排名已经越来越专业，越来越细化，通过媒体上刊登的这些数据投资者也可以对基金公司的业绩有所了解，要注意的是必须关注一段较长时间内的总体收益（比如一年以上的收益），毕竟购买基金是相对长期的投资。

另一方面，基金公司的研究团队如何也将决定其最终的投资能力。优良的基金公司应根据个别产业设置专门的研究小组，随时掌握国际金融市场的脉动和各国景气指数，以及个别公司的基本面状况，提供基金经理第一手的研究资料，以作为基金经理决策的后盾。因为基金公司研究团队的研究品质攸关投资决策，自然也与基金绩效息息相关。基金公司投资水平要高必须有敏锐独到的专业判断力，只有这样，才能在不断的投资过程中为投资人赢利。要拥有这一优势，就必须有专业人员收集信息，分析处理信息，及时地把信息传送给基金经理。精确而有效的资讯是投资成功的可靠保证，而优秀的管理团队则是实现这一保证的必要条件。

※ 小贴士　"打草惊蛇"法识基金公司真面目

选基金公司要注重德才兼备，简单地说，其实就是想选优秀的基金公司。而为了赚取更多的管理费，极力向基民推销自己，塑造自己的美好形象，是基金公司的必然手段。在基民们与基金公司的斗法中，要考察基金公司的真实水平，了解基金公司的真面目，你不妨试一试"打草惊蛇"法。

首先，你可以装作新基民向基金公司的理财专员咨询一些公司及基金销售的情况，看他们是否在说谎，和基金公司的宣传是否一致。按照《证券投资基金销售机构内部控制指导意见》规定，"基金销售宣传中应当遵循诚实信用原则，不得有欺诈、误导投资人的行为。在销售过程中，要关注投资人的风险承受能力和基金产品风险收益特征的匹配性。"你可以问基金公司的理财专员一些很"白痴"的问题，"你们有没有便宜的基金啊？"如果对方顺水推舟地说："有有有，我们的基金净值才 1 元多，划算，不像别人的基金，净值已经涨到两三元钱了，实在太贵，已经没有什么上涨空间了……"这时千万不要被他"忽悠"了，中了"瞒天过海"之计。相反，你要对这样的基金公司小心警惕了，销售人员首先不诚实，你很难指望公司的诚信度有多高，即使这只是个别现象，也可见其监察稽核部门工作不力，或者根本默许这种情况的存在。

其次，基金公司的客服热线也能折射出一家基金公司的经营水平。客服电话除了能够反映客服人员的素质之外，还能体现出该公司的团队理念、工作效率和部门协作程度。所以，你不妨装成一个很挑剔的客户，问一堆五花八门的问题，从申购到赎回、从投资到风控、从转换到分红，甚至还有基金公司股东变化和基金经理背景……如果客服人员都回答得语焉不详，甚至还不如你知道得多，说明这家公司的服务品质乃至经营水平都可能存在问题。客服也可以说是一家公司的外在形象，如果公司连这个形象都维护不好，自然难以称得上好公司。

打草惊蛇的最终目的还是了解基金公司的真实情况，防止被一些虚假信息所蒙蔽，如今的社会"天下无贼"只能停留在口头上，有没有贼、是真是假还得靠自己的眼睛。例如当一家基金公司遇到重大变故时，他们的反应也可以看出些端倪。市场经济中的危机公关虽然存在各种技巧，但其基础必须是诚实无欺。如果问题爆发之际，一味想着如何维护公司利益而不是投资者利益，实际上反映出基金公司的方向性错误，这样的公司自然称不上"德才兼备"了。

通过资产配置看基金的获利能力

所谓基金的资产配置，就是将基金的资产在现金、各类有价证券和金融衍生工具之间进行分配的过程。简单地说，就是基金将资金在股票、债券、银行存款等投资工具之间进行比例分配。资产配置是基金投资管理中至关重要的环节，其基本思路是对不同投资组合的预期回报率、标准差和组合之间的协方差进行预测，然后得出这些组合种类可能构成的新组合的预期回报率和标准差，最后在由这些新组合产生出有效群后，利用基金投资者的无差异曲线来确定应该选择什么样的资产配置组合。其最终目的同样是使投资利益最大化。什么样的资产配置决定了可能会有什么样的收益，从基金的资产配置情况可以看出其未来的获利能力。

沃伦·巴菲特就是一位资产配置的高手，他总能通过构建最佳资产配置获得最大的利益，他所做出的选择总是对的。连他自己也认为自己最大的价值是具备资本分配的能力。他的主要责任是提供资本给经济状况良好的企业，并保留原有的管理阶层，继续带领公司成长。因此，每当巴菲特对企业实行并购之后，他不会去干涉公司的运作或治理，但是他将决定最高主管的雇用与薪酬规定，分配企业的资金，从而激发企业的活力，使其资产增值。由此看来，最为重要的正是资产配置，基金公司处理资产配置的能力如何，也将决定其管理能力。

基金资源配置在不同层面具有不同含义，大致可分为战略性资产配置、动态资产配置和战术性资产配置。

1. 战略性资产配置

战略性资产配置是根据证券投资基金的投资目标和所在国家的法律限制，确定基金资产分配的主要资产类型以及各资产类型所占的比例。战略性资产配置是实现基金投资目标的最重要保证，从基金业绩来源来看，战略性资产配置是业绩最首要的也是最基本的源泉。当投资者对该基金管理公司的战略性资源配置有所了解时，大致可以估计到自己的投资资金的未来命运。而为了使投资者了解基金管理公司的投资状况，基金公司都会按照要求将不同时期的资产配置的比例公布出来，投资人可了解到基金管理公司的运作趋势。

战略性资产配置只是一个大范围的划分，比如，某基金公司在某段时间内的战略性资产配置是：债券40%，股票50%，外汇10%；而另一家基金公司的战略性资产配置是：债券30%，股票50%，外汇20%。虽然投资者可以得知这样的配置比例，但是单从数字是看不出基金未来的收益水平的，这需要通过一定时期的预测、计算来进行收益评估，但是这个过程较为复杂，一般的投资者很难做到。所以，比较实用的方法是投资者多了解一些国际政治局势，预测未来政治发展势态，从宏观的角度来看待问题，可能会更加清楚。

2.动态资产配置

动态资产配置，有时被称为资产混合管理，是指在确定了战略性资产配置后，对资产配置比例进行动态管理，包括是否根据市场情况适时调整资产配置的比例，以及如果需要适时调整的话，应该如何调整等问题。在动态配置中，基金公司又会根据自身情况选择不同的动态资产配置策略，通常有以下三种策略：

（1）买入并持有策略

买入并持有策略的特点是购买初始资产组合，并在长时间内持有这种资产组合。不管资产的相对价值发生了怎样的变化，买入并持有策略不会根据这些变化进行主动的调整，所以在分析和操作上都非常简单。

在众多著名的基金经理中，沃伦·巴菲特非常喜欢采用这种方式。在整个投资生涯中，他尤其钟情于这种资源配置方式。他崇尚集中投资、长期持有。巴菲特的投资组合中一般不超过十只股票，而一般基金公司的投资组合中接近一百只。巴菲特的投资方式比较特别，也非常成功。就风险承受能力而言，由于投资者投资于风险资产的比例与其风险承受能力相关，一般投资大众与采取买入并持有策略的基金公司的风险承受能力不随着市场的变化而变化，其投资组合也不随市场的变化而变化。所以，买入并持有战略的投资组合价值与股票价值保持同方向、同比例的变动。简言之，买入并持有策略将注意力放在最初的战略性资产配置所决定的资产构成上。

（2）恒定组合策略

恒定组合策略与购买并持有策略相反，恒定组合策略保持组合各类资产的固定比例。例如，某基金的投资组合是70％的股票，30％的货币市场工具，为了保持这一比例，需要根据股票市场的变化来相应调整。如果股票市场价格上涨，该组合中股票资产相对于货币市场工具的比例上升，基金经理需要进行主动调整，卖出部分股票，而投资于货币市场工具，以保证原来的股票70％和货币市场工具30％的比例。反之，如果股票市场下跌，则需要卖出部分货币市场工具。

恒定组合策略的优势在股票市场价格处于震荡、波动状态之中时，便显出了它的优势。譬如，当股票市场下降时，恒定组合策略依然保持原有股票比例，当股票市场转而上涨时，该投资组合就会因新增加的投资比例而获利。但是，在股票市场表现出强烈的上升趋势或者强烈的下降趋势时，恒定组合策略的收益均低于买入并持有策略，这主要是因为恒定组合策略在市场上升时卖出，在下降时买入。在市场行情上升时放弃了利润，在市场行情下跌时增加了损失。

（3）投资组合保险策略

投资组合保险策略是在将一部分投资于无风险资产从而保证资产组合的价值不低于某个最低价值的前提之下，将其余资金投资于风险资产，然后随着市场的变动调整风险和无风险资产的比例。当投资组合价值因风险资产收益上升而上升，风险资产的投资比例也随之提高；反之则下降。投资组合保险策略包括的具体策略较多，其中最简单的策略就是著名的恒定比例投资组合保险。

恒定比例投资组合保险策略的一般形式为：

股票金额＝M×（全部投资组合价值−最低价值）

采用此种策略时，投资者或基金管理者需要表示投资组合中最低价值的一个最小数量，全部投资组合价值与最低价值的差表示对最低价值提供有效保护的保护层。M是一个乘数，表示保护强度的大小，值大于1。

根据以上公式，当风险资产收益上升时，风险资产的投资比例随之上升，如果风险资产市场继续上升，投资组合保险将会获得更大利润，从而优于买入并持行策略。当市场保持上升或保持下降时，投资组合保险优于买入并持有策略；如果市场行情由升转为降，或者由降转为升，则该投资组合的业绩劣于买入并持有策略。

为了将这三种动态资产配置策略的异同说得更清楚，我们以图表的方式表现，如表4−1所示。

表4−1　动态资产配置方式比较表

策略类型	支付模式	运作模式	对市场流动性的要求	有利的市场环境
买入并持有策略	直线	不行动	小	多头市场
恒定组合策略	凹	下降就购买上升就出手	适度	无趋势的易变市场
投资组合保险策略	凹	下降就出手上升就购买	高	强烈趋势的市场

3. 战术性资产配置

战术性资源配置是指在较短的时间内根据对资产收益率的预测对基金资产进行快速调整来获利的行为。战术性资产配置主要是指短期投资策略，它能弥补由于市场的变动带来的初始资产配置的比例不合理问题，使总资产获得最大收益。

例如，如果A基金公司在进行资产配置时，对s股票的长期回报率的预期值是10％，并且根据此资料实行了战略性资产配置。但是A公司根据调查研究发现，在下一年中，该公司的经营业绩会有大幅增长，回报率可能达到20％，这种情况下A公司就可进行战术性资产配置，增加对s股票的持有量，使它高于初始资产配置的水准。战术性资产配置的目标就是，在不提高系统性风险或投资组合波动性的前提下提高长期报酬，它将使不同类型投资者的效用最大化。

※ 小贴士　基金资产配置的应用

资产配置不只是基金公司的使命，也是每位投资者应当了解的。因为投资者所选择的不只是基金公司，在选择完基金公司后我们还要继续挑出看好的基金，即使是同一公司旗下的基金其业绩也可能有不少差别，利用资产配置管理好自己的基金也是十分必要的。

首先，投资者应根据自己风险承受能力的不同，配置不同的基金资产。

按风险程度大小不同分类，最高风险的一类基金当数股票型；其次是配置型基金，然后是债券型基金，最后是货币型基金。投资者只要针对自己的需求，总能找到与自己风险承受能力相匹配的基金品种。这样即使是基金由于市场等各方面原因没有好的收益，投资者也可以有足够的能力去承担这样的风险。

其次，从资产配置的角度来构建投资组合。

通过基金组合可以有效地降低风险、提高收益，这是如今被投资者广泛采用的方法。特别是如今股票市场已处于相对高位，单纯的股票型基金投资无法分散其固有的风险。如果我们把货币型基金、国债、股票型基金或其他理财产品构建一个投资组合，根据自己的风险承受能力确定合适的投资比例，风险就会大大降低，并可以取得长期稳定的投资收益。

在股市狂热的背景下，投资者应该保持足够的清醒，认识到基金投资是一项长期投资，并且要给自己留有余地。当你要投资基金时，基金本身并不能从根本上完全保证投资者的财务安全，只有根据自己的实际情况做好产品组合、制定合理的理财规划才能为自己构建一个健康的财务体系。

通过业绩比较看基金的投资回报水平

基金类型的选择、基金公司的选择、基金经理的选择是基金投资的关键，怎么选择却大有玄机。

2020年公募基金四季报数据显示，年底规模近20万亿元，相较2019年年底总规模14.77万亿元，同比增长34.66%。其中，2020年年底，股票基金（2.06万亿元）加上混合基金（4.36万亿元）的规模达到了6.42万亿元，较2019年年底股票基金（1.30万亿元）加混合基金（1.89万亿元）的3.19万亿元规模，增幅高达101.25%。这说明2020年的基金规模暴涨中，权益类基金起了关键作用。在规模暴增的2020年，有哪些基金公司搭上了直升梯？是明星基金。又有哪些公司在助推公募规模暴增？是未来基金投资的绩优股。对于投资者来说，是痛苦的过程。我们看看股神巴菲特是怎么选择基金的？

"股神"沃伦·巴菲特并不是一个乐于冒险的投资者，相反，他十分看重稳健投资，绝不干"没有把握的事情"。中国人受传统观念影响，一般不喜欢冒险，且多数人不具备超乎寻常的承受力和判断力，因此，他的投资方法对于我们来说是十分适宜的。

巴菲特是一个理性的投资者，在每次做出投资决策之前他都做了非常多的准备，对投资企业进行了充分的研究，尤其是对于业绩，他非常看重。我们可以看到巴菲特所投资的企业都是经营稳健、讲究诚信、分红回报高的企业，这样可以最大限度地避免股价波动，确保投资的保值和增值，而对于总想利用配股、增发等途径榨取投资者血汗的企业一概拒之门外。从巴菲特的投资构成来看，道路、桥梁、煤炭、电力等资源垄断型企业占了相当份额，这类企业一般是外资入市并购的首选，同时独特的行业优势也能确保效益的平稳，他们的良好业绩和稳定性是其未来良好回报的保证。不只是股票投资，基金也是一样的，投资之前要对基金的业绩甚至基金公司的管理业绩进行充分、细致的比较，确定选择业绩较好的，如此一来，才能确定未来的投资回报水平。

在对基金的业绩进行比较时，巴菲特认为不妨从以下几个方面入手：

1. 业绩比较要分门别类

业绩比较一定是同类型基金之间比较才有意义。如果把股票型基金和保守配置型基金进行比较，就如同拿苹果和橘子比，当然没有可比性。现在一般的基金业绩排行榜都会有很明确的基金分类，尽可能地消除由于类型差异而对基金经理相对业绩所造成的不利影响，但投资人在头脑中还是要有分类比较的概念。另外，老基金和新基金的比较也要谨慎，因为刚刚成立的基金，一般的业绩排行榜会参照招募说明书暂时对该基金做分类，这种分类可能并不准确。

2. 业绩比较一定要看长期

每只基金都有可能在一段时间内业绩领先，在比较两只基金业绩时，一定要取尽可能长的业绩来比较，否则就可能被基金一时的良好业绩给蒙骗了。过去一周、过去一个月的基金业绩可以说明一些问题，但要了解这只基金全面的"脾气禀性"，还要看长期，至少要关注3个月，最好是半年以上的业绩表现，才能比较客观地判断这只基金的管理人的水平，未来的投资回报水平才能有所保证。

3. 关注不同时间段基金业绩的表现

一般投资人都希望所投资的基金业绩长期平稳增长，而不是坐"过山车"，一会儿上涨，一会儿下跌。一般的基金业绩排行榜，纵轴是不同的基金，横轴是过去1周、过去1个月、过去3个月、过去6个月、过去1年等不同阶段的基金排名情况。如果一只基金在各个阶段业绩表现都名列同类型基金前茅，基本可以判断这只基金长期业绩平稳而且优异。

4. 参考公开排行榜

值得一提的是，要比较基金业绩，公开基金业绩排行榜将成为很好的参考资料。最常见的是银河证券基金中心、晨星网、天天基金网等发布的排行榜，前者每日1次公布在《中国证券报》上，后者每周一公布在晨星公司网站上。这些排行榜都会列出过去1周、1个月、3个月、6个月、1年的回报率和排名。这都是基金业绩的集中体现，具有不小的参考价值。

表4-2为天天基金网发布的截至2021年1月26日的收益情况排名。

表4-2　截至2021年1月26日开放式基金收益情况排名

基金代码	基金简称	日期	单位净值	累计净值	日增长率	近1周	近1月	近3月	近6月↓	近1年
003834	华夏能源革新	01-26	3.0400	3.0400	-3.80%	7.12%	15.46%	68.70%	103.62%	122.87%
009147	建信新能源行	01-26	1.9463	1.9463	-2.72%	6.77%	14.13%	51.27%	92.97%	—
005968	创金合信工业	01-26	3.3744	3.3744	-1.85%	9.43%	20.09%	58.77%	88.79%	172.92%
005969	创金合信工业	01-26	3.3150	3.3150	-1.85%	9.42%	20.02%	58.51%	88.14%	171.05%
400015	东方新能源汽	01-26	3.0900	3.5500	-3.03%	7.57%	11.25%	53.56%	81.44%	114.85%
002083	新华鑫动力灵	01-26	2.5602	2.5602	-2.74%	7.00%	12.04%	54.60%	79.41%	131.69%
002084	新华鑫动力灵	01-26	2.5468	2.5468	-2.73%	6.99%	12.05%	54.54%	79.23%	131.53%

5. 业绩比较也不能忽略风险

收益率是基金业绩的最重要体现，但是投资者也不能忽略风险，风险与收益是并存的，以最小的风险获得最大的收益才是最佳投资。风险评价指标有很多，最常用的一个是波动幅度（标准差），通过这个指标投资者可以判断某只基金的回报是否平稳。另一个指标是下行风险，如晨星风险系数，该系数越高，说明与同类基金相比，该基金的下行风险也即亏损的概率越高。如果波动幅度大，同时下行风险也大，那么基金的风险就高。如果波动幅度大，但是下行风险低，那么这样的基金可能就是赚钱的。

在实际投资操作中，除了将不同的基金进行比较，利用基金"业绩比较基准"来看基金的业绩也是非常实用的。如果某基金公司旗下基金的净值增长率超过了业绩比较基准，那就意味着这些基金战胜了大盘；反之，就是落后于大盘。投资者可以由此来证明基金公司的管理能力。

基准选择的首要条件是必须与要评价的基金高度相关，二者的投资类型、投资结构等都要相同或相似。在实际操作中，有两种选择基准的做法：

一种是以市场指数为基准，另一种是以类似基金为基准。

在投资市场上有许多现存的指数，它们是事先选定的与整个或部分市场的运行高度相关的一组证券。这些指数可以直接作为基准，称为"基准指数"。不过，不同类型的基金选择哪一个指数作为"基准指数"是由该基金的性质、类型所决定的。如果是股票型基金，投资者应该选择一种与你的投资组合类型相同的股价指数作为基准；如果是一种债券型基金，那么基准指数就是一种债券指数。如果你买的基金是以上证A股指数作为比较基准的话，投资运作一段时间后，将基金实际回报和上证A指的回报作比较，可以评估基金管理人的表现。如果基金发生了亏损，但是上证A指下跌得更厉害，基金经理就可以宣布自己做得比市场好；如果基金赚了钱，但没有上证A指涨得多，基金经理反而要检讨自己的投资水平。

在投资业极为发达的美国，可用来作为基准指数的指数很多，如道琼斯工业平均指数，衡量科技股表现的纳斯达克综合指数等，还有更加专业化的罗素系列指数、摩根斯坦利系列指数、雷曼指数等，它们被广泛采纳，作为共同基金的比较基准。目前在我国也有不少可供挑选的指数。

另外一些人就使用类似基金作为基准资产。所谓类似基金，是指一组投资风格相近的基金组合。这种方法从某种角度来说更加真实可靠，因为它不像指数那样是一种理论的业绩表现，而是众多现存的风格相似的基金的平均业绩表现，能够反映该类基金的"应该"的运行业绩。寻找类似基金必须遵循一定的原则，即以一定的标准来区分不同类型的基金。在美国，最常用的区分类似基金的标准有三种：招募说明书投资目标、利普（Lipper）基金分类法、晨星基金分类法。后两者是美国的两大基金评估公司利普公司（Lipperlnc）和晨星公司对各种基金的分类。招募说明书投资目标分类是指每个基金都有自己的投资目标（决定了该基金的投资风格），这种投资目标决定了该基金的投资对象、投资结构和投资期限等，必须在基金的招募说明书中加以详细说明，我们可以根据不同的投资目标将基金分成若干个组别，这些组别就是类似基金。因此，把这种方法称为招募说明书投资目标分类法。不过这种方法在使用中并不准确：相当数量的基金在实际投资中不完全按照投资目标所规定的风格进行投资，所以可信度较低。利普基金分类法一方面使用了招募说明书投资目标的标准，同时辅以其他有关信息加以分类，但分类过细，不适用于普通投资者。晨星公司分类法是根据晨星投资风格，并根据基金各自的实际投资组合来调整。其缺点是基金类别不够稳定，经常发生变化。

随着国内资本市场的发展，各种业绩比较基准也不断地完善，像中信标普 300 指数和沪深 300 指数就是跨市场的，可以作为比较的基准。基金业绩其实是个相对的概念，而这也使得基金经理在上涨的市场中的压力很大，因为他们必须更为积极地选股，才能保证自己战胜基准；而在下跌的市场中，也许只要保守一点，就可以战胜市场了。

※ 小贴士　跳出基金业绩比较的误区

1. 将"梨和苹果"进行比较

不要将梨和苹果进行比较，这是人们经常说的一个原则，在进行基金业绩比较时也要遵守这样的原则，不要犯将不同类型基金进行比较的错误。这是因为不同基金的投资对象不同，对应的风险不同，放在一起比较并不公平，就像比较足球队前锋和守门员的进球数一样。比如，股票型基金和货币基金的主要投资对象不一样，所对应的风险和收益也全然不同，放在一起比较就不合适。一般而言，股票比例越高的基金品种业绩波动性越大，在股市上涨的时候，收益会超过其他基金；反之，在股市下跌的时候，股票比例高的基金收益会较差。

2. 忽略"起跑点"的差异

在股市低点成立的基金，与在高点成立的基金相比，先天占有优势，如果短期前者累计收益高于后者，并不意味着前者的业绩好于后者。例如，A基金于年初进场，但是恰逢股市接连大跌，B基金于年中进场，不过随后股市有所反弹。这样一来，到年底评比成立以来的累计回报时，A基金的累计净值没有B基金高，这时能否说明B基金表现好于A基金呢？答案是不一定，因为要看两只基金的回报是否超越了同期指数。

3. 基金也有分红

基金和股票一样，在分红除息日，分红须从单位净值中扣除。作为基金的主要收益的一种方式，分红无疑是投资者最重要的收入，在进行业绩比较时千万不能将这个重要的因素忽。在计算基金净值增长率时，必须把分红的因素还原回去。

4. 以偏概全

市场热点是不断变化的，基金业绩也会呈现出波动性，每只基金都有可能在一段时间内业绩领先，在比较两只基金业绩时，一定拿尽可能长期的业绩来比较，避免被基金某一阶段的突出表现所误导。

5. 历史必定重演

由于基金业绩是波动的，因此，基金的历史业绩和排名只能作为投资的参考。简单地认为去年表现好的基金今年表现也一定好是没有根据的，正如人不能两次踏进同一条河流一样，基金也不会一再演示过往的历史。从一些统计来看，一只基金连续 3 年以上位居排行榜前 10 名几乎是不可能的，投资人可以关注那些同类排名每年始终在前三分之一、业绩波动不大的基金。如果一只基金业绩一直能够保持在前三分之一，5 年之后将成为成绩很好的基金。

基金规模：不求最大，但求最佳

在如今这个一切都是海量存在的时代，准确选择需要的东西并不容易，于是"大"就成为人们选择的一个重要标准。用的要选大品牌，住的要是大别墅，找工作要找大企业，看书看电视要看大明星，唯大是从，无大不选。在基金投资中，一些投资同样有这样的错误认识，认为基金公司要选大公司，基金规模也是越大越好。其实不然，大公司大基金有其大的理由，但是绝不应当盲从，沃伦·巴菲特说"投资必须是理性的，如果你不能了解它，就不要投资"。所以，如果你投资是为了赚钱而不是赔钱的话，那么你就

"必须能控制自己，别让你的感情影响你的思维"。选择基金我们要本着不求最大、但求最佳的原则来进行。

　　基金规模对于基金的业绩是有明显影响的，因为基金费用、投资组合的流动性等都会由基金规模的大小不一而有所不同。但是这并不能说明基金规模越大越好，这与企业不同，企业规模增大，平均固定成本随之降低。而基金规模越大，年度运作费用水平也应该越低，基金的费率也可能会下调，但是大规模所带来的变化并非只有这些，还有其他方面的影响。大规模基金的有利之处在于：一方面，经营大型基金的机构通常有较高的公众威信，同时由于大规模的经济效应，可以为基金公司带来丰厚的管理费收入，从而使基金公司可以提供优厚的薪酬待遇，吸引更多的优秀人才，也可以为研究活动提供足够的资金支持，使之可以投资于广阔的证券市场，保证基金业绩得以长期稳定增长。另一方面，较大的规模可以降低基金的年度运作费用，投资者可以从规模经济中受益，需要支付的管理费也会较少，在其他条件大致相当的情形下，较低的费用率可以带来更高的投资绩效。但是，基金规模过大，对基金的投资组合流动性、投资风格、投资难度等会产生不利影响。

　　（1）影响投资组合流动性

　　资金规模过大，会使其持有某只股票的绝对数量也比较大，基金经理买卖股票时就会对股价产生较大冲击，而产生相应的隐性费用，以致不能以理想的价格买卖股票，导致回报要低于那些规模较小、买卖股票更加灵活的基金。小盘股票基金（主要投资于小盘股的基金）受流动性影响更大。由于小盘股流通盘较小，基金持有的某只小盘股票很容易占据该股票流通盘的很大部分；当该小盘股的成交量不活跃时，对业绩和流动性的影响更为显著。因此，基金规模过大会损害基金未来的长期业绩。

　　（2）基金的灵活性相对不足

　　规模过大的基金在投资上的灵活性相对不足。当市场在资金推动下进入高估值时代以后，波动性加大就成为市场的一个重要特征。在市场处于震荡阶段或震荡盘升阶段，规模过大的基金在建仓和调仓方面往往不够灵活。

（3）增加基金投资难度

在市场容量有限的情况下，如果基金的规模较大而基金所投市场可买的股票数目不多，选择品种缺乏，则选择的股票难度会加大。基金经理手中掌握着大量的现金，又苦于买不到质优股票，又没有其他可直接投资的项目，那么该基金就很难盈利。目前，国内市场并不缺乏资金，而是缺乏足够多的大市值及优质的新上市公司股票，以便基金公司有更多的投资选择。

在市场不成熟的情况下，规模过大的基金波动幅度可能会加大，影响投资回报。股票型基金是长期理财工具，同时也是有风险的投资产品。在市场发展初期，有些投资者蜂拥追逐基金的同时，往往忽略了基金的风险，一旦业绩表现一般，往往会选择赎回或波段操作，对于规模较大的基金，增加了运作的难度，交易成本和冲击成本加大，对基金业绩会有影响。

从基金市场的实际情况来看，大规模基金的业绩并不是很好。相反，中小规模的基金业绩倒是非常突出。

小规模基金具有如下大规模基金所不具备的特点：

（1）易于操作

相对于大规模基金，小规模基金灵敏度高，基金经理改变投资对象比较简单。大规模基金的头寸较大，如果要抛某个大头寸，将其转化为若干较小的头寸，显然费时费力，要把由于大量抛出头寸而引致的不利价格影响减小到最小限度，大型基金不得不花费几个星期甚至几个月的时间将这些头寸渐次注入市场，而小规模基金则没有这些烦恼。

（2）持仓量有限

除了头寸比较小之外，小规模基金持有股票的种类也比较少。针对小企业的积极成长型基金只要较低限度的分散性投资就能够很容易地完成其投资目标。这就是基金经理在其感到基金规模过大以致不能达到投资目标时，可以向新投资者关闭大门甚至限制老股东追加投资的原因。

（3）投资对象比较集中

巴菲特告诉我们"要做集中投资者"，他认为，投资者应该像马克·吐温建议的那样，把所有鸡蛋放在同一个篮子里，然后小心地看好它。如果一种基金规模过大，那么它需要持有 200 种或更多种证券，这已远远超出分散投资所需的程度。然而，即使有一打或更多股票的业绩出色，它们的贡献也将被许多表现平平的股票冲淡。但是，如果一种小规模基金在几十种股票中选择一些颇具规模而且表现较好的，将对基金的业绩产生相当可观的影响，这就是小型基金会更普遍地呈现出反常高收益记录的原因。一些基金族，包括加纳斯、20 世纪和尼古拉斯等基金族，由于规模过大已开始设立一些克隆基金。

为了防止基金规模过大影响基金的收益，在国外，不少基金公司发现基金规模对其造成极大影响时，往往会采取"关闭"措施，停止接受投资者的申购。这种做法既防止基金规模过大损害基金业绩，也有利于保护基金投资者利益。基金"关闭"分为软关闭（Soft Close）和硬关闭（Hard Close）两种。所谓软关闭，是指基金不再接受新投资者的申购，而现有投资者可以继续申购。硬关闭则更严厉，不接受任何投资者的申购，包括现有投资者和新投资者。除了基金"关闭"之外，美国基金公司还有其他许多手段来控制资产规模，例如先锋基金曾经为了减缓资金流入而提高最低申购金额。先锋基金公司（Vanguard Group）的 John Bogle 甚至在基金发行之前已经设定达到基金"关闭"要求的资产规模。Turners 和 Dodge & Cox 基金公司也对自身可承受的基金资产规模进行充分调研。

规模过大容易影响基金的未来收益，因此投资者不应有"越大越好"的误解，同时密切留意基金是否由于规模过大而回报落后于同类可比基金。基金规模增大之后，要看基金经理能否很好地配置流入的资金，基金业绩是否受到规模增大影响而有所下降。作为一个理性的投资者，你应当清楚地认识到在其他因素确定的情况下，选择规模适宜的基金产品，比选择规模较大的基金产品，往往有更多机会获取相对较好的投资回报。

※ 小贴士　最佳的基金规模

基金规模并非越大越好，而是应当选择适宜规模的基金作为投资对象，那么多大的基金才是适宜的，是我们的最佳投资目标呢？

通常基金产品的最优规模或适宜规模，主要取决于市场容量和基金公司的投资管理水平两方面因素。

一方面，市场容量有限，规模过大的基金很难选到足够的投资品种，巧妇难为无米之炊；市场容量扩大，有更多的优质股票，更多的衍生工具，基金产品规模随着市场容量一起水涨船高也自然。

另一方面，基金公司的投资管理水平起决定性作用。与自身管理能力相适宜的基金产品规模就是最优规模或适宜规模。基金公司的核心竞争力是投资管理水平，是为投资者创造财富的能力，从几十亿的规模跃升到百亿，跃升到千亿或更多，是个逐步发展的过程。选择与自身管理能力相匹配，不好大喜功，追求规模和收益的平衡，才是关键。这也是为什么我们看到像彼得·林奇的麦哲伦基金虽然规模已经达到数百亿美元，但是依然有着良好的业绩，而国内一些上百亿元的基金却鲜有优秀业绩的，这和基金公司的投资管理水平有很大的关系。

基金公司的投资管理水平可以从择时能力、资产配置能力、选股能力、风险控制以及流动性管理等方面衡量。目前，多数明星基金经理在选股能力方面都很强，然而当规模过大时，选股能力对于基金业绩的贡献却并不突出。基金规模的大小也是对基金公司的考验，规模越大，意味着投资者对基金公司的创造财富能力的期待，意味着基金公司担负着更大的责任。

基金规模并不是越大越好，规模适宜的基金比较好运作，从国内目前的基金业绩表现看，表现相对较好的基金产品，规模通常在 40 亿元以下。

如何挑选优秀的基金公司

巴菲特说："一生能够积累多少财富，不取决于你能够赚多少钱，而取决于你如何投资理财，钱找钱胜过人找钱，要懂得钱为你工作，而不是你为钱工作。"投资基金就是我们最好的理财方式之一，而这其中最为关键的就是选好基金公司，如果能选到优秀的基金公司，不需要很多，只要有两三家就足够了。数量并不重要，重要的是质量，这和投资股票是一样的道理。

1. 判断基金公司是否优秀的标准

选择基金公司，巴菲特认为这四个方面非常重要：投资团队（People）、投资哲学（Philosophy）、投资程序（Process）、投资绩效（Performance），这就是所谓的"4P"，是判断基金公司是否优秀的非常重要的标准。

（1）投资团队

投资团队是资产管理业的灵魂，基金公司之间的差别不在于哪个有富丽堂皇的办公室，而在于办公室里人员的能力、文化与专业理论；建立一支优秀团队需要相当长的时间，但破坏却相当容易，几个核心人物的离职可能就让公司一蹶不振。

（2）投资哲学

每个基金（公司）都有其主要的投资哲学。有些公司强调 Top-down（由上而下），从总体经济的预测去决定资产配置，各资产投资比重，最终才是个别股票、债券的选择。有些公司则采取 Bottom-up（由下而上），从个别股票分析起，选取那些有投资价值的标的，将这些标的集合起来，自然就构成了产业比重及持股比例。但事实上，不同的哲学各有其最能发挥的外部环境，很难说哪种哲学一定会产生较佳的投资效果。但是对于公司的投资哲学你一定要有所了解，"风险往往来自你不知道自己正做些什么。"

（3）投资程序

一个基金经理面对千变万化的经济环境，数以千计的投资标的，如果没有一套分析、筛选、检验、调整的方法，投资组合很难维持稳定的品质；大大小小的疏漏，乃至一些舞弊现象，就像一颗颗炸弹，不知何时会爆开。一套严谨的投资程序未必能带来超高的收益率，但却能将发生错误的概率降至最低。巴菲特认为投资就是将风险降到最低，"投资犯错不可怕，最重要的是少犯错，"不是做出多大的成就，而是将自己的失误减到最少。放眼全球，那些历史悠久的资产管理公司大都非常重视投资程序。因为他们知道环境不断变迁，运气有高有低，唯有严谨的投资程序，才能让公司屹立百年。

（4）投资绩效

一般投资人很难在短期内深刻了解基金公司的投资团队、投资哲学与投资程序，但掌握基金公司的投资绩效就容易得多。资产管理是一个以成败论英雄的行业。前面"3P"再好看，做不出绩效还是枉然。

2. 了解基金公司信息的常用方式

了解了判断优秀基金公司的标准，接下来就是如何运用了，首先投资者应当通过各种方式去了解基金公司在这四方面的信息，常用的方式有：

（1）第三方评级机构

时下，国外几大基金评级机构如晨星、理柏等都已进入中国市场，定期提供评级服务，国内也有银河基金评鉴等专业机构对基金进行分类和评价，可在证券类报纸和各机构网站上找到评级结果。

（2）招募说明书

认真阅读招募说明书，重点了解管理团队、投资策略、交易费用等信息。特别是要了解该基金的基金经理，说明书中会有他的简介和投资经历。

（3）网络信息

浏览这家基金公司的网站，并在互联网上搜索、分析反映这家公司管理风格、经营理念和管理团队的相关报道和信息。

（4）参加报告会和见面会

参加银行、证券公司和基金公司组织的投资报告会和见面会。

但是，要兼顾"4P"还是一件不太容易的事。比较可行的做法是先挑选绩效好的基金与基金公司。例如，先挑选出最近6个月排名前25%的基金，再看这些基金最近1个月、1周的报酬率排名，缩小样本后，再进一步研究其他"3P"。这样做既省力，又保证效果。想要深入了解投资者觉得不错的基金公司，研究这家公司主要管理团队、研究团队、投资哲学、投资程序与内部控制，你需要多方面搜集材料，如公开说明书、基金季报、年报、专家看法等。这个过程可能比较花时间，但下了功夫后，投资时心里就会踏实许多。

3.选择基金公司的参照指标

在挑选优秀的基金公司时，除了以上四方面外，还有一些因素也可以作为参照指标。

（1）了解基金公司的技术力量

基金是一种理性投资，需要充分的研究作为基础，一家科研力量强大的公司才能在证券市场上站得住脚。如果你考虑购买一只成长型基金，需查询旗下同类型基金的历史业绩以确保基金公司是否有这方面的投资专长。好的基金公司体现在研究员、基金经理、研究总监和投资总监自身也是一名优秀的投资者。国内很多基金公司的网站提供了研究员数量及工作经历。尽管投研人数不能代表研究能力，但我们至少了解基金经理背后完整的团队组织。

（2）留意基金公司的股权变更

公司股权的稳定带来高层管理人员的稳定和研究力量的稳健配合，股权风云突变不可避免地导致高管更迭和投研团队的摩擦与融合，核心团队遭遇变更，尤其是基金经理的跳槽将给投资者带来最直接的伤害。基金经理离职对基金的影响要视其基金公司能否迅速找到优秀的新基金经理替代。如果基金公司规模较大，旗下有多只基金，公司中人才济济，不乏优秀的基金管理人才去补充基金经理的空位，这样就能更好地完成基金经理的变更过渡。否则，基金业绩可能由此急转直下，所以投资者也需要留意基金公司的股权变更。

（3）明确公司所属的类型

从整体来看，优秀的基金公司可分成两类：一类是大象型的，另一类是猎豹型的。大象型基金公司有强大的股东背景，这类公司实力和规模比较大、目光比较远、人才储备比较强，方方面面像大象一样。这种大象型的公司抗风险能力比较强，经得起市场上的大风大浪。所以，大象型公司的基金可以作为"核心卫星策略"当中的"核心"，长期持有。另一类是猎豹型的公司，这类公司没有那么强的股东背景，但是市场反应能力很强，投资理念比较有特色，它的短期业绩可能比一般的公司高，所以这类公司的基金可能适合作为"卫星"的配置，投资上相对灵活、机动。明确基金公司所属的类型，投资者可以根据自己的需要作出选择。

（4）窥斑见豹——细节也能见分晓

优秀的基金公司细水长流，一般的基金公司集中轰炸。优秀的基金公司在没发行基金的时候也经常跟你接触，调查投资需求，与客户不断地沟通互动；而一般的基金公司在发行基金时广告铺天盖地，然后毫无联系。另外，优秀的基金公司分享理念，一般的基金公司推销产品。

※ 小贴士　知名度高的公司就是优秀的基金公司吗？

中国现在有很多基金公司，是否选择知名度高的比较安全呢？

答案是否定的。无论是大或小的、知名的或不知名的基金公司在公开发售时，都要取得证监会认可，即是说，这种基金要有一份完备的信托契约。信托契约有说明，所有资金是由信托人负责看管的，所以资金是肯定受保障的。因此，只要是经证监会批准的正式公司，都是安全的。一家名不见经传的基金公司，并不表示它的规模极简单或不可靠，可能它在外地是很大的，只是刚涉足本地市场。一家知名的公司在某些类型基金上也许做得不错，但是对于你所想投资的基金类型却未必擅长。

一般来说，基金是由两类机构运作的，一是基金投资公司，二是银行。由于银行的知名度高及性质上的可信任程度高，投资者可能会选择由银行管理的基金。但若大家留意基金表现，会发现银行基金的表现一般都不会太突出，以平衡见称，一些大型的基金投资公司亦有类似情况。知名度并不等于美誉度，有名不等于优秀，知名度高的基金公司，也可能只是经常卖广告。对于投资者而言，知名度就像广告一样，只不过帮你多了解一家公司，至于该选择哪家还应该从多方面进行了解，综合比较其实力，能否为自己带来最大的收益才是最关键的，买基金不是看电影，（明星）牌大不一定就好。

第五章　乔治·索罗斯教你如何选对基金

★大师传奇

乔治·索罗斯拥有资本领域里最多的头衔，有人说他是"金融奇才""金钱魔术师""资本的舵手""最伟大的慈善家""全球最佳基金经理"，无数投资者对他崇拜、着迷、唯马首是瞻；也有人说他是"金融大鳄""金融杀手"等。

乔治·索罗斯 1930 年生于匈牙利的布达佩斯一个犹太人家庭，出生时的匈牙利名字叫吉奇·索拉什，后英语化为乔治·索罗斯。乔治·索罗斯的父亲是一名律师，性格坚强，极其精明，他对幼时的索罗斯的影响极大。1944 年，随着纳粹对布达佩斯的侵略，索罗斯的幸福童年宣告结束，随全家开始了逃亡生涯。那是一个充满危险和痛苦的时期，凭着父亲的精明和坚强，全家人靠假身份证和庇护所才得以躲过那场劫难。这场战争给索罗斯上了终生难忘的一课：冒险是对的，但绝不要冒毁灭性的危险。

1949 年索罗斯进入伦敦经济学院学习，毕业之后经过短暂的彷徨，他选择了从事证券交易和金融分析的工作，但这并没有为他带来丰厚的收入。1956 年他带着仅有的 5000 美元积蓄来到美国，开始了他的投资生涯。

1973 年索罗斯和耶鲁大学毕业的吉姆·罗杰斯，联手创建了索罗斯基金管理公司。公司刚开始运作时只有 3 个人：索罗斯是交易员，罗杰斯是研究员，还有一人是秘书。索罗斯基金的规模虽然不大，但由于是他们自己的公司，索罗斯和罗杰斯很投入。他们订了 30 种商业刊物，收集了 1500 多家美国和外国公司的金融财务记录。罗杰斯每天都要仔细地分析研究 20~30 份年度财务报告，以期寻找最佳投资机会。他们也善于抓住每一次赚钱机会。1979 年，索罗斯决定将自己的公司更名为量子基金，来源于海森伯格量子力学的测不准定律。因为索罗斯认为市场总是处于不确定的状态，总是在波动，而在不确定状态下注才能赚钱。索罗斯基金呈量子般的增长，到 1980 年 12 月 31 日止，索罗斯基金增长 3365%。与标准普尔综合指数相比，后者同期仅增长 47%。此时，索罗斯个人也已跻身亿万富翁的行列。但令人遗憾的是，罗杰斯此时却决定离开。这对合作达 10 年之久的华尔街最佳搭档的分手，多少有点令索罗斯失落。

真正让乔治·索罗斯享誉世界的是 20 世纪 90 年代几起严重的货币危机事件，在这些事件中索罗斯及其量子基金都负有直接责任。90 年代初，为配合欧共体内部的联系汇率，英镑汇率被人为固定在一个较高水平，引发国际货币投机者的攻击。量子基金率先发难，在市场上大规模抛售英镑而买入德国马克。英格兰银行虽下大力抛出德国马克购入英镑，并配以提高利率的措施，仍不敌量子基金的攻击而退守，英镑被迫退出欧洲货币汇率体系而自由浮动，短短 1 个月内英镑汇率下挫 20%，而量子基金在此次英镑危机中却获取了数亿美元的暴利。此后不久，意大利里拉亦遭受同样命运，量子基金同样扮演主角。1994 年，索罗斯的量子基金也对墨西哥比索发起攻击。

1997 年 6 月下旬，索罗斯筹集了庞大的资金，向泰铢发起了猛烈进攻，最终引发了导致东南亚经济崩溃的东南亚金融危机。7 月 2 日，泰国政府由于再也无力与索罗斯抗衡，不得已改变了维系 13 年之久的货币联系汇率制，实行浮动汇率制。泰铢更是狂跌不止。泰国政府被国际投机家一下子卷走了 40 亿美元，许多泰国人的腰包也被掏个精光。接着，索罗斯飓风很快就扫荡到了印度尼西亚、菲律宾、缅甸、马来西亚等国家。印尼盾、菲律宾比索、缅元、马来西亚林吉特纷纷大幅贬值，导致工厂倒闭，银行破产，物价上涨等一片惨不忍睹的景象。这场扫荡东南亚的索罗斯飓风一举刮去了百亿美元之巨的财富，使这些国家几十年的经济增长化为灰烬。当时马来西亚总理马哈蒂尔厉声责骂索罗斯暗中操纵了东南亚金融危机，他直言不讳地说："我们花了 40 年建立起来的经济体系，就被这个带有很多钱的白痴（索罗斯）一下子给搞垮了。"索罗斯马上还击，他称"马哈蒂尔的政府管理不当"是酿成该国陷入东南亚金融危机的根本原因。

不管是被称为"金融奇才",还是被称为"金融杀手",索罗斯的金融才能是公认的。他的薪水至少要比联合国中 42 个成员国的国内生产总值还要高,这是对他金融才能的充分肯定。

筛选基金的四项基本原则

目前在市场上,基金、保险及银行等机构都在积极开发名目繁多的基金产品,以迎接全民家庭财产资本化浪潮。面对琳琅满目的基金,投资者该如何选择基金?

我们大部分人都并非很有钱,而且不是专业基金人士,只有通过选择适合自己的基金进行投资,才能在自己可承受的风险程度下实现投资收入最大化,因为"赔钱是一件令人心痛的事"。相比于乔治·索罗斯利用金融杠杆动辄上百亿的投资,我们普通投资者的基金投资不过是沧海一粟,但是基金投资的原理是一样的,不论是量子基金还是共同基金,写下《金融炼金术》的索罗斯为我们所有投资者提供了投资的方法与建议。被称为"金融界的坏孩子"的乔治·索罗斯一直在坚持着自己的投资哲学,虽然有胜有负,但是坚定不移。我们在筛选基金时也应当坚定地遵守以下几个原则。

1. 在合适的时间选择合适的基金

投资股票需要时间和精力,投资基金是将资金交给专家去投资,相对来说要省力省时。但是这并不意味着你可以蒙起头来睡大觉,只等着钱生钱。要获得满意的投资回报,基金不但需要长期持有,还需要"在合适的时间选择合适的基金",而不能长期抱住一只基金不放手,不同的是基金投资不用像股票那样频繁地进出。"当你有机会扩张时,千万不要畏缩不前。如果一开始你就获得丰厚利润,你应该继续扩大。"筛选基金很重要的一点也是时机的选择,要在正确的时间进行一场正确的战斗。

2. 选择低成本基金

成本与收益是紧密相关的,总收益减去成本才是最后真正的收益,投资基金就像经营企业一样要进行成本管理，同样的收益成本越低你赚的就越多。由于指数型基金实际营运成本远远低于股票型基金，所以从长远来看，对基金投资者而言指数型基金是低成本的。

3. 抵御牛熊交替，不妨选用定期投资

索罗斯不相信传统经济学理论建立的完全自由竞争模式，他认为市场的走势操纵着需求和供给关系的发展，并由此导致价格波动。当投资者观察金融市场时，预期的作用举足轻重。而由于人们自身又是市场的参与者，所以不可能完全客观地来观察市场。人的认识都是有缺陷的或是被歪曲的，是通过一系列扭曲的镜片来观察金融市场的，而市场是无理性的，因此，根据有效市场理论预测市场的走势，判断股价的涨跌是靠不住的。索罗斯没有跟着股市的曲线走，而是走在了曲线的前面，对于我们普通投资者来说更是不可能正确预测出股市高低起伏，只能遵循"立刻行动"理财投资原则，所以定期定投就显示出它的强大优势。现在保险公司推出的投资类保险，如友邦保险新近推出的财富通投资连结保险就是以定期定投为特色的投资基金（保险）。选择定期投资可以帮助我们抵御牛熊市的变化，无论市场如何变化，都能获得较稳定的收益。

4. 适度分散投资

投资者要从自己的年龄和收入、所能承担的风险和期待的收益等方面出发，权衡选择适合自己的产品。首先，要注意在所有理财产品中分散投资，在银行、保险、资本市场中合理配置资产；其次，投资基金产品时也要适度分散，通过构建股票基金、混合型基金、债券基金和货币基金等不同类型基金的组合来降低投资风险。投资者需要谨记的是"永远不要孤注一掷"。

※ 小贴士　选基金六大纪律

1. 不要以偏概全

由于受到心理学上的"月晕效应"的影响，人们总是犯以偏概全的错误。有些基金公司利用这一点会刻意挑选某一两段基金表现最好的时期为例，大肆宣传该基金操作业绩优良，投资人最好搜集这些基金更为长期的净值变化资料作为佐证，以免被误导。

2. 不要忽略起跑点的差异

同类型的基金，因成立时间、正式进场操作时间不同，净值高低，自然有别。在指数低位时成立、进场的基金，较在指数高位时才成立、进场的基金有天然优势，前者净值通常高于后者，但并不代表前者的业绩优于后者。

3. 不要忘记"分红除息"

基金和股票一样，在分红配息（收益分配）基准日，"红利"必须从净值中扣除。因此，在计算基金净值增长率时，必须把除息的因素还原回去。投资基金的人要将这些计算方法、各种概念弄清楚，以免被基金经理蒙骗。

4. 不要感情用事

投资最困难的莫过于何时卖出，这比买哪只基金或股票更难。更好的方法是冷静对待你的基金，正如你在决定买什么的时候那样。感情用事或者孤注一掷只会使事情变得更糟。

5. 不要"跨类"比较

同类型的基金才能放在一起比较业绩，所谓"苹果与苹果"的比较，不要拿"苹果"与"梨子"比较，这是投资大师彼得·林奇给我们的重要投资建议。股票型基金和债券型基金的主要投资标的不同，对应的风险不同，混合在一起评断业绩显失公平。

6. 不同人生阶段应有不同的选择

基金理财规划不单是经济规划，也是人生规划。如果通过科学的基金投资，实现人生理想，理顺家庭生活，将是基金理财带给我们的最大收获。

选购优质基金的五原则

选购基金除了要遵守上文中介绍的四项基本原则外，还应当努力去选择优质基金，只有优质基金才能为投资者带来更好的收益。在国际金融市场，叱咤风云的乔治·索罗斯也是以优质股为主要投资标的，每当他转战到一个新的行业时，他总是最先挑选出该行业最优秀的股票持有。以计算机为例，索罗斯可能买国际商业机器公司（IBM）的股票，最好的股票才能带来最好的收益。当然，为了避险，在操作对冲基金时他也买入了行业中最差的股票。对于共同基金而言，他还是建议我们选购最优秀的基金。

如何选到最优质的基金呢？

1. 参照基金的业绩表现

这是在选择基金时最为重要的参考因素，虽然说基金的过往业绩并不代表它将来所能产生的收益，但是通过对以前业绩的比较还是可以看出哪些基金比较有"钱"景，需要注意的是不能只看最近一段时间的基金业绩，而要看其长、中、短期业绩以及业绩的持续能力，这样才能准确判断一只基金的可投资价值。

2. 选择最适合当前市场特点的基金品种

基金有许多种类，不同的市场行情下，不同类型的基金表现差异很大。具体在选择时投资者应当根据当前市场的特点，选择发展形势比较好的基金，在目前的牛市行情下，蓝筹指数类、行业类别类的股票型基金都是不错的选择。

3. 低成本基金更有优势

基金的投资成本分为两类：一类是显性成本，包括认购费、申购费、赎回费，由投资者单独支付；另一类是隐性成本，包括管理费、托管费等，从基金资产总额中扣减。这些成本也会成为影响投资者收益的一个重要因素，选择低成本的基金显然更有利于增加收益。并且，隐性成本的高低也是需要考虑的因素，毕竟它也会影响基金的长期业绩表现。

4. 适度的风险级别

我们经常看到"入市有风险，投资须谨慎"的警示，这和"吸烟有害健康"一样是实话，但是也是经常被忽略的。索罗斯曾说："对和错并不重要，最重要的是你在正确时收获了多少和你在错误时损失了多少。"每个投资于基金的人都应当清楚自己在承担着什么样的风险，将会获得什么样的收益。市场是不可预知的，没有人能够永远处于不败之地，即使是"打垮英格兰银行"的索罗斯也不例外。1987年，股市崩盘，索罗斯判断会从日本开始，然后才是美国股市，但是他原本放空的日本市场反而走高，使他受到重创，他并没有执迷于自己的判断，立刻认赔出场，他的原则是：先求生存，再求致富。所以，他在《金融炼金术》的导论中说："如果我必须就我的实务技巧做个总评，我会选择一个词：存活。"因此，每位投资者也应当根据资金用途的不同，把基金的业绩和风险与自己的风险收益偏好特征相匹配，寻找到最适合自己的基金投资，即使在阴沟里翻船，也有东山再起的机会。

5. 选择适当的基金规模

基金规模较大能够提供适当的投资品种多样化，即可以通过"把鸡蛋放在许多篮子里"来降低投资风险，并有足够的资金来支付优秀管理人员的费用。但基金规模过大也有许多不便，资金的流动性就要差一些。资产规模小的基金可能运作方便，能迅速从一种投资方式转移到另一种投资方式。但对于它们来说，昂贵的研究分析费用也是一笔较重的负担，投资质量难以保证。投资者应选择一个规模适当的基金，不宜过大，也不宜过小。在英国，基金资产总值在八九百万英镑最为理想。而在美国，则5亿美元较为合适。目前我国市场上，以20亿元人民币左右的规模较为合适。

※ 小贴士　适合老年人的优质基金

随着我国步入老龄化社会，老年人问题成为社会的焦点。目前许多老年人也是证券市场上重要的投资主体，他们期望通过投资来解决自己的养老问题，安享晚年。老年人适合选择以下基金：

1. 保本型基金

保本型基金"进可攻，退可守"，较适合老年朋友投资，但其缺点是有较长的保本期，且未持有到期得不到保本的保护，对于未雨绸缪的人比较适合。

2. 老基金

老年人适合选择风格较稳健的且有一定运作历史的优质老基金。一般而言，指数基金、中小板基金波动较大，而价值基金、大盘基金、精选基金相对波幅小一点，更适合老年朋友。

3.慎选配置型基金和股票型基金

配置型基金和股票型基金投资股票的比例相对更高，风险也大，对于追求收益稳定的老年人不是非常适合。若为了增加收入，在选择时一定要注意做好资金的分配，投资配置型基金和股票型基金的总比例不要超过50%，另外搭配一些债券基金和货币市场基金。按照国外的经验，老年人投资股票型基金的比例最好限制在一定范围内，比例为"80—自己的年龄"比较合适。比如60岁的老人，投资股票型基金的比例最好不要超过20%。配置型基金的比例为30%~40%。

利用统计指标选基金

在一些基金评级网站上，有成立一年以上基金的主要数据，从这些数据里面可以看出比单纯基金评级更多的信息。以著名的晨星网站为例，无论你通过什么方式搜索到一只基金，都会有"风险评估"一栏。如果是1只1年以上的基金，也就是参加评级的基金，在这项里面会有6个指标：平均回报、标准差、夏普比率、阿尔法系数、贝塔系数和$R2$。

例如，按照晨星网公布的统计数据，截至2021年2月28日，广发稳健、广发聚富和广发小盘的3年年化数据如表5-1所示。

表5-1　3只基金产品3年6项评价指标比较

指标项	广发稳健	广发聚富	广发小盘	备注
平均回报（%）	14.83	14.13	29.42	截至2021年3月26日
标准差（%）	9.62	16.42	29.31	截至2021年2月28日
夏普比率	1.51	0.70	1.15	截至2021年2月28日
阿尔法（α）	9.81	8.39	24.96	截至2021年2月28日
贝塔（β）	1.10	0.72	1.07	截至2021年2月28日
$R2$	5.64	0.83	47.92	截至2021年2月28日

要想看懂这个表，我们首先要来了解一下评价基金的 6 个主要指标。

1. 平均回报

平均回报指标是按照今年到目前的数据去推算一年的总回报。一般说来，当然是总回报越大越好。从这 3 只基金的收益来看，广发小盘最好，广发聚富次之，广发稳健最差。

与基金的平均回报率相近的另一个指标是回报率，它也是用来测试基金业绩的一个指标。其计算方法为：

回报率＝（基金期末净值－基金期初净值＋期间分红）÷（基金期初净值）100%

一般来讲，投资回报率越高，则基金资产的运作效率就越高，总基金投资人的收益也就越高。那些有着高回报率的基金常常会受到投资者的青睐。如表 5-2 中所示美国的一些基金其回报率就非常高，受到基民们的普遍欢迎。其中最有名的是列在首位的彼得·林奇曾担任了 13 年基金经理（1977~1990）的富达麦哲伦基金（Fidelity Magellan），该基金曾一直是美国和世界上最大的投资基金；其资产总额最高达到 750 亿美元，其业绩在长时间（至少 16 年）内战胜了标准普尔 500 指数，取得了令人称羡的业绩。其他一些表现良好的基金也主要来自那些著名的基金管理公司，如普特南（Putnam）、谭普顿（Templeton）、先锋（Vanguard）、追发（Dreyfus）、普信（T Rowe Price）以及后起之秀杰纳斯（Janus）等。

表5-2　美国一些著名共同基金的回报率（1993~1995）

序号	基金名称	投资风格和目标	3年内平均每年总回报率
1	Fidelity Magellan	增长	18.75
2	Brandywine	增长	18.51
3	Fidelily Growth&Income	增长和收入	18.28
4	Muloal Shares	增长和收入	17.76
5	Fundamental Investors	增长和收入	17.13
6	Wsshington Mutual Inverstors	增长和收入	17.06
7	Fidelity Growth Company	增长	16.62

序号	基金名称	投资风格和目标	3年内平均每年总回报率
8	Potnam Found for Growth & Income A	增长和收入	15.94
9	Scodder Growth & Income	增长和收入	15.87
10	Vanguard Windsor	增长和收入	15.76
11	Atliliated	增长和收入	15.73
12	T Rowe Price Growth Stock	增长	15.15
13	American Mutual	增长和收入	14.64
14	LDS New Dimenslons A	增长	14.47
15	New Econonry	增长	14.38

2. 夏普比率

夏普比率由诺贝尔奖得主威廉·夏普（William Sharpe）订立，并根据其名字命名，在量度基金的表现具有权威性的地位。夏普比率反映的是基金承担单位风险所获得的超额回报率（ Excess Returns ），即基金总回报率高于同期的无风险收益率的部分，该比率越高，基金承担单位风险得到的超额回报率越高。在这 3 只基金中，广发聚富最好，广发小盘和广发稳健基本差不多。

夏普比率的计算公式如下：

夏普比率 =（基金回报率 - 无风险回报）÷ 基金标准差

一般而言，无风险回报可视为定期存款的利息，或美国国库债券的回报率等，但为求方便，有的人通常也会假设无风险回报 = 0。

由于每只基金的风险程度不同，故不能直接比较其回报表现，若要作比较，便要前将两只基金的风险调校至同一水平。方法是将各自的回报率除以各自的标准差，例如：

基金 A：回报率 = 10%，SD = 3%　调整风险后回报 = 10 ÷ 3 = 3.33

基金 B：回报率 = 20%，SD = 12%　调整风险后回报 = 20 ÷ 12 = 1.67

表面看来，基金 B 的回报率较基金 A 高，但由于基金 A 用相对较低的风险换取相对较高的回报（即调整风险后回报较高），故若以夏普比率分析，基金 A 是较为值得购买的。

3. 标准差

"收益率标准差"是指过去一段时期内，基金每个月的收益率相对于平均月收益率的偏差幅度的大小。基金的每月收益波动越大，它的标准差也越大。例如，某基金在本年度第三季度报告中，份额净值增长率的标准差为0.67%，比基准收益标准差低0.32%。这说明该基金在第三季度的投资业绩与业绩比较基准相比，收益性较好，而风险较低。从表5-1中看显然广发小盘最大，广发聚富次之，广发稳健最小。

4. 贝塔系数

贝塔系数（β）衡量基金收益相对于业绩评价基准收益的总体波动性，是一个相对指标。β越高，意味着基金相对于业绩评价基准的波动性越大。β大于1，则基金的波动性大于业绩评价基准的波动性，反之亦然。例如，如果β为1，则市场上涨10%，基金上涨10%；市场下滑10%，基金相应下滑10%。如果β为1.1，市场上涨10%时，基金上涨11%；市场下滑10%时，基金下滑11%。如果β为0.9，市场上涨10%时，基金上涨9%；市场下滑10%时，基金下滑9%。表5-1中，三只基金中广发稳健的波动最大，广发聚富最小。

5. 阿尔法系数

阿尔法系数（α）是基金的实际收益和按照β系数计算的期望收益之间的差额。其计算方法如下：超额收益是基金的收益减去无风险投资收益（在中国为1年期银行定期存款收益）；期望收益是贝塔系数β和市场收益的乘积，反映基金由于市场整体变动而获得的收益；超额收益和期望收益的差额即α系数。该系数越大越好。比较下来，广发小盘跑得最快。

具体来讲，α系数计算公式为：

$$\alpha = (R_i - r_f) - \beta [E(R_i) - r_f]$$

例如：$\alpha > 0$，表示该基金获得平均比预期回报大的实际回报。

$\alpha < 0$，表示该基金获得平均比预期回报小的实际回报。

$\alpha = 0$，表示该基金获得平均与预期回报相等的实际回报，基金的价格准确反映其内在价值，未被高估也未被低估。

假设投资某基金后,通过对其的风险水平分析,预测其每年回报率为14%。但是该基金的实际汇报率为每年19%。此时,这只基金的 α 系数为5%(19%~14%),即表示它的实际回报率超过由资本资产定价模型预测的回报率5个百分点。

6. R2

$R2$(R-squared)是反映业绩基准的变动对基金表现的影响,影响程度以0~100计。如果 $R2$ 值等于100,表示基金回报的变动完全由业绩基准的变动所致;若 $R2$ 值等于35,即35%的基金回报可归因于业绩基准的变动。简言之,$R2$ 值越低,由业绩基准变动导致的基金业绩的变动便越少。此外,$R2$ 也可用来确定贝塔系数(β)或阿尔法系数(α)的准确性。一般而言,基金的 $R2$ 值愈高,其两个系数的准确性便愈高。

需要再次强调的是:我们必须在同类基金中进行比较,用股票基金和债券基金去比较是没有任何意义的。而且这些系数彼此得到的结论有时候是不统一的,甚至不同的基金评估公司算出来的数据都不大一样。

通过这些统计指标投资者可以看出哪些基金业绩优秀,哪些基金表现平平,哪些基金是好基金,哪些基金不值得你浪费精力。虽然索罗斯并不喜欢这种量化的分析方法,但是他并没有否认这种方法的有效性。索罗斯的投资理念有其独特性,他有独特的哲学观,他认为世界是不可知的,人类永远无法完全了解世界。索罗斯从不花大量的时间研究经济走势,也不花大力气研读大量的股票分析报告,做数据统计。他往往大量学习,看报纸,运用自己的哲学思想,结合分析股市形势,寻找机会做空或做多,通过他独特的量子基金大赚一笔。

※ 小贴士 要结合指标及其他方面选基金

利用统计指标选基金并不是唯一的方法,索罗斯没有利用指标也取得了巨大的成就就是很好的说明。因为数量化的评价指标并不能完全说明基金经理的投资管理水平,例如,评价指标通常是在一个固定的时期内对基金业绩进行度量,并不考虑期间管理层更迭或管理风格的任何变化。纯粹的数量化指标不能提示投资组合中所隐藏的某些风险，例如，管理风险等不能量化的风险。因此，在选择基金时，除了要参考数量化的评价指标外，还应该综合考虑诸如基金的管理团队、投资风格、交易费用结构、投资组合的潜在风险以及是否适合你手中的投资组合等因素。所以在选择基金时，不应该完全依赖数量化的评价指标，还应该结合基金的其他方面来进行综合评价。另外，应用这些指标还要求具有较长的评价期，通常评价期越长，评价指标就越能真实地反映基金的业绩。

根据个人风险承受能力选基金

"福兮祸之所伏，祸兮福之所倚。"

当你投资于基金市场的时候，也应当清楚地认识到这里也会有不幸发生，投资得到的可能是回报，也可能是更大的损失，这样的风险不可避免。乔治·索罗斯是一个聪明人，他当然清楚这种风险的存在，虽然他利用金融杠杆进行高风险的投资活动，但是他时刻清醒地看着自己，知道自己所冒的是什么样的风险，会得到怎样的收获。他从未将自己的所有资本都投资于股票市场，而将融资的部分投资于像股票指数期货、债券、外汇等金融商品上。原因是股票的流动性相对于金融商品而言较小，因此将部分净值资本投资在股票上，万一发生追缴保证金时，就能避免灾难式的崩盘。

熟悉索罗斯的人都明白，因为他曾解释过，他对风险的这种警觉来自于自己早年的生活，生存才是第一位的，无法生存下来一切都无从谈起，在生命的历程中是这样，在投资活动中也是同样的道理。"我非常关心求生的必要性，绝不冒可能叫我粉身碎骨的风险。"1974年时，索罗斯在日本股票市场建立极高的持股比例，一日下午，东京某位营业员打电话告诉他一个秘密，内容是日本人对陷入水门事件丑闻的尼克松总统反应欠佳，当时正在打网球的索罗斯毫不犹豫地决定卖出。而大部分投资人充斥一种舍不得的情绪，上涨舍不得卖，下跌也舍不得卖，看了难过，杀了手软，出脱往往是波段最低点，最后赔得只能跳楼。因此，索罗斯建议我们在选基金时一定要考虑自身的风险承受能力，不要超过自己的能力之外去冒险，否则你将彻底倒下。

在购买基金之前，投资者一定要判断自己的风险承受能力。市场的基金分为许多种类型，不同类型的基金其风险程度不一样，投资者应当选择适合自己的基金类型。一般股票基金风险最高，货币市场基金风险最小，债券型基金风险居中。相同品种的投资基金由于投资风格和策略不同，风险也会有所区别。例如，股票型基金按风险程度又可分为：平衡型、稳健型、指数型、成长型、增长型。当然，风险越大，收益率也会越高；风险小，收益相应会低一些。投资者若不愿承担太大的风险，就考虑低风险的保本基金、货币基金；若风险承受能力较强，则可以优先选择股票型基金。股票型基金比较适合具有固定收入，又喜欢激进型理财的中青年投资者。承受风险中性的人宜购买平衡型基金或 ETF。与其他基金不同的是，平衡型基金的投资结构是股票和债券平衡持有，能确保投资始终在中低风险区间内运作，达到收益和风险平衡的投资目的。风险承受能力差的人宜购买债券型基金、货币型基金。

首先要判断自己的风险承受能力。

具体来讲，经济能力尚可、家庭负担较轻的年轻人可选择股票型基金；但对于收入比较稳定，家庭责任比较重的中年人来说，应该在考虑投资回报率的同时坚持稳健的原则，分散风险，尝试多种基金组合；而老年人退休后并无稳定的收入来源，把已有的积蓄全部投资于股票型基金，很难承受市场波动的心理压力，因此应以稳健、安全、保值为目的，可选择货币型基金和债券型基金等安全性较高的产品。同时，要注意长期目标对应长期工具，如以养老为目的，可选择指数型基金。

此外，投资者还要考虑投资期限。尽量避免短期内频繁申购、赎回，每次的申购、赎回都要缴纳数额不菲的手续费，如此频繁的申购、赎回其实是把钱白白地送给了基金公司和会计师们，减少了自己的收入。所以在选基金时一定要做好准备，选择风险适当的基金，一劳永逸，取得最好的收益。

有人将选基金比作找老公，要根据个人不同的情况来选择。选基金要看基金的不同类型，这就像每个人的喜好不同，选择的老公性格也各异。而考虑基金的风险，就好比考虑老公的家境，要和自己的家境差不多，门当户对才能成得好姻缘。选择基金除了要考虑风险，在构建基金组合时也不能忘记自己的风险承受力，要根据自己的风险承受能力确定不同基金之间的投资比例，特别是不要把所有的家庭资金都用来买股票型基金，不急功近利，坚持量力而行。

※ 小贴士　TIPP 策略

虽然按照对待风险的态度，可以把人分为偏好者、中性者和厌恶者三类，但实际上，甘冒巨大风险的只是少数，绝大多数人都是中性者或厌恶者，他们追求的是资产的稳定而且持续的增值。尤其是中年以后，随着年龄的增长，对承受能力的降低，会逐渐失去从一项巨大投资失败中恢复过来的能力，所以选择合适的基金产品投资就显得尤为重要。

为了降低风险，很多人都会选择一种混合类型的基金产品，这类大多收益较均衡，风格较稳健，能够有效规避投资风险，获得相对稳定的收益。并且也会采取一些投资策略，如 TIPP 策略就非常有效。TIPP 全称时间不变性投资组合保险策略。它是指期初根据投资者对风险和回报的要求设定风险控制水平，此后，安全底线不随时间调整，而是随着投资组合价值的变动而调整——在投资组合价值上涨时，安全底线上涨，锁定部分收益；在投资组合价值下跌时，安全底线不变，保证组合安全。其首要目标不是为获取风险资产上涨时的收益，而是要锁定下跌时的风险。基金选择时间不变性投资组合保险策略，在保底的同时可以最大限度地获取风险资产上升时的增值潜力。这种策略在国外大多被保本基金所采用，相信今后国内也将被广泛地采用。

牛市行情的选基策略

股市进入牛市周期，股市持续上涨，的确酝酿了一定风险，但是，即便风险真正释放，市场外更多的资金还是会疯狂涌入，因此深度的调整可能性并不大。市场总认为大市即将调整，于是，每个月，每周，每天，都会有人预测市场将在何时展开一轮大级别的调整。调整似乎早晚要来，但牛市里预测调整并没有什么意义。事实表明，虽然股市有着小幅的波动，但是整体上还是处于牛市当中。股市的火爆自然也使得基民的数量猛增，人人都渴望抓住千载难逢的机遇大赚一笔，大部分人认为只要投入肯定就会产出。

在牛市当中投资基金收益的可能性的确很大，但也是个股、基金涨幅差异、分化最大的时候。在牛市行情里，表现好的基金收益可以翻一倍，而表现不好的基金收益也会超过 20%。这也说明，作为基金投资者，主要任务还是要不断寻找能够持续带来良好收益的基金，而不是把精力放到择时上来。乔治·索罗斯就主张在市场表现好的时候抓住机遇尽可能扩大自己的战果，而不仅仅满足于在基金投资中有所收获。在牛市状况下，市场的板块轮动特征明显，出现连续涨停，正是投资基金的大好时机，"当你有机会扩张时，千万不要畏缩不前。如果一开始你就获得丰厚利润，你应该继续扩大。"索罗斯建议投资者采取一些有针对性的策略，来进一步扩张自己的利润。

1. 新基金与老基金搭配购买

新基金和老基金由于投资风格不同、持仓情况不同，因此会有不同的表现特征。例如，在市场下跌的行情中，由于新基金的仓位较轻，可能短期内净值下跌较老基金少。但在市场上涨格局中，老基金由于仓位较高，投资者购买老基金后，马上会分享到该基金的收益增长，新基金则需要一段时间的建仓期，投资者在短期内获得的收益可能不如老基金高。尤其是目前的牛市正处于一定程度的调整中，股市涨涨跌跌变化不定，此时选择新基金与老基金组合有利于将不同风格、不同建仓比例的基金进行搭配，从而收到进可攻、退可守的功效。

2. 定期定额投资

这种投资策略在市场上已有相应的投资品种。相信大多数基金投资者已经对此有所了解，即定期投入相同的金额购买同一种基金。基金定投可以积少成多、降低成本，更重要的是基金定投不必选择投资的时机，不必判断市场点位的高低，不必担心基金净值过高，不必在意基金净值的短期波动，长期坚持就可以获得市场的平均收益，因而非常适合长期投资，尤其对于一些有长期理财规划的投资者，例如，有买房、子女教育或养老需求的投资者，基金定投可能是最佳策略。特别是对于后期入市的新基民而言，即使在股市波动较大但涨幅不明显时，也可以获取不错的收益，降低投资的风险。

3. 构建固定比例投资组合

构建基金组合是一种非常有效的投资方法，投资者可以根据自己的投资理念或投资经验，选择 3~5 只不同类型的基金，并确保其中有 1~2 只债券型或货币市场型基金，这样可以有效避免股票市场的剧烈波动所带来的风险。在牛市行情下，为了避免市场突变带来的风险，投资者也可以构建固定比例的投资组合，分别购买不同类型的基金，以有效减少非系统风险，确保在牛市中的收益。

※ 小贴士　长期持有基金

入市时机的把握也是让不少新基民头疼的问题。不少准备投资基金的人，一看分析说要有调整，就不敢投资，白白错过上升的机会。事实上，在牛市中，踏空才是最大的风险。鉴于此，对于准备入市的人来说，不要把精力浪费在等待调整和期待抄底的机会上。果断买入，长期持有，才是最好的选择，因为从长期来看，一两天的波动很快就会被熨平。

在经济不断高速发展，金融环境不断完善的市场中，又恰逢牛市，投资者长期持有基金首先可以节省操作成本，申购、赎回一只基金一般要承担1.5%~3%的交易费用，这对于投资者来说是较大的成本。而长期持有可以避免频繁操作的交易成本，更可以减免赎回费用，无形中给了投资者更多的回报。其次，股票型基金也因为其不同的投资组合和投资策略，在相同的市场中产生不同的收益。与其不断地变换基金组合，还不如选好一种等待其净值随着市场整体行情的发展而逐渐上涨，可以获得更加稳妥的收益。如果你投入的资金比较大，也可以考虑用三分法投资。例如，计划购买某基金30万元，可分三个月买入，每次10万元，这样就平摊了成本。如果碰上宽幅震荡的行情，可以在一定程度上降低风险。但是，关键还是要长期持有，如果只是抱着一种侥幸心理，期望通过市场的涨跌变化赚取差利，将来一定难有什么收获，毕竟能把握市场变化的人是少数，不可能人人都是索罗斯。

震荡市行情的选基策略

股市进入震荡市，随着大盘的起落，基金净值表现有所反复。这就给众多的基金投资者带来了新的难题，一些前期在股票型基金上获利丰厚的投资者选择落袋为安，也有一些保守型投资者转向业绩相对稳健的平衡型基金，这样的想法也是有道理的。在震荡市中到底如何选基金呢？我们来看看投资大师们的做法。

首先，投资者要懂得因时而异，灵活应对。千万不能"认死理"，选中一只基金后一定要坚持到底，绝对没有这个必要。基金虽然应该坚持长期投资，但是这并不是说认准一只基金，而是要及时"换手"，选择自己信赖的基金品种。市场变了选择的基金自然也应当随之改变。如果你构建了基金组合，则应当关注目前投资组合业绩与预期风险收益之间的差异、个人自身情况的变化、基金基本面的变化等情况的发生，及时调整和监控基金组合，不闻不问实属大忌。变换基金的策略是：牛市时增加股票基金的比例，熊市增加货币基金和债券基金这些防守力量，在行情剧烈震荡前景不明朗的情况下应该增持配置型基金便于防守反击，在震荡市自然应该选择配置型的基金。

换基金除了购买新基金，还可以通过转换基金的形式来完成。基金转换具有交易快捷、成本较低的优势。从交易时间来看，以股票型基金为例，按照原来的交易程序，先赎回再申购，一般至少需要 5 个工作日；而选择基金转换则可以在当日完成，基金转换有利于投资人更为灵活地应对市场震荡。不过，基金转换业务必须同时满足两个条件：提出转换申请的两只基金必须在同一销售机构均有销售；提出转换申请的两只基金必须在当日都能够正常交易，因此具有一定的局限性。

无论是新购还是转换，在震荡市配置型基金是比较好的选择。配置型基金和股票型基金的区别主要在于股票和债券的仓位，当基金经理看好股市的时候，往往会增加股票仓位的配置比例，而当基金经理认为市场有可能出现下调的时候，会降低股票的仓位。一般的配置型基金，股票仓位通常在30%~90% 变动。因此在震荡的市场行情中，配置型基金具有"进可攻、退可守"的优点。配置型基金在市场动荡加剧的时期表现较偏股型基金更稳健。在组合里加入优秀的配置型基金可以帮助投资者实现部分择时功能。

成长型基金和红利型基金的组合在震荡市中也是比较安全的选择。成长型基金属于股票型基金的一种，以成长性较高的股票为主要投资对象，不以获取稳定的股息为投资目的，而是追求被投资股票的长期资本增值。红利型基金属于震荡市中的稳健配置。红利型基金具有较高的现金收益特征和高成长性，这是我国红利型基金抗跌同时有稳健高回报的重要原因。由于市场处在一个高位箱体，在通胀抬头、宏观面偏紧的情况下，选择价值型基金中的红利类基金投资，可以较好地规避可能出现的大调整风险，而在市场上涨过程中，同样可以获得较高的收益。此外，因为小规模基金便于调仓换股，在震荡市中灵活度大，在同类情况下，可选择规模较小或适中的基金。

投资者在震荡市中应避免频繁买卖，像股市的波段操作一样通过高抛低吸来牟取暴利，这种做法的成功率很低。基金买卖，一进一出的费率较高，对于没有专业投资知识的投资者来说很难把握进出时机。只有选择好的基金并长期持有，基金的投资回报才能得到最大化。长期持有可避免频繁操作的交易成本，更可减免赎回费用，无形中有了更多回报。

其实，对于已经投资到基金里面的基民，在股市震荡时没有必要全面赎回。买基金最关键的不是操作技术，而是投资心态。"下跌时没有耐性、上涨时又沉不住气"是大多数基民容易犯的通病。在股市震荡时，切忌懊恼和优柔寡断。人有喜怒哀乐是很正常的，基金净值上涨的时候肯定很高兴，而下跌的时候可能会消极一些，要做到不以物喜，不以己悲的确不容易，但是基民应当努力做的正是这不容易做之事，只有保持一颗平常心才能在震荡的市场中波澜不惊，冷眼旁观，抓住真正的投资机会。

※ 小贴士　震荡市选基原则

1. 准确把握市场行情

选基金最为重要的就是了解市场的变化，尤其是在市场处于多变的震荡格局时。从目前的情况来看，虽然市场处于一定程度的震荡中，但是基本上仍维持着牛市格局，是小幅的震荡。因此，投资者仍然可以放弃指数型基金，选择主动投资的偏股型基金来分享牛市超额收益。

2. 选择业绩优秀、稳定增长的老基金

在震荡市中选基金，首先，应判断其是否具备为投资者提供长期、持续、稳定回报的能力。最为直观的方式，就是考量基金的业绩表现。可以通过基金公司或代销银行的网站、服务电话、营业网点、证交所网站和证券专业刊物等获取相关信息。其次，也可以通过一些评估机构的评估报告来观察，如晨星的评估，要注意的是晨星排行榜里还有两个很重要的数据——"最近一年风险评价"和"夏普比率"（即风险调整后收益指标）。如果一只基金的风险评价为"低"，夏普比率为"高"，就说明这只基金在获得高收益的同时只须承担较低的风险，基金业绩表现更稳定，晨星也往往会给这种基金比较好的星级评价。

3. 选择大品牌基金公司

震荡使投资风险进一步提高，投资者应加强风险控制意识。面对震荡调整，基金公司的操作风格将直接影响投资者的最终收益。投资者此时应保持理性投资，一方面要跟随牛市获得高收益，另一方面也要精挑细选，选择有品牌保障、一贯风格稳健的大公司，将投资风险控制在最小。

下跌市行情的选基策略

行情好的时候，基民们纷纷涌入，希望从中赚取好处。而行情不好，处于下跌市时大多数人都选择撤退，非常害怕在下跌市中损失惨重。这是投资者经常犯的错误，不是过于大胆鲁莽，而是过于小心翼翼。正由于缺乏自信，很多投资者虽然可以准确地把握市场趋势，却不能最大限度地加以利用。其实，下跌市中也有赚钱的机会，只要有自信能把握好市场的发展变化就可以做到。索罗斯与其他投资者的不同之处就在于他对交易充满信心时，就敢于突破"瓶颈"，投入大量的资金。这需要勇气在一个巨大的利润杠杆上保持平衡。索罗斯"沉迷于混乱"，下跌时市场动荡不定，混乱无序，而这却正是他"挣钱的良方"。那么，索罗斯是如何在下跌市中选基金的呢？

1. 抗跌首选封闭式基金

封闭式基金的单位净值与市价存在价差，在市场上买卖基金的价格可以高于基金净值，也可以低于基金净值，如此一来，市场的变化对于基金的直接影响就会减小许多。即使到期后单位净值不上涨，投资者也能获得价差，而这部分的收益率并不低。以某只封闭式基金为例，目前其单位净值为1.1014 元，市价为 0.991 元，二者之间的差价为 0.1104 元。若该基金半年后到期，到时候如果单位净值不变，那么差价部分 0.1104 元将成为投资者的收益。按照目前的收盘价 0.991 元计算，这 6 个月内的收益率将达到 11.14%。所以，对于害怕在下跌市中损失的人，可以首选封闭式基金，将市场波动的影响减到最小，即使股市持续下跌你也有收获的可能。

2. 利用基金转换摆脱风险

在下跌市中风险的程度是最高的，每个投资者都担心股票的进一步下跌，害怕突然的崩盘将自己抛入谷底，手中的基金损失巨大。保守的投资者最好的选择当然是"落袋为安"，及早退出市场。但像索罗斯一样聪明地选择转换基金也是一个不错的方法，股市的波动影响最大的是股票型基金，所以股票型基金这时的风险最大，如果你已经有所收益但又不想承揽太大的风险，为什么不将股票型基金转换成同一家基金旗下的债券型基金或货币型基金呢？这时你所承担的风险就小得多，债券型基金或货币型基金受股市的影响就小得多，虽然没有大的收益，但是也可以让你像步入小康社会一样，慢慢地等待收获。

此外，由于同种类型开放式基金的申购和赎回手续费不低（一般申购费为1.5%，赎回费为0.5%），一旦赎回后再买进，又要花一笔申购费，因而使用基金转换也可以有效地降低成本。

3. 绝处逢生，反向操作

下跌市中不少都是已经被套的，"我本周才申购了基金，目前亏了2%，卖了舍不得，继续持有又怕股市还要跌，该怎么办？"

面对这样的疑惑，索罗斯的回答是大胆搏一搏，绝境也有逢生的机会。就像他操作量子基金一样，总是先投资再调查，这就是一种赌博，判断正确可能大赚一笔，判断错误也会赔得很惨，1987年的股市崩盘索罗斯就判断失误了，但是也有赌对的时候，放手一搏也是一条可以走的路。在下跌市中，很多投资者都有这样一种心理：买涨不买跌！宁愿在涨的时候多花钱，也不愿在跌的时候买入。所以就会出现大量的卖出，导致股价持续下跌，在这样一种趋势中股市很有可能走到谷底。采用反向操作，在下跌过程中逐步买入并持有，能够有效摊薄成本，从中线角度看，基金净值仍有较大的上涨空间，而且有可能你是在谷底买入，在不久的将来股市反弹时你的基金也会持续上涨，盈利也就指日可待了。因此，对于目前已经被套的投资者，如果你能够承受暂时被套的滋味，不妨考虑越跌越买，可能从中杀出一条血路，不赔反赚。

※ 小贴士　不要在下跌中犯错

1. 在举棋不定中被套

人们对于得到的东西总是欢天喜地，对于要失去的东西总是心存不舍。当股市开始下跌，基金净值下降时，很多投资者总想等到市场反弹的时候再减镑，特别是总希望在反弹的最高点再出手，将损失减到最小，保留最大的收益。其结果便是越套越深。这些人根本没有止损的观念。在这一点上我们应当向索罗斯学习，在当抛时他从来没有丝毫犹豫，是赚是赔并不重要，重要的是你知道赚了多少、赔了多少，这次失败了还有下次东山再起，要是彻底被套了，可能以后就没有再投资的本钱了。所以，当听说日本人对陷入水门事件丑闻的尼克松总统反应欠佳时，当时正在打网球的索罗斯毫不犹豫地决定卖出在日本的持股。

2. 贸然运用相反理论

运用相反理论主要是指当所有人都看好后市时极有可能是顶部的开始，应当考虑卖出；当人人悲观恐慌时则意味着趋势已经见底，此时要做好随时进场的准备。不少投资者认为采用这种与众不同的操作方式可以在市场的剧变中获取最大的收益，因此在下跌市赌博采用这种方式。一般而言，相反理论在市场处于极端状态下会取得较好的效果。但需注意的是相反理论并不否认多数投资者对行情的影响，有时股价会因为多数投资者的看法一致而在高位或低位长时间运行，趋势的逆转可能是在不知不觉中完成的。在应用相反理论时，重要的是投资者要能够自己去判断，尽量避免被他人所影响和左右。在别人争相追涨的时候，反而要冷静考虑股价是否很快就会见顶而转熊；当其他人恐惧清仓时，反而要考虑机会是否来临。一旦判断错误，自己的损失也会很大。

事实上，在一轮大跌市中，90%以上的时间里人们都是恐慌绝望的，剩下9%的时间是反弹和横盘，只有1%的时间才是物极必反、否极泰来的时候。但很多人（尤其是一些涉世未深的专业炒股人），动不动就是"市场已经恐慌了""别人都绝望了","大底来了",等等。可怜的他们是在打一个只有1％概率不到的赌！相反理论其实是一个标准的"事后诸葛亮"式的理论,事后总结,任何人都觉得理所当然,但是真正能够运用相反理论取得成功的人非常少,所以投资者不要贸然使用相反理论,不要凌驾于市场之上,以为自己比任何人都聪明。

3. 套用以前的经验

一些老基民自以为有经验,总是爱用以前的经验来判断当前的市场变化,比如,上次大跌连跌了10周跌停,这次也会在这个时候见底。其实,这是一种完全错误的想法,经验固然有助于你判断市场的变化,但是股市有一个很重要的特点,就是每次行情和下跌,都是不一样的。所以照搬经验操作基金就像守株待兔一样,不可能再次获得猎物,是要犯经验主义错误的。

4. 过早入市

下跌市中,对人的耐性是一种极大的考验。面对连续的跌市,诱惑就来了。太多的人都想趁底入市将来狠赚一笔,于是不等趋势逆转的信号就提前进场。结果如何自己心里清楚,手痒断手,脚痒断脚,掉入市场的陷阱里。

定投首选股票型基金

基金定投也叫"定期定额申购",是国际上通行的一种类似于银行零存整取的基金理财方式。定期定额投资的优势在于,利用较长的周期,将波动相对较大的投资变成安全性更高的投资,因此基金定期定额投资业务日渐受到投资者青睐。投资人只要去银行或证券营业部签订一份协议,就可实现自动投资,坐享收益,所以基金定投又被称为"懒人投资术"。但是选择定投也要有投资的目标基金,选择何种基金作为定投目标对于未来的收益会有很大的影响。乔治·索罗斯认为选择股票型基金会获得最大可能的收益。

股票型基金的波动程度较大、风险高,这很明显,但是通过定投这种风险可以在很大程度上化解,而通过长期的投资自然可以积累较为丰厚的收入。如果定投债券型基金、货币市场基金，一二十年后获得的收益可能刚好抵消通胀而已，所以定投应首选股票型基金。其中，2年内的投资期优先考虑投资风格稳健的股票基金；较长期的理财目标，如5年以上，则应选择投资风格积极的股票基金更能提高收益。

基民李先生最近开始考虑用基金协助规划自己的养老问题。由于基金公司的各位专业人士都认为，如果打算长期投资基金，以定期定额的方式进行，能够熨平股市的波澜，规避选择入场时机的风险，省时又省力，所以李先生打算选只基金做定期定额投资，积累养老储备。

可选只什么样的基金陪自己慢慢变老呢？左思右想，李先生决定先去咨询一下已有定投经验的小陈。

"做养老金储备，当然是越积极的基金越好啦！"听了李先生的困扰，小陈不假思索地答道。

操作风格比较积极的基金，净值波动比较大。因此，在净值下跌的阶段累积较多低成本的单位数，待市场反弹后，积累的份额就会更多地获利。而净值波动幅度比较大的基金，更容易找到相对的高点出场获利了结，真正达到"低买高卖"的效果。相反，风格比较平稳的基金净值波动比较小，在市场的起起伏伏中，虽然比较稳妥，但相对而言，平均成本也不会降得太多，获利也相对有限。

听了小陈的解释，李先生释然了，选择一只积极的股票型基金来做定投。

定投并不只是选只基金这么简单，要使自己的定投真正收到效果，投资者还应当做到：

（1）设定理财目标

定投法是一种长期见高效的投资法，重在积累和复利，所以采取这种办法投资特别适合未来子女教育，个人退休养老等长期目标。但要想短期见高效，设想年初投入奥拓，年底收回奥迪的风险偏好者并不适用。

（2）量力而为

定期定额一定要做得轻松、没负担，投资者首先要计算出固定能省下来的闲置资金，1000元、500元都可以。不要贪图每月都投入很多资金，关键在于坚持，只要每月保持固定的资金投入长期坚持下来收入还是很不错的。

（3）选择在上升趋势的市场

比如中国的股市，这类反复向上，但又大幅波动的市场最适合开始定期定额投资。投入景气循环向上的市场，避免追高是创造获利与本金安全的不二法门，目前的牛市行情是比较适合定投投资基金的。

（4）持之以恒

长期投资是定期定额累积财富最重要的原则，这种方式最好持续 3 年以上，才能收到好效果。切勿因为自己主观判断了市场的走向而中断投资。因为复利是定投的特点，时间越长，收益就越长，收益率和时间是几何关系，而不是简单的算术平均。坚持的另一层含义是不要频繁更换投资的基金，股票型基金涨涨跌跌也是很正常的事，不必在意，在必要的时候咨询专家意见，其他时候就安心等待，否则，容易因为主观失误或受舆论诱导遭受投资失败。

此外，在实际购买定投基金时投资者还应当注意以下问题：

（1）清楚每月的扣款日

清楚扣款日，及时查询本月是否已经扣款，保证投资不会出现错误。定投虽采用每月固定日扣款，但因为有的月份只有 28 天，所以为保证全年在固定时间扣款，扣款日只能是每月 1~28 日；另外，扣款日如遇节假日将自动顺延，例如，约定扣款日 7 月 8 日，但如果次月 8 日为周日，则扣款日自动顺延至 9 日。

（2）月月都有手续费

有些投资人认为，基金定投如同单笔申购，只需第一次申购时支付手续费即可。但是与单笔基金投资不同，定期定额投资每月都要扣除手续费用，投资人一定要注意这一点。

（3）可选择双月或按季度投资

一般情况下，定投只能按月投资，不过也有基金公司规定，定投可按月、按双月或季度投资。现在多数单位工资一般分为月固定工资和季度奖。如月工资仅够日常之用，季度奖可以投资，适合按季投资。如果每月工资较宽裕，或年轻人想强迫自己攒钱则可按月投资。投资者可根据自己的情况灵活选择，千万不要以为只能按月投资，事先要问清楚。

（4）漏存、误存后怎么办

投资者有时会因为忘记提前存款、工资发放延误及数额减少等因素，造成基金定投无法正常扣款，这时有的投资者认为这是自己违约，定投就失效了。其实，部分基金公司和银行规定，如当日法定交易时间投资人的资金账户余额不足，银行系统会自动于次日继续扣款直到月末，并按实际扣款当日基金份额净值计算确认份额。所以，当月扣款不成功也不要紧，只要尽快在账户内存钱（3个月内）就可继续参加定投。

（5）如何变更定投金额

按规定，签订定期定额投资协议后，约定投资期内不能直接修改定投金额，如想变更只能到代理网点先办理"撤销定期定额申购"手续，然后重新签订《定期定额申购申请书》后方可变更。

（6）基金定投的赎回

很多投资者以为赎回时只能将所持有的定投基金全部赎回，其实定投的基金可以一次性全部赎回，也可选择部分赎回，或部分转换。如资金需求的数额小于定投金额，可用多少赎多少，其他份额可继续持有。并且，赎回之后定投协议并未终止，只要你的银行卡内有足够金额及满足其他扣款条件，此后银行仍会定期扣款。所以，客户如想取消定投计划，除了赎回基金外，还应到销售网点填写《定期定额申购终止申请书》，办理终止定投手续；也可以连续3个月不满足扣款要求，以此实现自动终止定投业务。

由于普通投资者很难掌握适时的投资时点及筹备大额的投资成本，所以基金定投是比较适合中小投资者中长期投资的方式，尤其是选好股票型基金进行定投会获得非常好的收益。假设投资者每月投资1000元，年回报率为8%，那么经过16年之后，其本利之和将达到387209元，超过16年间每个月投入的本金总和的1倍还多。如刚步入社会的青年人计划若干年后购房、购车；青年夫妇让子女接受良好的高等教育（或出国留学）；中年家庭准备退休后有足够的生活费用开支等，所有这些生活目标都可以通过定投来实现。

※ 小贴士　跳出基金定投的误区

误区一：因恐惧而暂停

定期定额采用平均成本的概念分散投资风险，但相应地也需要长期投资才能克服市场波动风险，并在市场回升时获利。由于基金是集合投资、专家理财，优秀的股票型基金往往能够获得与大盘同步甚至超越大盘平均水平收益。但是，当市场出现暂时下跌时，基金净值往往也会暂时地缩水，许多投资者因恐惧在下跌时停止了定投（甚至赎回基金）。其实，投资者只要坚持基金定投，就有机会在低位买到更多基金份额；长期坚持下来，平均成本自然会降低，从而无惧市场涨跌，最终获得不错的收益。一般而言，宏观经济景气周期约 3~5 年为一个循环，因此定期定额通常需要 3 年才能看出成效。

误区二：因上涨而赎回

基金定投如同财富之旅上的长途列车，只有坐到终点（通常坚持 5 年以上），才能有最大机会完成财富之旅，达到实现"购房、子女教育、养老"等事先规划的理财目标。然而一些投资者在定投一段时间之后，发现基金净值上涨，担心市场反转而选择了中途赎回，其实这样的做法也是与其当初进行基金定投的初衷相违背的。事实上，许多人参加基金定投是由于个人没有能力判断市场涨跌，因此必须借助定投来分享市场的平均收益。而一旦因净值上涨而赎回，实际上就是人为对股市涨跌进行了判断，从而再次陷入"短视投资"的陷阱，基金定投也就失去了意义。

误区三：选错定投品种

利用定期定额投资基金，并不是随便选只基金就可高枕无忧。一些投资者对基金类型和风险收益特征缺乏了解，以为所有类型的基金都能够定投，从而选择了错误的基金进行定投。事实上，定投平均成本、控制风险的功能不是对所有基金都适合，债券型基金和货币市场基金是收益一般较稳定，波动不大，定投没有优势。而股票型基金长期收益相对较高、波动较大，更加适合基金定投。并且同样是股票型基金也需要投资者精挑细选，从基金公司长期历史业绩、综合管理能力等多方面进行判断，选择一只可以安心、值得长期信赖的基金，只有选择了好的基金才能获得更好的回报。

误区四：盲目地开始定投

一些投资者觉得定投十分保险就把所有资金都用来定投，没有对自己的理财做出合理的规划。一旦出现意外事情，就导致定投不得不中断，反而收不到定投的效果。事实上，由于基金定投是一种长期投资方式，中途下车可能离目标还很远，尤其是股市有涨有跌，如果在股市低潮时急需用钱，就可能"被迫下车"而遭遇损失。所以，投资者应在充分估计自己的收支情况、规划自己财务状况的基础上选择一定量的定投，定投金额可以不必过多，但是要有保证，能够持续、长期地进行定投，这样才能达到定投的目的，实现自己的财务目标。

如何选择适合你的基金投资策略

投资基金不仅要把握原则，在不同的市场环境下选择合适的基金，更重要的还有确定自己的基本投资策略。正如在军事作战中有战略与战术之分一样，投资策略就是战略问题，而选基金则是战术问题，它们是宏观与微观的关系，总与分的关系。要想打一场漂亮仗，战略比战术的意义要大得多。成功的投资大师们都有自己的投资策略，索罗斯的成功之道是他选择了正确的场合，这个场合就是对冲基金，其盈利是众多投资工具中最高的。索罗斯是对冲基金领域里的一流专家，也是使用当今流行的被称作金融衍生产品的对冲基金投资工具的一流专家。他建议普通的投资者在投资基金时选择自己的投资策略，这些策略可能大不相同，但有一点是相同的，那就是适合自身的需要。

1. 单笔买卖策略

这里所说的单笔买卖策略，指的是投资者一次买入或卖出某种基金，这是发行后基金交易的最基本类型。

在买卖单笔基金时有几个因素是非常重要的。一是基金的净值。这是买卖基金的价值基础，也是买卖基金的最重要的判断依据。当基金净值上升，基金净值与市价的折价率提高时，而股票市场并没有出现基本面变化时，投资人可以考虑买进；当基金净值下降，基金净值与市价的折价率缩小时，投资人要考虑卖出。二是基金的分红情况。基金分红的多少不仅会增加投资人的现金流，而且会为投资人带来税收上的优惠，减少交易费用。因此，当基金公布的季报或年报分红增加时，可以考虑买进该基金，分红减少就考虑卖出。三是基金的交易活跃程度。交易活跃则表明基金的流动性强，反之则表明资金的流动性弱。对交易活跃的基金可以多买进一些，交易不活跃的基金可以适当减少。但是，有一点必须注意，流动性与收益性之间常常存在一种反向关系，即流动性强则收益性差，所谓"保持流动性牺牲收益性"。

此外，也有一些投资者不是单笔买卖某种基金，而是按恰当的资产配置比例构造了某个投资组合并准备长期保持。这也是一种非常简单的策略，它具有交易成本低和管理费用小的优势，但也放弃了从市场环境变动中获利的可能，同时还放弃了因投资者的效用函数投资目的或风险承受能力的变化而改变基金配置状态，从而降低了提高投资者投资效用的可能。所以，这适合资本市场环境和投资者的偏好变化不大时采用，适用于有长期计划水平并满足于战略性资产配置的投资者。

2. 替换操作投资策略

替换操作投资策略是指根据基金资产净值的变化及基金单位价格的变化来及时更换手中的基金种类，以获取较大的收益及规避可能出现的风险。这种方法类似于股市中的换股操作法。一般而言，任何基金都很难长期战胜其他所有基金，这在投资学中叫作"万有引力"现象。所以，必要的时候根据基金业绩主动更换基金，其投资效果会更好。其具体做法是：任何一种基金都会随着经济周期和商场状况的变化而变化，投资基金应当随时割舍绩效不好、没有发展前途的基金，而追加绩效良好的强势基金。应用这种方法要注意，这种方法只适用于多头市场，在空头市场中，由于基金行情大多处于弱势中，更换基金品种只会赔上手续费，因而不适用于空头市场。

3. 固定比例投资策略

固定比例投资策略是指投资者将其资金按固定比例分别投资于指数基金、股票型基金、积极配置型基金、债券基金等不同种类的基金。当某种基金由于其净资产变动而使投资比例发生变化时，就迅速卖出或买进该种基金，维持原投资比例不变。假如某人按此法购买了股票基金、债券基金和货币市场基金，其价值分别占 60%、25% 和 15%，如果股票基金从 60% 上升到 65%，则可以卖出 5% 的股票基金单位，使其比例恢复到原来的 60%，若债券基金由原来的 25% 下降到 20%，则可以买入 5% 的债券基金单位，以使其比例恢复到 25%。

固定比例投资策略的特点是能使投资者保持低成本的状态，当某类基金价格涨得较高时，就补进价格低的其他基金品种；而当这类基金价格跌的较低时，就补进这类低成本的基金单位。采用这种策略还能使投资者真正拥有已经赚来的钱，不至于因过度奢望价格进一步上涨而使已经到手的收益化为泡影。此外，该方法保持各类基金按比例分配投资金额，能有效抵御投资风险，不至于因某种基金的表现不佳而使投资额大幅亏损。

有经验的投资者往往在此基础上再设定一个"止赢位"（上涨 20% 左右）和"补仓位"（下跌 25% 左右），或者每隔一定期限调整一次投资组合的比例。

4. 平均成本投资策略

平均成本投资策略是指每隔一段固定时间，以固定的金额去购买某种基金。它需要投资者长期、固定地投资一笔资金投入，比如每个月投资 1000元。由于基金价格是经常变动的，所以每次所购买的基金份额也不一样。当价格较低时可以买到较多的基金份额，价格较高时买到的份额就少。当投资者采用此方法后，实际上就把基金单位价格波动对购买份额的影响抵消，在一定时间内分散了以较高价格认购的基金风险，长此以往，就降低了所买基金的单位平均成本。

例如，某投资者半年内出资 60000 元投资于 A 基金，每个月拿出 10000

元按平均成本法投资，其结果如表5-3所示。

表5-3　平均成本投资法

日期	价格（元）	买入基金单位（个）
2020年11月2日	2.16	4629
2020年12月1日	2.17	4608
2021年1月3日	2.30	4347
2021年2月1日	2.87	3484
2021年3月1日	2.51	3984
2021年4月2日	2.77	3610
总持有基金单位数：24662个 平均价格=60000÷24662=2.43元		

如果按市场平均价格计算：

市场平均价格 =（2.16+2.17+2.30+2.87+2.51+2.77）÷6=2.46（元）

投资者只能购买（60000÷2.46）=24390个基金单位。而平均成本法投资，该投资者能够购买24662个基金单位，从而降低了投资成本。（注：上列算法中，不是以"1手"即100个基金单位为1个成交单位的，在实际操作中应以"1手"为1个单位）。

该方法在欧美基金市场上非常流行，它对每次申购的资金要求不高，是致力于长期投资基金投资者最常用的投资策略。这种投资方法收益率较低，且每次交易的间隔时间不易过短，有些投资者采取每月投资的策略，相对回避风险的能力小些。但如果能坚持长期投资，其收益率还是很可观的。

5.固定金额投资策略

固定金额投资策略是将基金分为股票基金和债券基金两部分，在投资中着重控制股票基金投资总额。投资者对所持有的股票基金的金额设定一个基数，当股票市场价格变动时，其持有的股票基金总金额也发生变动，其总金额超出或低于预定的基数时，通过买进或卖出股票使其投资总额重新回到原定的基数水平。通常这一投资总额的控制是通过在某一固定金额基础上规定正负波动比率来进行的。

6.适时进出策略

任何投资者都希望在低价买进、高价卖出，赚取最高盈利。而适时进出策略就是达到这一目的的最好方法，扬名投资界的索罗斯和巴菲特，便是采用这种策略的成功例子。然而，像他们一样成功的例子不多。一般而言，超过90%的投资者无法从这个策略持续赚钱。这是因为适时进出投资法是指投资时完全以市场行情为进出依据，应用这一方法，首先要求投资者对市场走势有个正确的预测。选择这个策略的投资者需要耳听八方，跟进所投资的市场的政经局势发展，了解最新进展如何影响投资基金的表现。还必须时时观察投资组合的起落，探听其他基金经理和投资者的看法。当预测市场趋跌时，就减少投资额；相反，当预测市场趋涨时，就追加投资额。另外，这种策略不适用于表现较好的基金。因为表现较好的基金一定在空头市场中抗跌性较强，且出现下跌时间较短暂，若采用适时进出法抛出该基金后可能来不及回补而造成踏空的危险。

以上无论哪种策略投资者都可以采用，关键是，一要适合自身的需要，有利于实现自己的投资目标；二要考虑当前的市场情况及市场的变化趋势，选择适合自己的投资策略才是最重要的。

※ 小贴士　经济发展循环周期与投资策略

股市是经济的晴雨表，如果股票市场是有效的，股市表现的好坏大致反映了经济发展的景气状况。经济发展具有周期性循环的特征，一个经济周期包括经济衰退、复苏、扩张、过热四个阶段，因此，经济发展周期的变化与基金投资有密切的关系。只有了解经济发展的循环周期，才能选对基金。一般来说，在经济周期衰退至谷底，股市上扬时，投资股票基金，收益较高的可能性较大；当明确锁定经济处于景气的谷底阶段，应该提高债券基金、货币基金等低风险基金的投资比重；当经济发展逐渐衰落时，要逐步获利了结，转换加大稳健收益类的基金产品。

若对经济发展循环的周期敏感度比较低，不希望自己的投资受到经济发展周期的太大影响，则可以采取建立投资组合的投资策略。将股票基金与债券基金同时纳入，就可以有效地分散风险，而无须担心错过哪一种资产的增值机会。另外，采用定期定额的方式作长期投资，也可以通过平均成本降低市场波动的风险，少受经济周期发展的影响。

第六章　彼得·林奇教你构建基金组合

★大师传奇

彼得·林奇是当今美国乃至全球最高薪的受聘投资组合经理人，是麦哲伦 100 万共同基金的创始人，是杰出的职业股票投资人、华尔街股票市场的聚财巨头。彼得·林奇于 1977 年接管并扩展麦哲伦基金以来，不仅使麦哲伦成为有史以来最庞大的共同基金，使其资产由 2000 万美元增长到 140 亿美元，而且使公司的投资配额表上原来仅有的 40 种股票增长到 1400 种。林奇也因此而收获甚丰。惊人的成就，使林奇蜚声金融界。美国最有名的《时代》周刊称他为第一理财家，《幸福》杂志则称誉他是股票领域一位超级投资巨星。

1944 年 1 月 19 日，彼得·林奇出生于波士顿。父亲曾是波士顿学院的数学教授，后来成为约翰·汉考克公司的高级审计师。不幸的是，在彼得·林奇 10 岁那年，父亲因病去逝，全家生活从此陷入困境。彼得·林奇不但从私立学校转到了公立学校，而且不得不找个半天的工作，以补贴家用。1955 年，彼得·林奇在高尔夫球场找了份球童的工作。这份工作对于彼得·林奇来说太理想了，球童工作一个下午比报童工作一周挣得还多；在球场，彼得·林奇还能从高尔夫俱乐部的成员口中接受股票市场的早期教育。

1968 年，彼得·林奇从宾夕法尼亚大学沃顿商学院毕业。1969 年进入富达管理研究公司（Fidelity Management & Research Company）成为研究员，1977 年成为麦哲伦（Magellan）基金的基金经理人。1990 年 5 月主动辞去基金经理人职务。这期间，麦哲伦基金管理的资产由 2000 万美元增长至 140 亿美元，基金投资人超过 100 万人，成为富达的旗舰基金，并且是当时全球资产管理金额最大的基金，其投资绩效也名列第一。在彼得·林奇出任麦哲伦基金的基金经理人的 13 年间，基金的年平均复利报酬率达 29%，1977 年投资人若投资于麦哲伦基金 1 万美元，到 1990 年可得到 28 万美元！因此，他也被称为"首屈一指的基金管理者"，和巴菲特一同被看作现代社会最伟大的两位投资家。

善用基金组合，降低收益风险

面对目前市场上几百只名称各异、各有千秋的开放式基金，投资者是选择一只重仓持有，还是多选几只做个基金组合？如果股市行情火爆，购买股票基金是一个不错的选择。不过高收益伴随着高风险，没有只涨不跌的股市。为了安全，有的投资者还是把一部分资金分散出来，投资一些风险较低的债券基金和货币基金。债券基金波动幅度比股票基金小得多，而货币基金则类似可以方便支取的银行定期储蓄。显然，从防范风险的角度出发，构建一个适当的基金投资组合是很有必要的。"不要把所有的鸡蛋都放在同一个篮子里"，这句古老的戒言在基金市场同样适用。

事实上，投资大师彼得·林奇也是建议投资者构建基金组合的，他最有名的理论之一就是构建"全明星"的投资组合，彼得·林奇把这样的组合称为组织"全明星队"。也就是从各种风格、类型的基金中，挑选出满足其法则的优秀基金，作为备选对象，然后再从中构建投资组合。毫无疑问，这样的组合实力是强大的，就像皇马的全明星组合一样，捧得冠军杯自然是轻而易举的事。至于如何构建这样的全明星组合则没有绝对的模板可以参照。市场是在不断变化的，最优的投资组合也应随之不断地变化，投资者应当善用基金组合，从而构建自己的明星队伍，达到降低风险、增加收益的效果。

1. 测定基金组合的风险

基金组合可以降低风险，但是风险在一定程度上还是存在的，不可能消失。投资者在投资之前先对自己可能遇到的风险做一个评估，按照自己的承受能力来构建适当的基金组合。如果你的财力有限，就需要构建一个低风险组合，如果你的资金比较充足，则可以构建一个风险较高的组合，相对地也可以获得较高的收益。通常股票和债券是两类风险收益特征鲜明的证券资产，相应地，重点投资于这两类资产的股票基金、债券基金以及介于两者之间的混合基金，其风险收益特征也各有特点。因此，投资者可以通过买入不同类型基金并调整各类型基金在总资产当中的配置比例，来达到与自己风险偏好相近或相同的效果。比如一个收入颇丰的私人企业主，如果生性爱冒险，喜欢追求刺激，那么在投资方面他很可能对投资对象有着高收益的要求并且愿意承担高风险，在资产配置上应当多配高风险高收益的股票基金，少配低风险低收益的债券基金，如此一来，即可保证资产整体上的进取性。最重要的是投资者要了解自己所构建基金组合的风险程度，如果不是很了解自己的风险承受力，可以尝试使用市场的一些测试风险偏好的方法，大多数简单易行，是很有帮助的。

2. 区别基金类型，构建基金组合

构建基金组合最为重要的就是对不同类型的基金进行的合理组合，选择哪些基金类型，每种类型占多大比例，这正是构建组合的关键。一般股票基金往往保持较高的股票资产配置比例，然后通过不同风险程度资产的转换或股票选择来追求收益或规避风险；混合基金则非常灵活，通过对市场的判断将资产在股市和债市之间切换以达到获取收益和规避风险的目的。同为股票基金，有些基金偏重对大盘价值类股票的投资，基金整体上表现出稳健的风格；另一些基金则偏爱小盘成长类股票，基金在整体上就会相应表现出高风险高收益的进取风格。此外，投资运作思路的不同也会使基金个性产生相当大的差异，比如，有些基金追求资产的长期增值，不会特别在意分红，因为分红多多少少会影响基金资产的长期增值；有的基金则强调到点分红，基金获得一定盈利之后就立即分红，使投资者落袋为安。在债券基金内部同样有很多细分，例如，不仅可以投资可转债还可以投资股票的债券基金，只能投资中短期债券的中短期债券基金，只能投资更短期限债券的超短债基金，还有对投资行为要求最为严格的货币市场基金。了解不同类型基金的区别是善用基金组合的必要基础，一般的套路是，对于年轻人，基金组合中可以绝大多数是股票基金；对于老年人，则尽量把表现稳健的混合基金和债券基金作为组合的核心资产。值得一提的是，一只覆盖整个股票市场的指数基金，可能比多只基金构成的组合更能分散风险。

3.投资期限与基金组合

投资期限是指打算投资于基金的时间长短，有的长的可能10年、15年，短的还不到1年，不同的期限要求对基金组合的构建影响也很大。因为股票类基金的投资效益往往需要较长时间才能够充分展现，短期进出并不能给投资者带来多少收益。而短期债券基金或者货币市场基金等的流动性强、安全性高，可以使短期的投资不至于亏损。

因此，如果投资者是做15年以上的长期投资，可以考虑激进的组合，但是要注意不同基金之间的搭配，避免品种单一，要知道股市的涨跌总是轮动的，今天是小盘股票普涨，明天可能就是大盘蓝筹发威；如果你的投资计划在5年以上、10年以内，一定要注意增加组合中投资大盘基金的数量，减少甚至避免中小盘基金。因为我们都看好股市未来长期向好的前景，但是要知道股市中影响最大的是大盘股票，虽然它们的涨幅肯定比不上那些小盘股票，但是最终决定股市长期走势的还是它们。如果投资者的投资计划在2年以上、5年以内，那么你必须在组合中配置一定比例的稳健型基金，然后随着投资末期的临近，提前结束对激进型基金的投资，当盈利的时候将它们逐渐转换成稳健型或债券型基金。如果投资者只打算投资1～2年的时间，那么请务必考虑配置相当比例的稳健型和债券型基金，即使你已经配置了激进型基金，也一定要将比例控制在30%以下，并且至少提前半年开始找机会赎回或转换它们为纯债券基金。如果投资者的投资时间在1年以内，那么主要考虑纯债券基金和货币基金即可，少量的稳健型股票基金或混合型债券基金也许可以帮你提高一些收益，但是也要注意把握赎回的机会，切勿贪图再涨一点儿，等自己非用钱不可的时候，却面临要亏损赎回的尴尬。

4. 不一样的行情不一样的组合

市场行情的变化也是需要考虑的因素之一。一般来讲，在市场向上趋势已经明确的情况下，老基金由于具有现成的资产头寸，可以直接获取上涨收益，而新基金的建仓过程会影响基金的整体表现，此时投资者可以多配置老基金，尽量争取收益。在市场向下趋势明确或者市场趋势不明朗的情况下，老基金由于同样的原因受到的负面影响较大，而新基金则占据主动，在把握建仓时机节奏的基础上充分回避风险，此时投资者可以多配置新基金，尽量避免损失。因为新基金和老基金的主要差别在于基金运作面临的外部环境不同以及当下资产配置情况的不同。

5. 选择不同的基金公司

不把所有鸡蛋放在同一个篮子里，不仅是指不能只投资于一只基金，也指不要只买一只基金公司的基金产品。大部分基金公司旗下的产品都共享着同一个研究平台，在投资偏好上会有很大的相似性。尽量在不同基金公司的产品之间作选择，有助于减少持股雷同的现象。更为重要的是，基金公司如果出现风险"流弹"，比如利益输送、基金经理"老鼠仓"……尤其有些现象通过严格的投研流程都无法避免，那么，保护自己的最好方式就是"别在一家基金公司等死"。如果你的资金量不是小到没法做分散，建议即便同样是买股票基金，也尽量买两家基金公司的；如果打算买股票基金和配置基金，也最好买不同基金公司的。

另外，除了基金的组合外，选择不同的投资方式也可以在一定程度上降低收益风险。例如，你可拿一笔钱做一次性投资，这种方式收益和风险都比较集中，在后市趋势比较确定、中长期赚钱概率远高于亏损的情况下，用这种方式投资是最好的选择。同时，在中长期趋势比较确定，但短期入市时机却很难把握，就可以采取分批买进的方式，平摊后市下跌的风险。更为典型的方式就是定期定额买基金，即把每个月的零散资金在确定的时间每月买入同一只基金，通过平摊买入成本，将买入时点的风险大大化解。

投资基金组合没有共性，视个别投资者的具体情况而定。每个人都应根据自己的性格特点、可供投资的多寡、投资年期及投资目标计划自己的投资组合，再结合当时的经济环境及市场行情来决定各种基金的组合成分。例如，遇到经济衰退或熊市时，可侧重投资债券基金，减少股票基金的持有量。根据自己及市场的情况，组合运用基金组合才能取得最好的效果，建立自己的明星基金组合队，最大限度地降低收益风险。

※ 小贴士　如何构建基金组合

1. 确定基金组合的核心

构建基金组合的关键在于选择核心基金，通常选择3~4只业绩稳定的基金作为你的核心组合。核心基金的选择，应遵从简单原则，注重基金业绩的稳定性而不是波动性，即核心组合中的基金应该有很好的分散化投资并且业绩稳定。投资者可首选费率低廉、基金经理在位时间较长、投资策略易于理解的基金。大盘平衡基金尤其适合作为长期投资目标的核心组合。此外，投资者应时时关注这些核心组合的业绩是否良好。此后逐渐增加投资金额，而不是增加核心组合中基金的数目。这样的方法将使你的投资长期处于一个较稳定的状态。

2. 多元化投资

在核心组合之外，可以再买进一些行业基金、新兴市场基金以及大量投资于某类股票或行业的基金，以实现投资多元化并增加加盟整个组合的收益。小盘基金适合进入非核心组合，因为比大盘基金波动性大。如果核心组合是大盘基金，非核心搭配应是小盘基金或行业基金。非核心组合基金具有较高的风险性，需要对它们加以小心控制，以免对整个基金组合造成太大影响。

3. 分散组合风险

构建基金组合最主要的目的是进一步分散投资风险。通常认为基金数目的增加就可以分散风险，但这并不是绝对的。如果持有的基金都是成长目的或是集中投资于某一行业，即使基金数目再多，也难以达到分散风险的目的。相反，一只覆盖整个股票市场的指数型基金，可能比多只基金构成的组合更分散风险。因此，组合中基金的分散化程度远比数目重要得多。

4.定期观察或考虑更换

在投资组合确定以后，就需要定期观察组合中各基金的业绩表现，将其风险和收益与同类基金进行比较。假如在 3 年之内，一只基金的表现一直落后于同类其他基金，则应考虑更换这只基金。根据市场不同的时点，投资者要学会见风使舵，选择买入不同类型的基金，随时调整方向开好顺风船。

构建基金组合的准备

无规矩不成方圆，凡事总要遵循一定的原则。

彼得·林奇说："投资是令人激动和快乐的工作。但如果不做准备，投资也是一件危险的事清。"要想从投资基金中获得收益，投资者必须做好充分的准备，懂得这里的游戏规则，不要违背基本原则，否则将一无所获。

"如果不研究任何公司，你在股市成功的机会就如同打牌赌博时不看自己的牌而打赢的机会一样。"构建基金组合也是一件需要研究的事，要组建一个全明星的组合，就如同要看清自己的牌，清楚这把牌的规则一样，按照构建组合的原则去做。

1.构建基金组合应当遵循的原则

（1）明确自己想要的收益和能够承担的风险

构建基金组合的目的非常简单，就是增加自己的收益和降低可能存在的风险，而这两者事实上是始终存在的，只是相互的比例关系有所不同。其实，建立基金组合是对投资者的自我风险承受能力和满意收益率的确定，结合自身具体情况和市场走势以及投资产品的特性才能使之更合理。只有确定这个前提，才能确定各类基金的大致比例和具体基金的挑选，否则组合之后的结果可能会让你大失所望。

（2）基金数量适当

毫无疑问，这是多只基金的组合，但基金的数量不宜过多，多一只基金并不意味着风险就会降低一分。组合中的基金数量尽量控制在 3~5 只，比例较大的类型选择两三只即可。数量过多不便于管理，把所有鸡蛋放在同一个篮子的不同角落未必能分散风险。

（3）尽量分散风险

根据市场的行情确定各类基金的合理比例，对于组合中基金的挑选应尽量避免选择同一家基金公司甚至同一个基金经理管理的基金，尽量避免选择同类风格的基金和相同操作理念的基金。基金的数目不是关键，关键是要起到分散风险的作用，将投资分散到不同类型、不同公司的基金中才是明智的行为。

（4）适时调整

基金组合构建以后并不等于一劳永逸，还需要作一些适时的调整，基金不应像股票一样频繁操作，但是当股市出现明显的大调整时还是不能无所作为的，应该适当调整股票基金的持有比例。还应该建立一些候补基金，已有组合中的基金实在比不上候补基金就应该更换，不应过分考虑费用，开源比节流重要，挣钱永远比省钱重要。

（5）不同人生阶段选择不同的基金组合

当投资者处在不同的人生阶段时，由于年龄及家庭条件等各方面的不同，对于风险承担能力，资金储备情况及财务需求等各方面都会有所不同。而作为最主要的理财方式之一，投资基金也需要做出相应的改变，所以也需要你依据自身的情况选择不同的基金组合。基金理财规划不单单是经济规划，也是人生规划。如果通过科学的基金投资，实现人生理想，理顺家庭生活，将是基金理财带给你的最大收获。

2. 构建基金组合需具备的条件

构建基金组合的准备工作中，除了要遵守上述几个原则，还需要具备以下四个条件。

（1）丰富的基金产品

基金公司是基金产品的提供者，一方面需要做好基金的管理工作，尽力提高基金业绩；另一方面要不断创新，研发更多的基金产品。目前中国的基金产品数量已经不少，各种类型的基金产品也基本具备，但还是不够细分，投资方向和风格理念还是雷同较多。只有足够多而且不断丰富的基金产品，才能为理想基金组合的构建提供充分的素材。市场上有丰富的基金产品，尽可能多地了解这些产品，是建立组合的首要条件。

（2）基金的交易平台也很重要

投资者能够在一个交易平台（交易所）有想买的基金自然是最省心的，还有费用和安全性问题。如果在交易品种、交易方式、安全和费用四个方面都比较好，就是很好的交易平台。

（3）海量的信息

在如今这个信息时代，信息就是经济，就能创造价值。除了基金公司网站公布的基金产品本身的公告信息，还需要专业的基金评价机构提供评价比较的信息和实时的动向，这样才能为理想基金组合的构建以及以后的监控调整提供一定的依据。

（4）不可或缺的人

人员是一个不能忽视的条件，随着基金产品的丰富和交易方式的多样，基金理财会成为越来越专业的事情，需要一批专业人士来帮助投资者更好地构建基金组合，这也是社会分工扩大和基金行业发展的必然结果。

※ 小贴士　构建基金组合时的常见问题

1. 无的放矢

投资是一项非常理性的行为，需要有明确的目的，没有目的的投资就如同漫无目的地行走，"不做准备的打牌"一样，肯定不会有什么收获。股票基金通常扮演资本增值的角色，而投资于债券基金或者货币市场基金往往是为了获得稳定的收益。你可以不追随成长型热门股票、增加其在组合中的比重，但一定要清楚你持有的组合所期望达到的目的。例如，要确保5年后当你的子女获得大学录取通知书时，你有足够的资金供其完成学业；又如，出于10年后退休养老的考虑，你希望这段期间基金组合的收益能够超出通货膨胀率4%以上。因此，投资人应仔细思考投资目标和投资需求的优先顺序，以及原先的目标和需求顺序是否发生改变。如果组合中某项投资不能实现目标，应考虑更换出局。

2. 缺少核心组合与非核心基金投资过多

就像一支球队中要有一个队长，有几名当家球星一样，基金组合中也要有核心基金，要让它们来撑起组合的半边天。针对每项投资目标，你应选择3~4只业绩稳定的基金构成核心组合，其资产可以占到整个组合的70%~80%。如果你持有许多基金却不清楚为何选择它们，你的基金组合可能缺少核心组合。同时，要明确核心与非核心，非核心部分不能过多，否则就是主次不分，本末倒置了。核心组合外的非核心投资可增加组合的收益，但同时也具有较高的风险。如果投资者投资过多的非核心部分，就可能不知不觉地承担着过高的风险，而阻碍了投资目标的实现。

3. 基金数目太多

如果持有基金数目过多，投资人看着冗长的基金名单，往往会眼花缭乱、不知所措。不妨借助"该基金能否充当组合中的某个角色"的标准进行筛选：该基金是充当核心基金还是非核心的投资？如果是核心投资，所占比例是否比其他非核心投资高？通过资产的重新配置，投资者可使组合中的基金数目减少而增加各基金的比重。

4. 重复选择同类基金

你持有的基金是什么风格？你是否持有过多同类风格的基金？

很多投资者是回答不出这个问题的，如果选择了过多的同类基金，那么基金组合的作用就会减少，甚至起不到分散风险的作用。为了避免重复选择同类基金，你可将持有的基金按风格分类，并确定各类风格基金的比例。当某类基金的数目过多时，应考虑选择同类业绩排名中较好者，卖出排名较差者。

5. 组合失衡

好的基金组合应是一个均衡的组合，即组合中各类资产的比例应维持在相对稳定的状态。随着时间的推移，各项投资的表现各有高低，如果某些投资表现特别好或特别差，会使整个组合失衡。因而，随着市场不断变化，基金组合也应该进行适当的调整。

6. 费用水平过高

如果两只基金在风格、业绩等方面都相似，投资人不妨选择费用较低的基金。从较长时期看，年度运作费率为 0.5％ 的基金和 2％ 的基金在收益上会有很大差别，降低成本的同时也就意味着收益的增加，这笔账相信每个人都能算明白。

7. 以收益率为唯一标准

目前的个人投资理财市场上，品种多且业绩差别大，个人挑选的难度和风险都不小，而且刚进入投资市场的投资者又喜欢通过建立投资组合来增加收益降低风险。但在建立投资组合的时候，要树立这样一个观念：最优化选择并非收益最大化，这就意味着在构建一个投资组合的时候，不能以收益率作为衡量这个组合好坏的唯一标准。

要在日常投资理财中取得最优选择，有几个因素值得注意：个人资金的可使用额度、个人风险的可承受程度、预期收益率的可实现程度、不同产品之间的市场风险关联度等，对于普通投资者来说，要想建立最优化投资，就需要关注这些因素，而不仅仅是最终的收益。

根据个人风险偏好构建组合

"如果你用 1000 块钱买股票，最大的损失就是 1000 块。但如果你有足够的耐心，你可以获得 1000 块至 5000 块的收益。"彼得·林奇说得很正确，决定你是否有这个耐心的并不仅仅是你的意志力、性质、品质，这种"耐心"事实上就是你的风险偏好，也就是说你可以承担多大的损失。对于一个拥有 100 万元资产的人来说，1000 块的损失微不足道，他可以等 1 年、5 年、10 年，直到它升值，而对于一个月薪只有 1000 块的人来说，他就无法耐心地等着这 1000 块 3 年后再升值。彼得·林奇所说的"耐心"事实上是个人的风险偏好，你的基金选择必须基于这种风险偏好，否则就是一种失败的选择、失败的组合，就会因为缺乏"耐心"而投资失败。

不是所有的投资组合都适合每一个人，个别基金组合不会适合所有人，每个人都需要根据自己的风险偏好及投资期限、投资目标等确定自己的基金组合，使投资的配置与组合，能有效地运作，达成个人目标。"当你持有好公司股票时，时间站在你这一边，你要有耐心——即使你在头5年中错过了沃尔玛股票，但在下一个5年它仍是大赢家。"在彼得·林奇看来，这是致胜的法宝，但是在有些人看来这却是噩梦。

确定投资组合的前提是投资人的风险偏好，也即风险承受能力。风险承受能力的决定因素有投资人年龄、投资期限、现有资产水平、固定支出数额、未来可能支出、文化教育和心理风险承受力等。

一般来说，不同的年龄段有不同的收入来源和水平，同时在一段时间内的支出也不相同。比如在读书时期，一个人的收入就靠父母的给予，间或有一些打工所得。这时候，他的风险承受能力虽然很高，但是由于现金流量为负，无法进行投资。等他毕业并且有了一定的收入，虽然收入水平未必很高，但是他的预期现金流量和预期正现金流量的时间都使得他有很高的风险承受能力，可以承担一些相对风险较高的投资，比如股票等。一旦他的年龄到了结婚生子的阶段，他必然要为结婚或者孩子的教育做储备，这时候他的风险承受能力虽然还是比较高，但必须至少有一部分进行稳健的投资，比如基金或者国债，也就是说，他必须同时考虑到投资的安全性和收益性。等到他的年龄再大，有了一定的身家后，他必须为父母的养老考虑；同时，他未来的预期收入会有所下降，他考虑本金的安全性会更多，投资组合势必更加偏向于稳健。退休后，由于各种突然性支出可能增多，他的投资组合在安全性的基础上，要考虑一定的流动性。

总资产及收入情况是决定风险偏好的重要因素。一份安定、高收入的工作，一份丰富的个人财产，代表一个安全网，可以从容应付短时间的投资损失，也代表可以更进取地投资。如果没有充分的资金来源，投资基金当然是不可能的，或者资金不充分，对于风险的承担能力就要差得多。

投资目标对于不同的投资者是不同的，有的投资者希望通过投资实现资产的长期增值，或许是为了实现二次置业的目标，或许是为了子女教育筹集资金，也可能是为退休后的养老资金寻求保障。通常，投资者的投资目标具有多重性。而在这多重目标中哪个占据主要地位就决定了其构建投资组合的基本方向。

投资期限与基金组合的选择关系非常密切，期限长短不同的投资要求会影响基金类型的选择，因为有的基金类型需要长期投资才能有收益，而有的见效快，但是收益要低得多。

个人情绪也是风险偏好的影响因素之一，有一些人对金钱的得失特别敏感，他们可能无法面对损失，就是账面上的损失也令他无法入睡，态度相当悲观。有一些人面对损失处之泰然，认为是漫长投资历程中的一段小插曲而已，这些人承担风险的能力自然强得多。

根据不同的风险偏好，投资者可以选择适合自己的基金组合，首先投资者应当清楚自己的风险偏好，通常可以依据风险承受能力将其分为三类。

一是低风险承受型，或风险厌恶型投资者。他们对投资非常谨慎，极不愿意面对投资亏本；他们不会主动参与有风险的投资；纵使投资回报率相对较低，还是希望将钱投资于相对保本的地方。低风险承受型投资者更加侧重于资产的保值而不是增值，他们适合选择低风险的投资产品，主要以债券基金、货币市场基金为主，也有的会直接投资于国库券、债券等。

二是中等风险承受型。如果投资者能承受一定程度的资产波动，但仍希望避免资产价值可能发生的经常性大幅震荡，这样的投资者就定义为中等风险承受型。中等风险承受型投资者通常有一个长期投资的目标，希望通过短期收益的积累实现长期的资产增值。中等风险承受型投资者以股票和债券基金组合投资为主，股票型基金投资的比例会高于低风险承受型投资者，通常股票基金和债券基金的投资比例相当。

三是高风险承受型。他们明白高风险高回报，低风险低回报的投资定律，愿意承担更大的资产下跌的风险以换取潜在的高收益。这种类型的投资者通常较年轻或投资期限较长，对未来的收入充分乐观，在处理个人财务上，具有足够的安全网。如果短期内发生投资损失，他们有足够的时间来弥补。这类投资者更愿意采取主动的方式进行投资，股票型基金是他们最主要的选择。

不同的个人风险偏好应当选择不同风险类型的基金组合，相应地三种类型的基金组合情况如下：

一是低风险型投资组合。风险厌恶型或低风险型投资者更多地会选择以债券和货币基金为主的组合，股票型基金投资的比例应较低。这类投资组合尽管资本增值的潜力较低，但其波动性要远远低于持有股票比例较高的投资组合，收益会比较稳定，而且资金的流动性好，可以应对突然的资金需求。

二是中等风险型投资组合。这类投资组合对于股票型基金、配置型基金、货币基金、债券基金等都会有所涉及，股票型基金和其他种类基金的比例基本相当。他们希望通过组合从股票投资上获取资本的增值，而从债券投资上获得稳定的收益。

三是高风险型基金组合。这类投资组合将绝大部分资金投资于股票型，持有少量债券基金和货币基金，投资的目的很明确，就是最大限度地获取增值，但股票的波动性特征也使得组合在对抗市场下跌方面表现脆弱。因此，这对于投资者的风险承受能力要求很高，万一遇到股市有大的变动，就会损失惨重。

※ 小贴士　测试一下你的投资风险偏好

在基金市场上也有很多投资者对于自己的风险偏好不是很清楚，从而导致基金组合选择不当，未能达到理想的投资目的。通过下面的投资风险偏好测试参考问卷你不妨自测一下投资风险偏好：

1. 你做了一项投资，在一个月后跌去了10%的总价值。假设该投资的其他任何基本面要素没有改变，你会：

（1）卖掉它，以免日后如果它不断跌价，让你寝食难安，夜不成寐

（2）坐等投资回到原有价值

（3）买入更多

2.你做了一项投资，在一个月后暴涨了30%。假设你找不出更多的相关信息，你会：

（1）卖掉它

（2）继续持有它，期待未来可能更多的收益

（3）买入更多

3.对于房产投资，你的观点是：

（1）觉得它比股票投资实在，应该成为家庭投资的全部

（2）可以作为家庭投资的一部分

（3）可以通过贷款多做一些房产投资

4.对于子女教育，你的观点是：

（1）应该考虑尽早做些教育储蓄或子女保险

（2）可以考虑通过定期定额投资或其他方式的长期投资做些准备

（3）车到山前必有路，到时候根据家庭的财务状况再量力而行

5.对于物价上涨，你的观点是：

（1）考虑节衣缩食加以应对

（2）分析物价上涨情况，调整自己的生活计划和投资计划

（3）考虑多赚点钱或根本不太在意

6.对于医疗福利，你的观点是：

（1）认为应该补充购买商业性医疗保险

（2）单位的医疗保险已经够用

（3）不太在意医疗保险之事

7.对于股票投资，你的观点是：

（1）风险收益难料，不碰为妙

（2）最好通过投资基金来做

（3）最好自己来做或求助高手指点

8. 对于外出旅游，你的观点是：

（1）最好参加旅行团

（2）最好事先咨询熟人制订旅行计划

（3）最好自选线路自导自游

9. 对于马路黄灯，你的观点是：

（1）停止通行等待绿灯

（2）根据路况而定

（3）快速通过

10. 对于网上银行，你的观点是：

（1）因为网上安全难以保证或不熟悉上网，认为还是到银行柜台或托银行熟人办理业务较为踏实

（2）偶尔或小额业务可以考虑通过网上银行办理

（3）如果有可能，可以考虑所有的业务都通过网上银行办理

如果你的选择以（1）居多，可以初步判断你的风险收益偏好为低风险型，建议构建低风险型的基金投资组合。

如果你的选择以（2）居多，可以初步判断你的风险收益偏好为中等风险型，建议构建中等风险型的基金投资组合。

如果你的选择以（3）居多，可以初步判断你的风险收益偏好为高等风险型，建议构建高等风险型的基金投资组合。

怎样构建核心组合

"核心卫星策略"（Core-satellite Strategy）是基金的一种资产配置策略。全球知名的先锋集团（Vanguard Group）、巴克莱国际投资（Barclays Global Investors）等资产管理公司大都采用"核心卫星策略"来管理机构投资者账户。目前在国际成熟市场上，"核心卫星策略"已被广泛应用，在我国国内也有基

金公司将其引入应用，取得了不错的效果，非常值得投资者借鉴。

通俗来讲，所谓"核心卫星策略"就是将基金的股票资产分成两部分，每部分一般分别由不同的投资组合组成，其中一部分在整个投资组合中所占的权重更大些，对整个投资组合的安全和收益起到"保驾护航"的决定性作用，因而称之为"核心"；另一部分在整个投资组合中所占的权重略小，以核心组合为基本依托，但是就像一颗颗卫星围绕着大行星遨游太空一样，在一定条件的约束下，它可以有更加广阔的投资空间，投资更加主动、更加积极、更加灵活，是为"卫星"，它往往能获得令人惊喜的收获。核心组合是投资者持有投资组合中，用以达到其投资目的的主要部分，它是整个投资组合的坚实基础。如果将构建基金组合比作盖房子，构建核心组合则是打地基。地基是否牢固决定了房子以后的稳固，因此，构建核心组合也对投资者最终投资目标的实现起着决定性作用。

核心组合是基金投资组合中的核心，实际上是用来保证我们最终投资目标实现的重要法宝，其所占的比例通常在整个组合的 70%~80%，甚至100%。因人而异，也没有固定的标准，具体需结合投资者的投资目标和风险承受能力来决定。但是，核心组合最好占投资组合的 50% 以上，因为它是投资者赖以实现投资目标的主要部分，是投资目标得以实现的基础。

核心基金应该是业绩稳定、长期波动性不大的基金。它不大会暴跌暴涨，也不会是一个"黑马"或者"新星"，它更多的是扮演一个"老黄牛"的角色，默默地拉着我们的投资组合稳步前进。这就要排除那些回报波动很大的基金，例如，前一年回报为前几名，第二年却跌至倒数几名的基金，这样的基金是不适合作为组合中的核心的。业绩稳定的基金虽然不是那些最抢眼的基金，但却起着组合稳定器的作用，在组合中其他基金回报大幅下降的时候，可以减少整个组合回报的下降幅度。在其他基金都业绩上涨时也可以起到锦上添花的作用，从而保证你的收益，降低风险。

对于长期投资组合，不妨选择大盘风格的基金作为核心基金组合。因为大盘基金投资的大多是大盘股票，而大盘股票通常比小盘股票的波动性小。

在大盘基金中，平衡型基金兼有价值型和成长型的特征，波动也较小，不失为好的选择。此外，基金经理投资策略比较分散的基金，往往波动性也比较小，比较适合担任核心组合中的角色。对于中短期投资的组合，可以选择债券型基金成为核心基金组合。投资者应选择那些持有高信用级别、期限较短的债券基金，因为信用级别较高的债券风险较小，期限较短的债券波动也较小。也就是说，选择债券型基金作为核心组合也是挑选那些业绩稳定、波动性小的基金。现时，国内有的债券型基金持有一定的股票或者可转债，从长期看，股票和可转债的波动风险会比普通债券大，因此投资者应当避免选择股票和可转债持有比例较高的债券型基金作为核心组合成员，而尽量挑选纯债比例较高的基金。然而，对有较高风险承受能力，并且资金较为充足的人而言，他可能更倾向一个激进的投资组合，当然也就会选择一个激进的组合核心基金，短期风险大，长期收益也大。这也是一种选择，但是相对的风险就要高得多，一般投资者是不适宜尝试的，还是选择稳健的核心基金较好。

※ 小贴士　非核心基金也不容忽视

投资组合中，核心组合之外的为非核心组合，其所占的比例通常在20％~30％甚至更多。相对于核心部分的稳健，非核心组合部分通常波动较大，它是一个动态的、高波动、高风险，也许是高收益，也可能是高亏损的部分，是一个投资组合中活跃的、激动人心的部分。

非核心组合可以投资在中小盘基金、行业基金或是投资策略比较集中的基金。虽然非核心组合并不是投资组合中必需的部分，但可以帮助提升整个组合的回报以及增加投资的分散性。具体如何操作就取决于你的投资目标，如果你对自己的判断有充分的信任，你完全可以发挥你的想象，去尝试各种基金。比如，你有一只稳健的核心基金，就可以尝试很高风险的其他基金，如你比较看好的黑马、新星型股票基金，也可以比较保守地选择债券或货币基金作为核心组合的补充，进一步增强组合的抗风险能力。

股票型基金组合要随机应变

股票型基金组合是一种比较激进的基金组合，它可能博得较为丰厚的长期增值收益，是受很多人青睐的组合。彼得·林奇也是股票型基金组合的衷爱者，"长期而言，一个经过挑选的股票投资组合总是胜过债券或货币市场账户，而一个很差的股票投资组合还不如把钱放在座垫下。"作为一个基金经理，他更乐意把资金投资于股市，而不是去买债券或投资货币市场。在他的基金经理生涯中总共换过 15000 多只股票，由此可见，虽然他明白"只有通过长期持有股票基金，才能够给投资者带来收益"，但是长期持有的同时还要注意随机应变，根据市场的情况变化股票型基金的组合，才能带来真实的收益。

确实，股票型基金组合在带给投资者较高回报预期的同时，要求他们承担一定的风险。一般来说，股票型基金将 60％~95％ 的资金投资于股票市场，虽然股票型基金并不等同于股票，专业的基金管理人为了降低它的风险，会利用其信息优势和专业特长将资金分别投资于几十只股票，分散由于个别股票下降给投资组合带来的风险，但是股票型基金组合将 70%~80% 的资金都投资于股票基金还是要承担相当高的风险的，尤其在股市震荡较大时受到的影响就更加明显，这时必须随行就市地进行调整。

一般来说，在经济景气周期处于高峰、面临下滑风险时，投资者可以逢高获利了结手中持有的股票型基金，逐步转成固定收益的投资工具中，如债券型基金和货币型基金，避免基金净值缩水而造成的投资亏损；而在股票市场从空头转为多头时，投资者应将投资于债券型基金或货币型基金中的资金，及时转换到有上升空间的股票型基金中，抓住股市上涨的机会。

而在市场进入动荡阶段时，手持股票型基金的投资者只好眼看着此前获得的收益被一点点吞噬掉，无奈之下，很多投资者都选择替换基金，减少股票型基金的比重。其实，还有一种更好的选择——投资者大可利用基金公司的转换服务，适时将股票基金转换为同一家公司的货币基金，从而降低股票型基金的比重，保住前期收益。这样做可以省下一笔不小的交易费用，避免因为调整而使自己收益的一大块被吞噬掉，而对于一些聪明的投资者来说，还可以跟随市场大势在不同基金品种间进行多次转换，收益提高几个百分点易如反掌。一般情况下，采用基金公司提供的基金转换业务，可以直接在该基金公司旗下的基金中进行转换，基金转换费用低于申购费。一些基金公司甚至不收转换费，有的公司也会不时推出基金转换优惠，比如一年中前多少次免费，基民应注意利用。

投资者风险承受力发生变化时也可以进行基金转换。当投资者个人因失业、退休、疾病等原因导致个人风险承受能力下降时，应将股票型基金转换成债券型基金或货币型基金，可将高风险的股票型基金组合调整为中等风险的组合；反之，因升职、加薪等收入状况改善，使得个人抗风险能力增强时，可考虑将债券型基金或货币型基金转换成绩优股票型基金，以实现避险增值的投资目标。而且，这种基金间的转换还可以有效提高投资的收益率，避免失去良机。因为一次赎回到账需要 2~3 天，申购还需要 2~3 天，很可能会失去市场机会，而基金转换则可在当日完成。

※ 小贴士　监控你的基金组合

基金尤其是股票型基金组合应当注意随机应变，但是何时当变，何是当守，这是投资者需要解决好的问题，该变时未变，不该变时乱调整，这样只会打乱你的基金组合，导致投资失策。为此，你需要时刻监控你的基金组合，就像看着你的孩子成长一样，及时发现问题，做出相应的调整。

1. 时时监控，定期分析

市场每天都在变化，尤其是股市的变动对于股票型基金的影响较大，所以投资者最好每周都要看一下，至少你每周都要了解一下整体收益如何，每月详细分析一次各基金的表现如何，这样你才能对基金的表现有充分的了解。在达到收益预期或是出现亏损时，你才能判断你的组合里各基金的表现到底如何，是暂时表现不佳，还是从长期来看表现确实不尽如人意。

2. 分析基金的业绩表现

基金的业绩是监控的最主要内容，业绩好才能继续留在组合中，持续表现不好的要剔除出组合。在考虑基金业绩时，一定不要只看其短期表现，而应该选取不同的时间范围来考察该基金的表现，以确定在投资期内的表现是否稳定。即使是表现良好，投资者也切忌盲目乐观，拼命加大投资的额度。花无百日红，国内股市从长期看是一定会持续走牛的，取得一定的收益之后，千万要严格按照当初制定的策略操作，对组合进行一定的调整，而不是盲目加大投资。当然，当出现一定的亏损时，也要仔细分析损失是否在当初的预料之中，是某只基金表现较差，还是整个资产的配置不恰当？若是损失超过了你的承受范围，则有必要对组合以及投资的策略做一定的调整。

3. 注意基金组合的特性

业绩固然重要，但组合的特性同样重要。基金组合中的每项投资是随着市场的波动而不断变化的，此外，基金经理也会买入卖出证券。因此，每隔一段时间，组合内各项投资的比例关系多少会有所变化，组合的特性从而可能今非昔比。如果忽视特性的变动，可能会使你不知不觉中承受了预期外的风险，甚至使你不能实现投资目标。通过观察基金组合的资产配置、风格分散程度、股票行业分布、股票类型、股票基本面等，投资人可了解组合特性的变动程度，以及变动是否影响达到投资目的以及短期波动特征。

4. 关注组合中基金的基本面

投资人还应关注投资组合内各基金基本面的变化。如果某只基金的多项特征已不再符合你当初投资的筛选标准，应考虑对其重新评估。例如，5年前你购进一只基金充当小盘成长型角色，当时的选择标准是：基金的评级在四星级以上，3年和5年的总回报率在同类基金中位居前1/3，然而现在，该基金却已演变成中盘成长型，评级为三星级，总回报率在同类基金排名中位于后1/3，该基金的基本面已发生根本变化，你可能需要考虑是否将其替换出局。

5. 不能只看组合里的基金

投资者监控不能仅局限于自己组合中选择的几只基金，更要对一些备选的基金长期跟踪观察，只有这样，才能在组合调整的时候了解组合内的基金与市场上其他基金孰优孰劣，若需要调整的话，哪些基金更适合纳入组合。

适时调整你的基金组合

基金是一种稳健的投资品种，适合长期持有，但长期持有的首要条件是你选对了基金品种。若发现自己手中持有的基金组合并不如意，不能给你带来稳定的收益，甚至长期跑输大盘，那么，你是否还有耐心继续持有呢？这时最直接的想法莫过于及时调整自己手中的基金组合，那么如何根据市场的变化调整投资呢？彼得·林奇提出了一个简易的一般性法则：在往组合中增加投资时，选择近期表现持续不好的风格追加投资。注意不是在基金投资品种之间进行转换，而是通过追加资金来调整组合的配置比例。

林奇的经验证明，这样的组合调整方式，往往能够取得比较好的效果。基金表现之间的"风格轮动"效应是这种调整方式的依据。而基金"风格轮动"事实上又是基于股票市场的"风格/板块轮动"。根据这个简单的原则调整组合，实际上达到了一定的跟踪风格轮动的效果。因为长期平均来说，买进下跌的板块，其风险比买进已经上涨的板块更小。

这只是彼得·林奇给我们提供的基本原则，具体如何调整自己的基金组合呢？通常有以下几个步骤。

1. 明确投资计划

明确自己的投资计划也就是要明白自己投资的目标是什么，想通过基金投资进一步达到什么目的。这是你决定是否调整组合的基准线，如果基金是在按照你的计划发展那么就没有调整的必要，只有当它偏离了你的计划航道时需要调整，调整要适时。你需要先根据投资目标、投资期限和储蓄率来确定自己在股票、债券和现金方面的资产配置，然后再决定是否需要对现有基金组合进行调整。同时，要注意的是你的计划可能是个动态的计划，当我们离退休越来越近时，我们的投资会变得越来越保守。如果投资者已经好几年没有考虑过资产配置要求，那么在采取任何调整措施前最好仔细考虑资产配置要求。

2. 了解自己的基金组合

投资者要想知道目前的基金组合是否需要调整，首先要了解自己的组合，知己知彼，百战不殆。寻找现有组合的不足之处，找到调整的方向。也许你是一个激进的投资者，但却买了相对保守的基金，收益达不到你的预期；又或者你是一个保守的投资者，但却买了激进的基金，在震荡的行情中饱受着"过山车"般的煎熬。因此，只有清楚了解自己的组合状况，才能更好地对自己的基金组合进行调整。一个有效的基金组合能够分散风险，避免系统性风险，使调整后的收益更为稳健。

3. 比较现有组合与计划配置

在了解了以上两方面的情况后，对两者做一个比较以决定是否需要进行组合的调整。如果现有的基金组合离期望的最佳配置的差别并不大，那么无须对此进行任何调整。一般而言，最成功的投资者通常是交易最少的人，尤其是国外考虑到税收因素时。但是当现有配置的收益距离你的要求有较大差距时就需要考虑对此进行调整了。另外，投资者还需要留意基金的投资风格，如看其是否在高科技行业或是金融行业配置较重。如果投资者组合的行业配置严重倾向于某一行业，而且对这样的配置也没感觉不适的话，那么一切都好。只要投资者清楚地知道自己在赌这个行业未来表现很好，否则，也需要及时做出调整。

4. 调整基金组合

如果投资者的组合符合目标资产配置，并且没有冒险倾向于某个行业或某类风格的基金，那么一切都好。但是如果不是这样的话，投资者就要对自己的基金组合做一些改变。基金组合的调整也要注意核心组合与非核心组合，核心组合是资产配置的灵魂部分，所占的资金比例最大，因此一旦核心部分定位好了，就不要轻易变动，尽量使你的核心组合部分处于一个长期稳定的状态。在调整时就可以按照林奇的建议，逐渐增加核心组合部分的投资金额，而不是增加核心组合中基金的数目。而非核心组合的调整就比较自由，投资者可以根据行情自己做出选择。但是基金的买卖不要太频繁，否则会得不偿失。

5.定期检查

整个投资组合调整完毕，还必须定期观察组合中各基金的业绩表现。假如在3年内，你所选择的基金表现一直落后于同类其他基金，则应考虑更换这只基金。最简单的办法就是跟踪各基金在各类基金评级中的排名。若该基金在很长一段时间内排名都较为靠后，就可以毫不犹豫地把它剔除你的组合。但是，我们也不能盲目地、频繁地调整基金组合。因为，我国基金发展的历史证明了基金是长期理财的有效工具，而不是短期投机炒作的发财工具。从1998年以来各年度成立的基金的累计净值平均增长率可以看出，基金持有的时间越长，收益就越大。因此，基金组合要保持一定的稳定性，特别是核心组合部分。

基金调整要谨慎，不能随随便便进行，否则会画蛇添足，适得其反。投资者在购买基金组合时就要考虑到这一点。除了考虑到平衡股票类型以外，最重要的因素在于选择的基金公司实力如何？信誉如何？旗下基金业绩如何？基金产品是否完整？基金管理队伍素质和稳定性如何？做好这些功课，为的是使你的选择尽量从一开始就正确，避免以后调来调去。然后，经过一段时期（最好一个季度或者半年），检查你的基金组合和你的理财目标，你要确定：是否需要对组合进行再平衡？如果你本来只打算持有20%~30%的小盘成长类基金，而现在此类基金已经达到基金资产的40%，那么就要考虑卖出一部分，进而添置大盘类基金。业绩表现是否符合预期？一些基金一年表现不好也许不值得大惊小怪，但是如果持续2年以上都表现弱于业绩基准，那么你就应该考虑卖掉了。同时也应该注意，如果一只基金非常显著地高于预期和历史业绩，那么你要考虑卖出一部分，落袋为安。你的目标是否完成？如果你的目标已经达成，那么你就可以把基金资产转换成其他形式的资产。

基金组合的调整最主要的是组合的再次平衡调整，即定期（一般而言，每年一次）根据组合中各基金的市值变动情况进行一次"再平衡"，以保持各基金投资的比例不变。例如，1年后，"事业旺"组合中的股票型基金获得了更大的收益（或者更小的亏损），使得其市值超过了70%的比例，达到75%，而债券型基金市值占比相应减少，那么，就应该赎回一些股票型基金，用这些资金申购债券型基金，以使股票型基金和债券型基金的比例保持在70%和20%的恒定水平（当然，货币型基金仍保持在10%的比例）。这通常只需要改变不同基金的投资比例，通过追加投资就可以实现。

基金组合的调整通常还涉及基金品种的更换，当一只基金的收益长期达不到预期或者落后于大盘时，这样的基金必须换掉。但是更换基金要谨慎，从长期投资的观念出发，除非相关基金公司（而不是基金经理）发生了难以逆转的"恶性"变化，否则不必调整基金品种，因为基金的申购赎回费率比较高，频繁地调整将吞噬很大一部分收益，而且也难以保证调整后的基金一定比之前的好。另外，随着个人年龄的增长，也可以适时地对基金组合进行调整。

基金组合的调整需要谨慎，不能像选择股票一样选择基金，一旦它们面临不可避免的业绩波动时就抛弃或调换。选择一个基金组合，要如同为资产指定一个受托人并与其建立一种一生的关系一样深思熟虑。当你确定你的长期目标，衡量你的风险承受能力，并仔细选择符合你目标的基金组合后，牢牢地持有它们。频繁地调整基金组合只能使头脑杂乱，通常会将情绪带入金融计划中，使之非理性。投资者的情绪，如贪婪和害怕、激情和希望，如果转变为鲁莽的行动，将会破坏投资业绩，使其低于市场收益。"保持何止状态是非常聪明的行为。"

※ 小贴士　调整基金组合的注意事项

当投资者发现随着时间及市场的变化，当初的投资组合已不能很好地符合自己的投资目标时，就必须对原有的投资组合进行调整。在调整时应该注意以下几点：

1. 最好通过追加投资来调整

正如彼得·林奇给我们的建议一样，对基金组合中比例的调整最好通过追加投资来实现，尽量避免买卖基金。用新增资金买入较多的需要增加的资产类别，同时减少或者不买那些需要降低比重的资产类别，这就可以避免直接卖出要降低比重的资产类别来买入要增加的资产类别而发生的相关成本（包括交易成本及税收）；即使投资者暂时没有增加资金的打算，也可以将一段时间内所有所持基金的分红集中起来投资于所需增加的资产类别，而不让它们简单地再投资于原有基金品种。

2. 卖出品质不佳的基金

在一定要卖出原有品种来调整组合时，投资者首先考虑的就是那些表现不佳的品种。但要注意不能仅根据其绝对收益率来衡量其表现，而要将之与同类风格的品种相比较；而且不能以 1 个月或 3 个月这样短的时间段来衡量其表现，要卖出的应该是那些长期表现不佳的品种。另外，投资者要密切关注相关信息，比如基金公司管理层或研究团队发生巨大变化、相关费率上升、投资策略变更较大、发生丑闻等，投资者在选择卖出品种时应考虑这些"基本面"发生剧变的基金。

3. 精选资质好的替代品种

卖出一部分基金自然就需要再找几只替补出来，选择新的替补基金时投资者更需注意，吸取前面选基失败的教训，挑选一些资质好的基金组建起最优的全明星队。这项工作在平时就可以进行，关注一些长期表现较好的基金，以备在基金组合中部分基金表现不良时取而代之。

4. 调整不易过快、过频

基金组合一旦确定后就应保持相对稳定，这样才能发挥它的组合效应，对组合的调整也是一定程度上的微调，不要试图短时间内对其进行大规模的改变。如果确实需较大调整，投资者最好不要一次性地调整到位，而是制订一个计划，在预定的时间段内（如 1 年）分步调整，这样可以避免发生买进的资产类别正好被抛售的风险。但投资者如果发现自己目前组合中股票基金配置过多（尤其是高风险的股票基金过多）且与自己的投资期限不匹配，则越早调整越好。

第七章　比尔·米勒教你如何进行价值投资

★大师传奇

在 1 年中战胜股市的基金管理人被认为是成功的，如果他们连续 2 年做到这一点，人们会开始注意他们，当他们能使这一壮举持续 5 年或更长的时间，他们会得到那些只有卓越出众的投资专家才能得到的赞誉。作为莱格·曼森价值基金（Legg Mason Value Trust）的管理人，比尔·米勒从 1991 年起连续 15 年战胜标准普尔 500 综合指数，取得了其他投资管理人难以企及的成就，这也使得他能够置身于世界最优秀的基金经理人行列。

比尔·米勒 20 世纪 50 年代在北佛罗里达长大，他的父亲是一名货车调度站的管理员，支付了每周开销之后，他的父亲没剩下多少钱，但他留出一些钱来购买股票，并且向他儿子灌输钱和投资的重要性的观念。在父亲的激励下，比尔培养起努力工作和赚钱的渴望，10 岁时，比尔以每片 25 美分的价格为邻居的草地割草。

1972 年以优异成绩大学毕业后，比尔花了一些时间旅行并作为军方的海外情报官服兵役 2 年。回国后，比尔开始了他在约翰·霍普金斯大学（Johns Hopkins University）的哲学博士课程的研究生生涯。1977 年，比尔充分利用自己的投资经验和经济学的学业背景，获得了一份在一家生产钢铁和水泥产品的企业的首席执行官助理的职位。由于他出众的能力和良好的敬业精神，他被晋升为财务主管。作为其职责之一，比尔管理着公司的投资组合，这使得他和莱格·曼森——当时还是相对较小的一家专业投资公司的几名负责人之间有了联系。

1981 年 10 月米勒正式加入莱格·曼森。6 个月后，比尔和当时的共同管理人厄尼·奇勒（Ernie Kiehne）一起发起了莱格·曼森价值基金。在 20 世纪 90 年代后期，厄尼退休了，留下比尔一个人管理莱格·曼森价值基金。比尔第一次独自掌控资产配置，热切地希望建立一个能重获成功的投资策略。

自 1991 年起之后的 15 年，每一年的表现都超越了标准普尔 500 指数。比尔·米勒实现了自己的目标，创造了奇迹，但是他仍然表现得十分谦虚——甚至说获得这样的业绩部分原因是因为日历。他说，如果把日历年以外的任何 12 个月作为周期的话，就不存在什么"连胜纪录"了。但数据不会说谎。在米勒长达 15 年的掌舵历史中，莱格·曼森的舰旗基金在任意选择的时期中都战胜了标准普尔 500 指数。最令人感兴趣的是这只基金的超额收益的稳定性——在过去的 3 年、5 年、10 年及 15 个日历年中，其年均收益分别为 4.8%、4.0%、6.1% 及 4.9%。考虑到米勒对重仓科技股和电信股的偏好（这些领域因其波动性而闻名），这个收益幅度就更有意思了。

虽然米勒的连胜纪录已经终结了，但是他的辉煌成就仍然让每一个投资者都相信他是最可信的基金经理人之一。

做价值投资的坚定拥护者

比尔·米勒（Bill Miller）经营的莱格·曼森（Legg Mason）价值基金自 1990 年以来以领先市场而名声大噪并位于基金排名 11，毫无疑问，他已经因为这支传奇业绩跻身于全球最优秀的基金经理人的行列，像沃伦·巴菲特、乔治·索罗斯、彼得·林奇等一样成为人们学习的对象。

莱格·曼森价值基金连续 15 年收益超越标准普尔 500 指数，这个纪录足以让比尔·米勒感到自豪。人们已经将其与卡尔·瑞贝肯（Cal Ripken）的连续出场纪录、乔依·蒂马奇奥（Joe DiMaggio）的连续击球纪录或是格来格·曼得斯（Greg Maddux）的连续 17 年每年赢 15 场以上的纪录（以上都是美国著名的棒球运动员——译者注）以及其他一些连续纪录相比较。在纪录的背后总有些传奇的东西，人们习惯于在他的名字前面加上"神人""疯子""天才""伟大""传奇式的投资人"等，对他的成功秘诀充满了渴望。神奇的米勒在他的公司成立了一个读书俱乐部，米勒为每一位成员指派工作，甚至包括创作和绘画等。莱格·曼森投资组合的管理人罗伯特·汉格特罗姆对米勒的评价是："比尔智慧的深度和广度令人钦佩，当他与某位诺贝尔物理学奖得主谈话时，你可能会问，这家伙真的只是一个资金管理人吗？"一切都指向比尔·米勒，他为什么如此出众？

事实上，米勒将其成就归功于运气与技术，但他强调，技术才是在市场长久生存的不二法门。投入股海，短期可以靠运气，若长期战胜大盘，就要靠技术。他打比喻说："未曾拿过篮球的人，罚球的准确度绝对不如职业球员。"而他的成功技术就是价值投资，可以说他与格雷厄姆、沃伦·巴菲特等秉承着同样的理念，只不过在具体操作中又有所不同。米勒曾说大约有25%的基金经理人的业绩在长期（10年以上）超过大盘，而他们大多都会采用价值投资的方法。看来不只比尔·米勒个人是价值投资的坚定拥护者，他也建议每个希望投资成功的人都作价值投资的坚定拥护者。

现在我们首先来了解一下什么是价值投资。

价值投资最早是由格雷厄姆和大卫·多德于20世纪30年代提出的，他们提出的价值投资是以三大特征为基础的，这也是后来所有价值投资的基础。

第一，金融证券的价格受一些影响深远但又变幻莫测的因素的支配。格雷厄姆拟人化地称这种随时都能支配证券价格的非人力因素为"市场先生"。"市场先生"每天都现身来买卖金融资产。他是一个奇怪的家伙，根据各种各样难以预料的情绪波动，使价格落在他所愿意成交的位置上。

第二，尽管金融资产的市场价格涨落不定，但许多资产具有相对稳定的基础经济价值。训练有素且勤勉的投资者能够精确合理地衡量这一基础经济价值。换句话说，证券的内在价值是一回事，其当前交易价格是另外一回事。尽管价格和价值在某一天可能相等，但这二者通常是不等的。

第三，在证券的市场价格明显低于计算所得的内在价值时购买证券，最终必将产生超额回报。格雷厄姆将价值和价格之间的这一差距定义为"安全边际"，理论上，这一差距约等于基础价的 1/2，而且至少不低于基础价值的 1/3。他希望能用 50 美分购得 1 美元，最终的收益可能更大，更重要的是，还很安全。

按照价值理论去投资，投资者要先评估某一金融资产的基础价值，并将之与"市场先生"所提供的现价相比。如果价格低于价值，并能获得足够的安全边际，价值投资者就买入该证券。这和我们知道的市场经济理论中的商品价值和价格的关系有些类似，商品的价值不同于商品的价格，价格有时高于商品的价值，有时低于商品的价值，当我们在高于价值的价格购买时就是不划算的，而在低于价值的价格购买时就是划算的。金融资产的价格与它的价值往往是不等的。

该理论的合理衍生理论可能各不相同——每个人都可加入自己的特色和嗜好，不同之处恰恰在于对整个投资过程中某些步骤的处理方式上。这些步骤包括：

①选择要评估的证券。

②估计证券的基础价值。

③计算每一证券所要求的合理的安全边际。

④确定每一种证券的购买数量，包括证券组合的构造和投资者对多元化程度的选择。

⑤确定何时出售证券。

这些并不是微不足道的决策。搜寻正在以低于其内在价值的价格出售的证券是一回事，找到它们又是另一回事。正是由于后人在前人的基础上又设计了许多替代方法，价值投资才得以在格雷厄姆和多德首次出版《证券分析》后的 70 多年里依旧保持核心地位。

价值投资是一种非常合理、历经考验而证实很有效的投资方法。如果能坚守严格的选股法则，避免主观好恶的干扰，挑选足够的个股，搭配适度的投资组合，其利益将远高于平均水准，风险也不会特别高，巴菲特和比尔·米勒的成功就是很好的例子。价值投资也会要求投资者资金越多越好，必须是长期投资，短期的炒作与价值投资的理念是相悖的。因此，你需要有耐心、信心、毅力，像巴菲特一样可以持有一只股票或基金十多年（不一定这么久，但要有这种心理准备）。同时也要有会计专业知识，价值投资法完全依靠数字作判断，选择是非常关键的，只有选择低于其市场价值的对象长期持有才有可能在将来获取利润，否则即使持有的时间再长也可能一无所获。股票行情太好时，反而一张股票也没有。因此，比尔·米勒会比较喜欢反向投资，当别人都感觉不好的时候他反而比较开心，这可能是他的机遇。虽然到目前为止，价值投资法都证明很有效，但并不保证以后还一样有效。

※ 小贴士　避开价值投资的误区

从价值投资的核心概念来理解，似乎这并不是很难，但是真正能运用得好，并取得不错收益的人却不多。这里很大程度上是因为他们走入了价值投资的一些误区，投资者应当避开这些误区，才能作价值投资的笃实的信徒。

1. 在市场一致看好、股价不菲时莽撞买入

价值投资主张在极低的、超值的价格上买入绩优股，而不是在市场一致看好这只股票，价格不菲之时莽撞买入。然而在市场中鲜有人能做到这一点，往往是人们都经不起别人的诱惑，看到其他人都在买这只基金自己也随大溜，结果成了成本市场的牺牲品，所以一定要有自己的判断，不能跟着别人走。

2. 只注意到其财务数据，未注意其市场层面

价格向上的爆发缺乏"催化剂"，也就是说缺乏诱因，得不到投资大众的认同。

3. 只注意个股业绩，未注意大市趋势

在行情刚刚掉头向下时大量买入绩优股，结果等待时间较长，而富余资金不多。国外价值投资大师巴菲特等买入绩优股也有跌去一半的时候，但他们往往仍有余钱，越跌越买。海外基金经理非常注意资金管理，而我们的投资者动不动就满仓，很少持有余钱等待暴跌的机会。

4. 买入净资产值高、价格低的

有些投资者买入的是净资产值高、价格非常低的股票，但是这些股票长久没有起色，迟迟不肯启动。在选择超值股票的时候，往往会有这种情况发生：投资者总是选择价格最低廉，股份长久趴着一动不动的股票，以为这样就安全了，但事实上跌起来照样让人心惊胆战。

其实，国外许多价值型投资者本身就是企业资产重组的策划人和献计者，如美国共同股份公司的米歇尔，当他嗅到大通银行的价格低于它的价值时，他们便夹着皮包找上门去，敦促大通银行与化学银行的合作，而他们则以 32 美元的价格购入大量的价值 45 美元的股票。

大众投资者并不知道这些内幕，想当然地购入低价股票等待回升，实际上等于刻舟求剑或守株待兔。这些行为都算不上价值型投资。要做一名成功的价值投资者，还需要重新学起，至少要学会冒更大的风险，以便得到更大回报，尤其在市道低迷的时候，坚持你的信心和判断。

投资基金，要逆向思维

首先，我们记住比尔·米勒的一句名言："让我来解释一下这个悖论——如果你不喜欢它，就恰恰证明了我是对的。"

正如这句话的经典程度一样，米勒总是显得那么与众不同，但正是他的与众不同和逆向思维成就了他的辉煌。当谈到对他的投资理念影响最大的人时，米勒提出了哲学家威廉·詹姆斯（William James）。威廉·詹姆斯是哈佛大学一位职业稳定、声名卓著的教授，从解剖学到心理学无所不教，那么投资者又可以从他身上学到些什么呢？米勒说，是一种心境。詹姆斯是最开明的思想家，花费他一生中大量的时光学习超自然现象、幻想和灵魂。像詹姆斯一样，米勒是一个充满好奇心和求知欲的人。他关注价值，总是寻找机会低价买进他认为值得买进的股票，这使得米勒青睐的往往是其他价值投资者嗤之以鼻的股票。他从美国在线服务公司（AOL）获取了大量收益，而且他以超过 3000 万股的拥有量成为亚马逊网上书店（Amazon.com）最大的股东。同时他还拥有传统的价值股票如柯达公司（Eastman Kodak），并随着该公司数码摄影的采用而沉沉浮浮。

在证券市场中搏杀，最终的胜出者总是少数人，所以跟随大多数人的脚步往往不会笑到最后。这也是逆向思维、反向操作能够成功的一个因素。当大多数人都在追捧一只股票、一只基金时，你也跟进的话，可能暂时收获了喜悦，但危机肯定潜伏在不远处。所以彼得·林奇说，"如果有我不愿买的股票，那它一定是最热门行业中最热门的股票。"热门股之所以如此热门，是因为其股价涨得很快，快得总是让人觉得不可思议。遗憾的是，热门股跌起来也很快，甚至比涨得还快，快得让你找不到脱手的机会。

在我国，熊市时期大多数人都是持保守策略不敢投资入市。曾经在市场有这样一则笑话流传：有一天晚上，一只老鼠敲开了猫的门，猫睁着惺忪的睡眼，吼道，"找死啊！"老鼠说，"大哥，可怜可怜我，买点基金吧！"笑话虽然有点夸张，但却反映了当时很少有人主动购买基金的市场状况，投资者对基金存有疑虑，退避三舍，主要是在股票投资中受伤太重，对股市心有余悸。然而，进入新一轮的博弈，敢于第一个吃螃蟹的投资者，不久之后就会尝到投资的甜头。

在市场中，经济形势、资金面、政策面等因素影响着市场的发展趋势。而投资者的情绪是股票未来走向的重要指示器。人们早就注意到，投资者经常在市场达到顶峰时非常乐观，在它达到低谷时却很悲观。如果我们在多数投资者悲观时买入而当他们乐观时卖出，就能够增加长期的收益，即使无法战胜市场，也是大有裨益的。套用经商经典的一句话就是：人弃我取，人取我予。这就是逆向思维策略。

采取逆向的策略选基金，可以抓住每一次市场波动的机会，通过长期投资获利；而过分频繁买进和卖出，无形之中增加了交易成本，这又可能吞噬你大量的投资成果。看大趋势、做大波段，不为蝇头小利所动，坚持长线投资，这才是基金投资者的长久取胜之道。不过，逆向思维策略需要具备良好的心理素质、敏锐的市场观察力、果断的投资决策能力，对普通投资人来讲是有不小的困难的。关键在于你在应当选择时有没有那种决断力，有没有决心长期坚持，能否独立自主地做决定，不受别人的影响。

※ 小贴士　逆向操作选基金

如果你找到了一只几乎不曾被机构投资者问津的股票，你就找到了一只有可能赚钱的股票。如果你找到一家公司，它既没有被分析家们访问过又没有专家会承认知道它，你赚钱的机会就增大了一倍。选股是这样，选基金也是一样地需要逆向思维，股票型基金和积极配置型基金就非常适合这种逆向思维的方法。你可以利用晨星等媒体提供的数据，在同类基金中选出最近3个月、6个月涨幅偏低或表现不佳的基金，然后分析其基本面，看看管理人团队是否良好，该基金过往业绩是否持续优秀等，如果两年期四星级或五星级就最可靠了，这样的基金将来一定会有很好的表现。这里要注意一点，如果在"滞胀期"里有大比例分红或拆分后规模急剧膨胀的，尽量避免上当。

偏股型基金的投资对象以股票为主。板块轮动，风水流转，这是股市一大特点。任何一只股票，涨高了要回调，跌低了就要价值回归，似乎符合物极必反之原理。反映到基金，就是成长型和价值型基金的切换。涨高了就会出现滞胀，滞胀一段时间就会出现补涨。这就是反向操作选基金的原理。

基金投资，长线是金

"短线是银，长钱是金"这在投资领域是非常流行的一句名言，很多投资大师也对其笃信不疑，这其中就包括比尔·米勒。他的价值投资的重要原则之一就是长期持有，做长线而不是短线，耐心地等待所买的股票涨价。

比尔·米勒以于长线投资的理解有时会让人觉得太过冒险，尤其是对于科技板块的投资。在2001年第3季度他们吸纳了几只受到重创的电信设备公司的股票。更为特别的是，米勒还购买朗讯（Lucent）股份，一只人人憎恨的股票。但是在米勒看来，这是一只必须买进的股票，他认为朗讯公司 2002 年 8 月提供的 190 亿可转换优先股将卷土重来解决其资产负债表上的问题，而这将导致最终的反弹。他甚至将朗讯的可转换优先股的发行和花旗集团（Citigroup）90 年代初的房产危机中采取的优先股交易相提并论。许多人都相信优先股的发行可以挽救公司。到 90 年代末花旗集团股票上涨了 2500%。

当然，米勒对朗讯的信心也许为时过早，但他说只要他坚持认为长远看来他是正确的，就不会对他产生任何影响。"如果一只股票 4 年来连续表现不佳，而在第五年上涨 5 倍并从此以后表现超群，那么那时我将非常高兴。"米勒如是说，"和股票一起成长的感觉让我充满活力"。长线投资，相信每一个基民对于与基金一起成长的感觉也是十分美妙的。

基金最主要还是投资于股市，其收益也取决于股市的变化。股市行情无外乎三种——上涨、盘整、下跌。在上涨行情中，无论你持有哪只基金，投资于什么投票，一直持有的收益一定比进出几次获益丰厚。盘整阶段也就是大盘上下做箱体震荡，这种行情是最难把握的，加上一进一出的费用，短线操作不会有大收获，反而整天要看大盘的脸色，心神不宁。第三种情况大盘下跌，基金在下跌过程中，一般投资者都以持有为主。因此，基金本身就是一个适合长期持有的投资工具，投资基金不能只看基金一段时间的表现，至少要一年才能判断基金业绩的好坏。基金不同于股票，股票一天一个涨停板，几天下来赚 20%~30% 不是不可能的事。反观基金，有谁能找出一只基金一星期上涨 20% 的？作为基金投资者没有必要一直去看大盘，关心大盘是基金经理人的事。基金投资者只要对大势做出判断，暂时套牢也没什么关系，大盘发展趋势才是基金投资人所应关注的，在整体趋势良好的情况下，长期持有就不会有错。

然而，中国的投资者们总是喜欢"炒"，"炒"房子、"炒"股票、"炒"基金。"炒"，在现代汉语中，就做生意来说，指倒买倒卖，即以赚钱为目的不停地买进卖出。"炒"基金，也就是指望不停地买进卖出基金赚钱的行为。"炒"，表现之一是短期行为，不停地买进卖出，指望短期获大利；表现之二是买新不买旧；表现之三是心情随基金净值波动一起"飞扬"。炒基金是不是可行呢？实践证明，炒基金不如长期持有基金。表面看来，基金的净值是基金的"价格"，实际上是基金所持股票构成的外在反映。如果以炒股的心态来买卖基金，投资者通常会面临"踏空"的尴尬局面，往往在赎回基金后发现基金净值仍旧稳步持续攀升而后悔不迭。实际上，优秀的基金能够不断挖掘并持有具有增长潜力的股票，不会因市场指数的回调而回调。对于那些业绩优秀而稳定的基金，投资者应该坚定持有，大可不必做波段操作。一段时间以后，你会发现投资收益已经超出了你的预期。而且你应当相信基金经理人的专业能力，他们往往能够随时根据股价的合理性、行业的景气度、上市公司的经营能力的变化，来调整自己的投资组合，准确把握市场热点，充分挖掘估值过低的股票，从而获得较高的净值增长，为投资者带来较高的回报。

正如沃伦·巴菲特对于股票的评介一样，"做股票就像找伴侣，随时想离婚不是一个好主意，如果你一开始就做出了明智的选择，就不要想着放弃。如果不是这样，无论如何你都会一团糟，要在股市上投资成功，你必须要押上你对股票的忠诚度。基本上你应该把它看待成一桩婚姻，也就是你的金钱及投资的结合。否则，即使你是一个选股高手，如果你缺少执着及勇气，恐怕也很难赚到大钱。"投资基金也是一样的道理，不要急于和你的基金说"再见"，要相信长线是金，选中目标之后长期持有，等到它为你带来足够的利润时再自然地"分手"。

投资者在投资时容易犯的毛病就是一看到有所收益就急于抛掉，重新选择新的基金，以为老的基金已经没有上涨空间了。或者净值有所下降就害怕得不得了，似乎自己马上就要被套一样，急于甩掉烫手的山芋。这样的人当然不可能是长线的追随者了，当然也很难有收获。波动是股市的必然现象，是很正常的事，与之相伴的基金的净值有所变动也是很正常的事，投资者应当相信自己的判断，等实现目标后再赎回基金，比如15%的收益率。正如比尔·米勒所教我们的，只要从长远来说自己的选择是正确的，就不要受市场变化的太多影响，坚持与自己的基金一起等待下去，享受上涨时的美好感觉。当然，如果你认为自己的选择是个失败例外，有错误当然要及时纠正。

※ 小贴士　时间就是金钱

大家都知道"时间就是金钱"这句格言，我们将这句格言的含义理解为"应分秒必争，不浪费时间"，但其实它还包含另一方面的意义，就是时间确实有价值，且时间越长，其价值越大。集过邮、玩过古董的人都清楚，时间越久的邮票、古董越值钱。这些道理同样适用于股市投资，只要买入股票，随着时间的流逝，它所代表的价值也越高。持有基金，随着时间的延续，股票的升值，其净值也会不断地增长。这就说明了为什么一些发大财的人是长线持有者了。因此"长线是金"绝不是一句瞎话。

比如，我国股票市场从 1991 年以来，经历了四次较大的下跌波动：第一次是 1993~1995 年的下跌，上证 A 股指数从 1600 点下降到 330 点附近。第二次是 2001~2005 年的熊市，上证 A 股指数从 2200 多点下跌到 1000 点附近。第三次是 2007 年 10 月 16 日中国股市到达 6124 的历史高点后，在基金暂停发行、美国次贷危机和大小非减持等利空的影响下，引发股市暴跌。在下跌过程中一个个整数关口被轻易突破，直到 1664 点止跌。第四次是 2014 年 7 月至 2015 至 6 月，大盘由 5178 点跌到 2054 点。这些数据不仅表现了"短炒"的风险和长期投资的道理，也反映了股市长期趋势与整体经济增长的正向关系。所以，坚持长期持有的投资策略总的来说是赚的，如果想短期地炒基金，那对个人的要求就比较高了，风险要大得多。

什么样的基金适合长线投资

比尔·米勒告诉我们基金要长线投资，要有足够的耐心等待基金获利，不能因为一时的急躁而错失了获利的好机会。那么是不是所有的基金都应当长期持有，都可以进行长线投资呢？不是的。选基金和选股一样，规则总不是绝对的，总体来讲，基金需要长期投资，但是有些基金投资期限不宜过长，而有些基金就比较适合长线投资。

目前，中国证券市场已经有了很大的发展，那些不规范时期靠巨额资金炒作，或靠在一级、一级半市场申购而暴发起来的大户基本上已被淘汰出局。现时的基金管理人都是那些受过高等教育的理性投资者，他们正日益成为市场的中坚。他们接受过某学科方面的系统学习，在证券市场上具有明显的竞争优势，规范的市场在为他们提供更多的驰骋空间和发展机遇的同时，也为投资者进行长期投资提供了保障。一般来说，经济的持续成长是对股市最有力的支持，只要对市场长期看好，基金长期投资的优势就会显示出来。随着近期市场行情的进一步走强，基金赚钱效益再次体现，市场上已经出现基金净值增长率很高的基金，尤其是一些成长型基金，为投资人带来了丰厚的收益。但不少投资人由于耐心不足，对基金长期投资的理念理解不够，过早赎回，只赚到了一部分收益。

那么哪些基金可以长期投资呢？

通常部分投资风格稳健、投资管理能力强、管理层稳定性较高的基金可以被列入长期持有的备选对象。投资管理能力强体现在基金的投资理念一贯而且鲜明、投资风格稳健（倾向于平衡型风格）、投资主要基于对基本面的深入研究而非市场短期因素，等等。这样的基金就像一部平稳运转的机器一样，时间越长，产出越多。从基金类型来说，平衡型基金、混合型基金、指数基金和封闭式基金都比较适合长线投资。

作为一种为大众理财的工具，基金重在为投资人获得长期稳健的回报。因此，投资人在投资基金时就要有长期投资的概念，有了这样的心态，即使遇到市场的起伏、基金净值的波动也能比较坦然。另外，投资前设定一个心理的投资目标，达到这个目标就获利了结也是一个不错的方法，既可以让自己坚定长期投资，获利之后也比较坦然。基金适合长线投资，也适合长期的财务规划，比如，为今后的退休计划或是若干年后孩子上学费用做准备等。

但是，对于一些特色基金，例如操作风格积极大胆的基金、投资于特定板块的基金，根据对基金表现和基金风格的分析，结合对证券市场的研究判断，对这些基金进行阶段性投资是更好的选择。在基金发生某些重大变动，可能影响基金投资时，对这种基金的投资也应该重新审视。投资者要纠正一个错误的观念，就是所有的基金都可以长期持有，而应该区别对待，在适当的时机选择适合长线投资的基金作长期投资。

※ 小贴士　不是所有的基金都适合长线投资

基金是一种间接投资工具，当中有基金经理提供专业管理，大部分基金经理都以稳健的方式提供服务，一般而言，表现跟大市的走势相同。历史告诉我们，股市是一个累积财富及保本增值的有效投资途径，一般的股票基金长线投资都可以获利。债券基金亦是长线必胜的投资方式。

不过，不是所有基金都适宜长线投资的，其中尤以高风险基金绝对不宜长线投资，因为这类基金所投资的都是有时间限制的产品。一旦不慎，容易失败。尤其高风险基金倚仗基金经理的能力，万一受挫太受主观因素影响，长线投资未必有利，并且可能永不翻身。除此之外，以下三个因素也决定了有的基金不适合长线投资。

（1）假如基金经理本身属于能力较差的类型，那么长期投资也不见得就能让基金的业绩好转。事实上，很多基金的投资仅仅是帮助投资者平滑了股市的波动，而业绩还比不上股市平均水平。

（2）许多基金和基金经理都有自己的投资倾向和投资风格。对于某些特色鲜明的基金，在某些市场阶段表现会十分突出；但一旦市场环境发生变化，基金的业绩就可能发生显著下滑。

（3）在实际投资过程中，基金还有可能发生其他种种影响投资业绩甚至改变投资风格的事件，如基金规模剧增、基金管理层变更、基金公司管理层变动等。如果这些变动可能实质性地影响基金投资的延续性，对基金的投资就需要做出改变。

因此，基金属于长期投资品种并不是说每只基金都应该坚定地投资2年以上，而是要选择合适的基金品种，对不同类型、不同风格的基金采取不同的操作思路。道理很简单，假如投资基金就是随便选几只基金买入并长期投资，那么我们研究和评价基金、试图选择好的基金就成为自娱自乐了。

大盘封闭式基金具有长线投资价值

封闭式基金由于限定了赎回时间，管理者对资金的利用可以较为充分，通常可以给投资者带来不错的收益。当然，你也可以将其在二级市场上进行交易，在适当的时机购进或卖出。从目前的形势来看，封闭式基金尤其是大盘封闭式基金非常适合进行长线投资，长期持有将带来丰厚的回报。

大盘封闭式基金具有长线投资价值主要是由于：

1. 高折价率保证较高的安全边际

目前，大盘封闭式基金的折价率都维持在一个较高的水平，这实际上就是一种潜在的投资价值。假定投资者买入大盘封闭式基金并持有到期，而不在二级市场进行波段操作，大盘基金的价值将取决于其长期净值增长的水平，而高折价意味着可以折价买入大盘基金。按照目前每年净收益的 90％须分红的规定，如果同样是长期持有，大盘封闭式基金较开放式基金的优势是非常明显的。由于高折价交易，投资大盘基金的分红收益率将大幅高于开放式基金。

目前来看，小盘封闭式基金的折价率普遍偏低，3 年内到期的小盘基金折价率只有 21.69％，而 2013 年以后到期的大盘基金折价率都在 40％以上，其折价率的简单平均数已经达到 44.43％。大盘基金的折价率远高于小盘基金。各基金在盈利水平相差不大时，其折价幅度的高低就成了衡量投资价值大小的重要指标。折价率逐渐降低直至最终消除是必然趋势，仅此一项将给投资者带来 25%~30% 的收益。因此，大盘封闭式基金的高折价率可以为投资者提供较高的安全边际，使你可以放心地进行长线投资。

2. 即将开始的大规模分红

低迷的股市，很多管理能力不够突出的大盘基金无法给投资者任何回报。看到开放式基金不断分红，有些人就片面地认为封闭式基金回报率远不如开放式基金。但从我国证券投资基金发展的历史看，这一结论显然是不全面的。比如，因市场表现良好，很多封闭式基金积累了丰厚的收益，根据基金契约规定，它们盈利的90％都必须分给受益人，因此带给基金持有人丰厚的中期分红，并且推动封闭式基金折价率降低，提升大盘基金的市场价格。

3. 更有利于捕捉投资时机

当前我国经济在健康高速增长，人民币具有稳定的升值预期，长期困扰股市的股权分置问题已基本解决，还有源源不断流向股市的资金等有利因素的影响，股市必将走出一个与国民经济同方向的牛市行情。股市的这种向好预期必将提升基金的整体投资价值。基金经理可以根据实际情况进行短、中、长线投资，不会错过任何好的投资机会，使基金持有人的利益最大化。

4. 长期投资大盘封闭基金可以减少预测失误

长期投资大盘基金的优势在于，在市场有效性逐渐增强的情况下，对于市场的预测将更加困难，尤其对于不具有时机选择能力的投资者，波段操作也许意味着更多的错误。更重要的一点，虽然目前我国封闭式基金二级市场交易并不收取印花税，但是时机选择的交易成本以复合收益率计算在长期内将是很大的，交易越是频繁，其成本越高。

值得强调的是，如果长期持有大盘基金，在品种选择上，应更加注重基金的长期绩效，而不是其折价率的高低。在折价率都比较高的情况下，折价率高低并没有净值增长率差异对分红收益率的影响显著，尤其在考虑复合收益率的情况下。

5. 市场资金充裕

长期以来，封闭式基金具有低估值、波动性小的特征，其持有人主要是保险公司、社保基金等价值投资者，一直以价值投资品种的面貌被广大投资者所认识，几乎没有人将其作为投机品种来看待。但是，印花税的调整使得封闭式基金具有了投机品种的特征。封闭式基金具有交易免缴印花税、价格低廉、资源稀缺、盘子较小等特征。印花税上调以后，封闭式基金交易成本低廉的优势凸显。

指数型基金凸显长线投资价值

指数型基金是一种以拟合目标指数、跟踪目标指数变化为原则，实现与市场同步成长的基金品种。指数型基金的投资采取拟合目标指数收益率的投资策略，分散投资于目标指数的成分股，力求股票组合的收益率拟合该目标指数所代表的资本市场的平均收益率。美国是指数型基金最发达的西方国家。先锋集团率先于 1976 年在美国创造第一只指数型基金——先锋 500 指数型基金。指数型基金的产生，造就了美国证券投资业的革命，迫使众多竞争者设计出低费用的产品迎接挑战。

指数型基金分为两类，一类是完全复制型指数基金。这种类型的指数基金一般 100％复制指数，采取完全被动的策略，它在追踪目标指数时，相当"身不由己"。例如，你是一个学生，你想跟踪你们班第一名的成绩，可以有两种方式：第一种，采取完全复制型，就是保证每门功课跟他得的分数接近或者一致，这就相当于是完全复制型的。另一类是增强型指数基金。增强型指数基金之所以称为"增强"，就在于其投资时有相对的灵活度，在大部分投资瞄准目标指数的同时，还可做一些增强投资。两类基金各有利弊。被动型基金换股会比较少，节省很多交易费用，但是超越指数的概率不太大；增强型基金本来就是以打败目标指数为己任，所以更有机会战胜指数，当然其中也会有跑输的概率。

比尔·米勒虽然不是管理指数基金的，但是他的声名却和指数相关。他的骄人业绩就是从 1990 年掌管莱格·曼森基金后连续 15 年跑赢标准普尔指数，也就是说，基金经理中能长期跑赢指数的人非常少，而米勒是很少人中的一个。在我国，像米勒这样的顶级基金经理人更是少之又少，所以指望你的基金经理能长期超过大盘指数的可能性也不大，因而就长期而言，还不如投资于指数基金，反而可以取得与大盘相当的收益。其实，对于超越指数米勒本人并不自信，他很早就指出，如果一年的开始是在 1 月以外的任何一个月的话，他的这一纪录早就终止了。然而，无论有纪录还是没有纪录，谁都不能否认，比尔·米勒是当今世界上最出色的价值投资者之一。在投资领域，偶尔超越指数并不难，但想长期超越指数那就不是一般人所能办得到的。

国外经验表明，从长期来看，指数基金的表现强于大多数主动型股票基金，是长期投资的首选品种之一。据美国市场统计，1978 年以来，指数基金平均业绩表现超过七成以上的主动型基金。而在我国指数基金的长线投资价值也逐渐显现。一方面，指标股的投资价值仍然突出。指标股仍然是整个市场的估值洼地。考虑到未来蓝筹股的流动性溢价，指标股的投资价值将更加明显。与此同时，政策对蓝筹股价值的引导，市场机构投资者的快速扩张，海外蓝筹股回归带来的供求关系变化和估值标杆的迁移，这些都有利于指标股价值的进一步发掘。另一方面，指数型基金由于以某一指数为参照对象，因此，其投资股票的仓位通常维持在 90％以上（有的甚至超过 99％）。在牛市行情的预期下，其净值增长的速度将会优于其他类型的基金。从近期的市场表现投资者也可以看到，短期指数型基金的市场表现明显优于其他类型的基金。

另外，指数基金是一个理性、长期的投资工具，比较适合用来实现个人的养老计划。中国的经济形势总体是趋好的，在不断地向前发展，所以长期投资指数基金将能分享到经济增长和股票市场增长的成果。

※ 小贴士　指数型基金也可定投

采取基金定期定额投资的方法是为了拉平风险、降低平均成本，在难以对股市进行准确预测的情况下采取定投也是一种比较稳妥的方法，因而许多普通投资者都会选用定投。很明显定投本身就是一种长线投资，同样适合长线投资的指数基金也可以进行定投，投资者定投指数基金还可以起到双保险的作用，最大限度地拉平市场风险，博取长期的良好收益。

　　定投指数基金的优势首先在于它的费用比较低。因为定投要多次购买，每次购买都要缴费，费用就成为一个不能不考虑的问题。而在各类股票基金中，指数基金的投资成本最低。包括 ETF 在内的指数基金，目前管理费率为0.5%，托管费率0.1%，远低于主动型基金1.5%的管理费率和0.25%的托管费率。选择指数基金可以节省一笔费用。另外，指数基金通常是被动操作，不易受基金经理更换影响。而且指数基金不存在规模控制难题，不会因暂停申购而终止定投。所以，定投指数基金是普通投资者一个非常明智的选择。

　　对于指数基金而言，每一次大跌都是买入的机会。定投虽省时省力，但每月固定时点投资，不少人仍担心错过最佳时机。那么有时间和精力的投资者可尝试自己动手做定投。具体方法：当市场下跌趋势明显时，可在接近收盘的时间网上申购指数基金。由于基金申购"未定价原则"，接近3点可按当日净值购买，此方法对时点的把握更精确。不过最好在2点45分左右，留足系统自动成交的时间误差。一般情况下可开通网银购买基金，享受8折费率，也可在基金公司网站上购买，最低享受4折费率。在下跌行情下分批买入指数基金，坚持数年收益也很可观。不过这要求操作者有足够的耐心和精力。

第八章　辛克・菲尔德教你投资指数型基金

★大师传奇

也许辛克・菲尔德（Rex Sinquefield）的名字并不那么妇孺皆知，但是如果提到指数型基金投资就不能忽略这位投资大师。他的职业与指数投资的崛起如影随形，他也为现代金融理论的实践应用发挥了重要作用。

指数投资起于 20 世纪 70 年代。当时，辛克・菲尔德花了 3 年时间学习成为一名牧师，但最后选择改投金融业。1972 年，他获得了堪称全美经济学力量最强的芝加哥大学（University of Chicago）的工商管理硕士学位，之后开始在芝加哥美国国家银行（American National Bank of Chicago）工作。1973年，他在这家银行参与推出了首批机构基金之一的跟踪标准普尔 500 指数的一只基金。

1981 年，辛克・菲尔德和在芝加哥大学认识的戴维・布斯（David Booth）一起建立了指数基金公司 Dimensional Fund Advisors（简称 DFA）。起初，这家总部位于加州的公司只有一只指数共同基金，跟踪小型股的表现。由该基金引发的学术研究热潮发现，小型股的走势强于大中型股。在接下来的一些年里，DFA 推出了其他小型股指数基金，包括跟踪欧洲、日本、环太平洋和英国的小型股走势的基金。这些基金以及 DFA 的其他基金都只面向机构投资者，通过 DFA 认证的投资咨询公司出售。1993 年，该公司推出了第二个基金系列，再度引起了学术研究界的兴趣。金融学教授优金・法玛（Eugene Fama）和肯尼斯・法兰奇（Kenneth French）的一项研究发现，股价较低的价值型股投资回报率高于业绩增长迅速的成长型股。事实上，研究发现，价值型股不仅在美国有较高的投资率，在其他国家包括新兴市场也是如此。

如今 DFA 和先锋已经成为美国最为成功的指数基金管理公司，虽然辛克·菲尔德已经从 DFA 联席主席的位置上退休了，但是他的成就是有目共睹的。

指数型基金，值得尝试的新思路

指数型基金在目前基金业内仍然是一个较小的投资品种。虽然最早的封闭式基金中就有指数型基金，但一直发展缓慢。在牛市气氛下，被动投资似乎对投资者缺乏吸引力，而基金公司在发行新基金时也大多力推积极投资型基金。但是，这并不意味着指数基金缺乏投资的价值。说到巴菲特、彼得·林奇所有人都很熟悉，而对于另一位投资大师辛克·菲尔德你是不是也有所耳闻呢？他就是著名的指数基金公司的联席主席，虽然现在他已经从主席的位置上退休，但是他过去的成就足以告诉我们，指数基金也是值得尝试的一个投资方向。

辛克·菲尔德的职业与指数投资的崛起如影随形，他也为现代金融理论的实践应用发挥了重要作用。1973 年他参与推出了首批机构基金之一的跟踪标准普尔 500 指数的一只基金。在芝加哥美国国家银行向潜在客户推广过程中，辛克·菲尔德希望明确投资该基金可坐享股市大盘上涨之利的好处，但并没有找到相关数据。"这令人惊讶，"他回忆说，"如今的人们很难想象居然没什么数据可比较不同投资选择的回报率。如今的人们只要一按键盘，想要什么数据基本都可以找到。"为了获得需要的数据，辛克·菲尔德和在芝加哥大学时认识的罗杰·伊伯森（Roger Ibbotson）一起展开了研究。伊伯森后来创立了芝加哥投资研究公司 Ibbotson Associates，每年出版的投资回报摘要报告《股票、债券、票据和通货膨胀》（*Stocks, Bonds, Bills, and Inflation*）就是基于当年的这项研究。之后，他就专注于指数基金并用自己的行动推动了指数基金的发展，事实证明他的判断是正确的，所以我们完全可以相信辛克·菲尔德的眼光，相信他的投资建议，放心地去投资指数基金。

随着市场结构的变化，指数基金的投资时机正逐步成熟，尤其对于较长期的投资者来说，投资优秀的指数基金是很好的投资思路。相对而言，指数基金具有以下投资优势：

1. 投资成本低

由于指数基金在较长的时间内采取的是持有策略，所以其交易成本远远低于其他类型的非指数型基金。同时基金管理人对于指数型基金所收取的管理费也会更低。可能许多投资人对这点看似很小的差别不太在意，但如果是长期投资，指数型基金的成本优势会令投资人收益不菲。

2. 胜算率高

对于基金来说，要想持续战胜指数会变得更加困难。牛市行情下，指数型基金的表现往往明显超越积极投资型基金的平均水平。许多研究已经证明，市场越成熟，积极投资基金的长期收益就越难超越指数。国内外的研究数据表明，指数基金可以战胜证券市场上 70%~90% 资金的收益，长期稳定地取得证券市场的平均收益。

3. 投资方法简单

投资于指数基金的投资人除了可以采用长期持有的策略外，还可以根据自己的判断在股市低点时买进指数基金，在股市高位时赎回，到股市下一个低点时再买进，这样可以避免在股市好的时候，投资人面对证券市场上 1000多只股票，不知道买哪几只好，同时还可以避免自己买的股票不涨、比其他股票涨得少甚至下跌的现象，赚了指数也就一定能赚到钱。

4. 风险相对较小

从理论上讲，综合型指数基金可以完全分散股票的非系统性风险，行业型指数基金则可以充分分散行业内的非系统性风险，任何一只股票的价格波动都不会对指数基金的整体表现产生很大的影响。另外，指数基金的风险具有一定的可预见性。通过对标的指数历史数据的分析可以较好地预测指数基金的变化趋势，从而可以使指数基金能够避免遭受到不可预测的风险。

5. 投资透明度高

投资人在外面看到指数型基金跟踪的目标基准指数（比如上证 180 指数）涨了，就会知道自己投资的指数型基金，今天净值大约能升多少；如果今天基准指数下跌了，不必去查净值，也能知道自己的投资大约损失了多少。所以很多机构投资人和一些看得清大势、看不准个股的个人投资者比较喜欢投资指数型基金，因为指数型基金能够发挥这类投资者对市场大势判断准确的优点，不必再有"赚了指数不赚钱"的苦恼。并且基金管理人不能根据个人的喜好和判断来买卖股票，这样也就不能把投资人的钱和其他人做利益交换，杜绝了基金管理人损害投资人的利益。

6. 程式化交易减少人为干预

指数基金运作最关键的因素是标的指数的选择以及对被选择的标的指数的走势进行分析，而不是频繁地进行主动性投资。指数基金经理人的主要任务，只是监测标的指数的变化情况，并保证指数基余的组合构成与之相适应，有效地控制跟踪误差。市场中也有增强型指数基金，如易方达上证 50 指数基金，在追踪标的指数的基础上进行适度的主动操作，以期获得优于指数的超额收益，但主动性操作比例非常小。

7. 分散化投资

被动式投资组合通常较一般的主动式投资组合包含较多的标的数量，随着标的数量的增加，可减低单一标的波动对整体投资组合的影响程度，同时通过不同标的对市场风险的不同影响，得以降低投资组合的波动程度。这就最大限度地降低了踩上"地雷股"的危险；真的出现了"地雷股"影响也非常小，因为指数基金在单个股票上的投资比例很小，任何单个股票的巨幅下跌都不能对指数基金的整体表现构成大的影响。

※ 小贴士　指数基金不必担忧基金经理的变更

过去，每当基金经理出现人事变更的情况，基金难免会出现资产未做充分投资的情况，更有部分资金会追随原基金经理转至其他基金或公司，而被动式管理基金经理的作用主要在于应付非常态性的变化，例如公司派息、股票分割、暂停交易、停牌，或调进调出指数成分股等，因此资金不会产生闲置或随基金经理转移的现象，对发行机构而言多了一层保障。

近些年来，积极管理基金的费用仍然不断上涨，指数基金的费用却在不断降低。指数基金管理人收取很低的费用仍然可以盈利，这是因为相对于积极管理基金而言，指数基金的运作成本要低很多。为了维持一个积极管理基金，基金公司需要在调研和薪金上花费数百万资金。指数基金管理人不需要为选股而担心，他们只需要调整基金组合中股票的数量，并偶尔在标的指数发生变动时买卖一些股票。因此，投资指数基金是一个值得尝试的新思路，相信辛克·菲尔德的选择是没有错的。

指数型基金的类别及投资特点

无论是在国内证券市场还是在国外市场，指数型基金都有了很大发展，相比于 20 世纪 70 年代辛克·菲尔德刚刚投身于指数型基金时已是大大的不同，指数型基金的收益在不断地提高，投资种类也日益丰富，投资者可以有更大的选择余地。

依据不同的标准，指数型基金有如下类别：

1. 按其对目标指数的复制方法分类

按照指数基金对目标指数的复制方法可以分为完全复制型指数基金和增强型指数基金。完全复制型指数基金是 100% 复制指数，而增强型指数基金在跟踪标的指数的同时加入了一定比例的积极投资成分，以期战胜市场，在牛市当中这类基金往往会有很好的表现。但在提高收益预期的同时，也在一定程度上增加了风险与投资成本。增强型指数基金也被称作优化指数型基金。

2. 按其交易机制分类

（1）封闭式指数基金

这类基金规模固定，不能申购、赎回，只能在二级市场交易。

（2）开放式指数基金

这类基金规模不固定，在规定的时间，随时可以申购、赎回，但不能在二级市场交易。

（3）指数型 LOF 基金

这类基金是交易机制上的创新，既可以像普通开放式基金一样申购、赎回，又可以在二级市场交易。

（4）指数型 ETF 基金

这类基金是近年出现的最具活力的一类基金，既可以在一级市场交易，又可以在二级市场交易，还可以采用证券组合的形式申购、赎回，交易机制更加灵活。

3. 按照跟踪指数涉及的资产类型分类

根据所跟踪指数涉及的资产类型不同，可以将指数基金分为股票指数基金、债券指数基金、不动产指数基金等。

以上是一些主要的分类方法，另外，指数基金还可以根据其他一些标准分类，如根据投资区域的不同划分，如美国标准普尔 500 指数基金、英国金融时报 100 指数基金等。根据基金所跟踪的股价指数的特点，指数型基金还可以进一步被细分为综合型指数基金。按照板块可分为局部型指数基金、行业指数基金、混合型指数基金等，目前这方面的指数基金在国内尚处于发展的初级阶段。

作为一种独立的基金种类，指数基金的特点如下：

1. 费用低廉

这是指数基金最突出的优势。费用主要包括管理费用、交易成本和销售费用三个方面。管理费用是指基金经理人进行投资管理所产生的成本；交易成本是指在买卖证券时发生的经纪人佣金等交易费用。由于指数基金采取持有策略，不用经常换股，这些费用远远低于积极管理的基金，这个差异有时达到了 1%~3%，虽然从绝对额上看这是一个很小的数字，但是千万不要小看这个数字，由于复利效应的存在，在一个较长的时期里累积的结果将对基金收益产生巨大影响。

2. 风险相对小得多

由于指数基金广泛地分散投资，任何单个股票的波动都不会对指数基金的整体表现构成影响，从而分散风险。另外，由于指数基金所盯住的指数一般都具有较长的历史可以追踪，因此，在一定程度上指数基金的风险是可以预测的。这也是许多投资者投资指数基金的一个重要原因，将资金投资于指数基金上就像放在银行里一样保险，而且能取得更高的回报。

3. 延迟纳税

由于指数基金采取了一种购买并持有的策略，所持有股票的换手率很低，只有当一只股票从指数中剔除的时候，或者投资者要求赎回的时候，指数基金才会出售持有的股票，实现部分资本利得，这样，每年所缴纳的资本利得税（在美国等发达国家中，资本利得属于所得纳税的范围）很少。再加上复利效应，延迟纳税会给投资者带来很多好处，尤其在累积多年以后，这种效应会愈加突出。

4. 监控较少

由于运作指数基金不用进行主动的投资决策，所以基金管理人基本上不需要对基金的表现进行监控。指数基金管理人的主要任务是监控对应指数的变化，以保证指数基金的组合构成与之相适应。

※ 小贴士　指数基金也有风险

尽管作为一种中长线投资品种，指数型基金可以在投资配置中扮演重要角色。但在股市行情并不明朗时，指数基金也会有较大的风险。

首先，首先指数基金不适合进行短线操作，而适合中长线投资。虽然它的费用比较低，但是申购、赎回费率相加都在1.5%以上，在收益并不是很高的情况下短线获利几乎不可能。

其次，指数基金是一种趋势性的投资品种。由于没有卖空机制，只有在上升行情的大趋势中才能取得较好的收益，这是买入并持有策略的前提。指数基金主要是模拟股票指数进行投资运作，下跌或震荡行情中基金的绝对收益不高，所以投资指数基金一定要看清楚大盘的走势再决定。

此外，选择指数也很关键，由于所拟合指数和投资策略的不同，不同的指数基金具有不同的投资特征。总的来说，指数基金虽然风险小得多，但是也需要留心投资风险，一时的疏忽大意也可能造成损失。投资者应该在选择适合基金的基础上，在上升行情明朗时持有，并在行情发生转折时进行中线波段操作。

选购指数型基金的四个标准

"成本低廉的指数基金也许是过去35年最能帮投资者赚钱的工具，但是很多投资者却经历着从高峰到谷底的心路历程，就是因为他们没有选择既省力又省钱的指数基金，其投资业绩要么非常普通，要么非常糟糕。"这是"股神"沃伦·巴菲特对指数基金的评价，从中也可以看出"股神"对于指数基金的推崇，再看看辛克·菲尔德的骄人业绩，还有什么理由不选择指数基金呢?

在选购指数基金时，投资者还须做好以下准备工作，可以让你心里有数。

1. 选指数基金开发和管理能力强的基金公司

选基金的关键是选基金公司，指数基金的选择也是一样的。目前，国内已有多家基金管理公司推出了指数基金。其中，融通、华安、易方达管理指数基金经验相对丰富，融通的指数基金更以高分红著称，都是投资者可以参考的对象。

2. 选所跟踪指数表现优越的基金

指数基金的业绩表现取决于它所选择的标的指数，不同的指数会在同一时间段里有不同的涨跌幅度差异，所以需要评估现有指数的市场品质。要综合多个上涨阶段表现来评估表现强劲的基金。

3. 选跟踪误差小的基金

评价指数型基金及其基金经理，应将跟踪误差当作重要指标，只有既能较好地控制跟踪误差范围，又能取得超越标的指数业绩，才能算优秀的指数基金，投资者应该尽量选择跟踪误差小的基金。某指数基金取得超出跟踪指数 20% 的业绩，实际只能算是 1 只主动型股票基金，而不能看作被动型指数基金。一般来说，ETF 对指数的拟合度较高。

4. 选分红回报能力强的基金

指数基金被动地跟踪标的指数，仓位的调整等自然没有主动型基金灵活，对于一些养老资金、教育储备金等长期投资资金来说，当市场震荡或熊市阶段，在市场高位兑现盈利进行分红，是指数基金有效减少阶段性损失较好的策略；落袋为安后，投资者也可保持良好心态，不会因忍受不了震荡或熊市所遭受的损失而提前卖掉基金。因此，对于长期投资或对现金流有一定要求的投资者来说，可考虑侧重选择保持良好的分红纪录的指数基金。

此外，对于希望借助指数基金进行波段操作赚取差价收益的投资者来说，选择交易成本较低的指数基金尤其有必要。尽管从整体来看，指数基金的交易成本低于普通的开放式基金，但其实，不同指数基金的交易成本也有比较大的差异。从目前已有产品的费率来看，ETF 指数基金的交易成本较低，在二级市场的一个买卖来回，交易佣金一般不超过 0.6%。

※ 小贴士　基金定投也可选择指数基金

定期定额投资法被人们称为"懒人理财法"，很多投资者对这种方法也是钟爱有佳。指数基金其实也是非常适合作为基金定投的对象的。

首先，指数基金的长期表现优异。选择基金定投的一个重要出发点就是将风险拉平、降低平均成本，而无须担心当时市场的涨跌。这与指数基金的投资目标是一致的，追求长期的收益，所以从这一点来说，指数基金是适合作为定投的对象的，而像股票型基金弹性较大，就不太适合选择作基金定投。

其次，牛市适合投资指数基金。随着股权分置改革的深入和中国经济的稳健发展，中国证券市场已经步入健康发展的轨道，长牛格局已经确认。在牛市当中，因为主动投资的基金对市场热点的把握很难做到次次准确，反而是以指数为投资标的的被动型基金更具优势。目前，国内主流研究机构认为，受益于中国经济的发展、人民币升值、奥运会、人口红利等多种因素，A 股市场主要指数未来 2 年内的走势将会继续走高。当前正是投资指数基金的良好时机。

最后，指数基金品质更值得信赖。如同选择自己的另一半一样，对于长期定投的基金，当然希望它能够托付终身。但是令人沮丧的是，国内基金经理更换频繁，投资者选择主动型股票基金定投，无异于牵手"花心大少"。而指数基金由于是跟踪指数被动投资，基金经理的个人影响可以忽略不计，其风格执着如一，投资者可以安心持有。此外，指数基金由于是跟踪指数，被动投资，不存在规模控制问题，因此，也不会像一些主动型股票基金那样因为暂停申购把投资者的定投也给停了的情况，是投资可以"托付终身"的良好选择。

如何选择适合你的指数型基金

指数基金是一项省心的投资，投资者不用担心基金经理忽然改变投资策略或者基金经理的更换，因为指数基金是跟踪某个特定的指数，属于被动投资，基金经理变动对其影响没有主动投资的基金大。因此，不愿意花大量时间和精力研究基金投资的投资者，指数基金是一项不错的投资。但是这并不意味着随便选择一只指数基金就可以实现投资目标了，投资人仍然需要根据自己的个人情况选择合适的指数基金，在众多的指数基金中选到适合自己的那一只。选择适合自己的基金应当关注以下几个方面：

1. 清楚自己的风险偏好和财务状况

不同指数型基金的投资定位不一样，投资人应该根据自己的理财目标、资金规划、风险承受度，选择最适合的指数基金来投资。对于保守型投资人，最好选择波动小一点的指数基金。如果投资人愿意承受较高的风险并期望获得更高的收益，那么就可以选择高成长型指数基金。或者在不同风险收益的基金之间进行组合投资。

2. 关注其所在的基金管理公司

一个值得投资者信赖的基金公司必须具备如下条件：

公司诚信度：基金公司最基本的条件就是必须以投资人的利益为出发点，有良好的内控。

旗下基金的历史业绩：基金的最终目的，是要为投资人赚钱。历史业绩虽然不能代表未来，但却是对未来进行判断的重要依据。

研究和投资管理能力：出色的研究能力和专业的投资管理是获得较好收益的保证。

产品线广度：产品种类越多的公司对客户越有利。因为在不同市场，有不同的涨跌情况，产品种类多的公司，可以提供客户转换到其他产品的机会。

服务品质：享受服务是客户的基本权益，服务品质好的公司，通常代表公司以客户利益为根本，可以给投资人提供更好的服务。

3. 关注其所跟踪的指数

成功的指数投资很大程度上取决于投资者所选择的股市指数。通过考察指数在不同市场情况的表现，投资者可以大概了解指数基金的表现。比较所有的指数基金，一般认为，由一些专业独立第三方指数编制机构编制的指数具有较强的客观性和科学性；由有效定价的大蓝筹股组成的完全被动式管理的指数基金较为有效，投资于这类指数基金风险较低。

4. 指数化投资的比例

国内许多指数基金为增强型指数基金，在主要进行指数化投资之外，还会进行一定的主动投资。这部分投资受跟踪指数以外的因素，如基金经理的投资策略、择时能力等影响。充分了解主动投资部分的比例大小，投资者可以更清楚了解基金的特征，如果希望获取较大的收益，可以选择主动投资比例较大的指数基金。

5. 费用水平

由于指数基金大部分进行被动投资，其费用水平一般比同类基金低。国内的指数基金之间，费用水平稍有差异。目前市场上的指数基金包括纯指数基金和加强型指数基金，两者在费用上有所差别，投资者必须仔细阅读它们的招募说明书，比较其风险收益和费用状况来选择适合自己的基金产品。基金费用最终是从收益中扣除的，投资者应充分考虑费用因素，选择其他因素相同而费用较低者。

指数型基金如何进行投资管理

选好自己所要投资的指数基金后，投资者还要做好指数基金的投资管理，这主要包括构建基金初始证券组合、现金红利收入再投资、证券权重调整及准确度评估等几个过程。

1. 构建基金初始证券组合

基金管理人在确定了所追踪的市场指数之后，将根据所采取的追踪指数方法在市场上买入证券，构建基金初始证券组合，建立指数基金。构建指数基金最简单的做法是按照指数完全复制，但也有很多指数基金并不采取这么简单的做法。对此，投资者也应当有所了解。

常用的方法有：

①按指数中各证券的比例，持有指数中相应比例的每一种证券；

②运用数量模型对指数中单个证券的历史数据进行统计分析，将数量较少的证券构建一个证券组合，这一组合历史的风险收益特性或者其运动轨迹与指数极为相似；

③按照指数中的某些特性，例如具有相同的部门、产业、企业质量、资本规模等特性的证券在指数中所占的比例，寻找一组规模更小的证券，模拟指数构建证券组合。

在指数基金的实际运作中，更为常见的做法是同时运用上述一种或几种方法。例如，可将总资金分为两部分，一部分资金对一部分股票，采取完全复制的方法；另一部分资金对其余的股票采用第二种或者第三种做法，以应付可能出现的个股调整、红利再投资、配股及回购等各种变化。

2. 现金红利收入再投资

一旦初始头寸建立之后，基金经理的一项主要工作就是对基金收到上市公司派发的现金红利及时进行再投资。从理论上讲，基金经理应该每天把收到的现金红利按比例分配到指数中每一只证券上，但是，这种做法的成本太高，现实的做法是每隔一段时间，比如1个月，定期将收到的现金红利（及其他现金收入，例如开放式基金从新股东那里收到的现金）进行再投资。

3. 证券权重调整

各种证券市场指数一般都会定期进行调整，把一些不再符合入选指数标准的证券剔除，而代之以其他更符合标准的证券。此外，即使那些没有调整的股票，其权重也可能发生变化，例如，某家上市公司可能配售新股，另外一些公司可能回购部分股份。因此，当所追踪市场指数中的证券权重发生变化时，指数基金也必须及时地做相应的调整，以保证基金与指数的一致性。一般而言，成熟资本市场中这些变化并不十分频繁，但在新兴资本市场中，这些变化是十分频繁的，从而指数基金所作的相应的调整工作是必须加以重视的。

4. 准确度评估

一般来说，没有哪只基金的表现会与其追踪的市场指数完全一致，交易成本、分散股票数量买入的限制等原因，都会引起指数基金的业绩相对于市场指数表现出一定的偏差。基金管理人要监视这种追踪偏差（Tracking Error）确保其稳定地保持在一定范围之内。因此，投资者在选择指数基金的时候需要把跟踪指数的误差作为一项重要的标准，以确定这只指数基金是否值得投资。

不过，近年来随着指数基金的发展，一些源于积极投资管理的某些做法也越来越多地被一些指数基金所采用，例如，当市场指数上涨到某一高位以后，基金管理人有充分理由认为市场可能出现反转，此时，基金管理人可按比例减持一部分股票资产。总之，很多指数基金的做法已经远远不是一般意义上的被动型投资风格，它们与积极型投资管理的界限也越来越模糊，这也是目前指数基金发展的一个方向。

第九章　比尔·格罗斯教你投资债券基金

★大师传奇

比尔·格罗斯（Bill Gross）被业界称为"债券之王"。在始于 20 世纪 90 年代初、历经 10 年的债券繁荣期间，他被冠以这个称号。世界最著名的投资公司之一、PIMCO 的创始人和首席投资官，全球最著名、业绩最佳的基金经理，而且凭借 4000 万美元的年收入，成为全球收入最高的债券经理。

比尔·格罗斯在大学期间的专业是心理学，后来曾短暂做过 21 点纸牌游戏职业选手，在 4 个月内将 200 美元变成 1 万美元。在越南为海军服役 2 年后，格罗斯凭借自己在拉斯维加斯赚到的 1 万美元到 USLA 大学进修 MBA 学位，而那时候他的目标是成为一个股票经理人。但是，当他毕业以后他只收到一份工作聘用书：在太平洋投资当一名债券分析员。而在此之前他从未接触过债券。

在那时，债券投资并不复杂，所需做的就是买入一种债券，然后收取利息单。通胀、不景气的经济使债券投资显得无利可图，那是最艰难的时期。格罗斯在这个时候向他的老板提交了一份提议，让他成为投资经理并掌管操作一笔债券资金，看看他是否能做得更好。他认为通过预测对利率有很大影响的通胀率，可以在让资本基本不担风险的情况下获益。他指出，当一项投资看上去很危险时，投资经理可以通过减持债券、牺牲一些可能的利益的方法来减小风险。最终，太平洋投资管理公司划了 1500 万美元给他管理。这其实只是个开头，4 年后，他手头的资金已经增加到了 4000 万美元。在其他债券持有人痛苦地挣扎着的 1975 年，格罗斯的战略给他带来了 17.6% 的回报率，接下来的一年达到了 18%。到 1987 年，资产已升至 200 亿美元。从

1987 年开始，格罗斯接管了 "PIMCO Total Return" 债券基金，在过去 15 年，他每年获得 9.5% 的收益，这个收益甚至早已超过美国雷曼兄弟公司每年在债券市场中获利的比例。

2000 年德盛安联资产管理集团用 33 亿美元的代价收购了太平洋投资管理公司，并且与格罗斯签订了一份价值 4000 万美元的 5 年合同。格罗斯从卖出自己的股份中大概赚取了 2.3 亿美元。

今天，格罗斯依然是太平洋投资管理公司的掌门人，处在风口浪尖上。作为世界上最大债券权威德盛安联资产管理集团旗下太平洋投资管理公司的缔造者与战略制定者，他的作用无可替代。自 1973 年以来，太平洋投资管理公司的资本以平均每年 10.6% 的速度增长。比尔·格罗斯投资债券领域超过 30 年，他对债券投资的热爱未曾衰减，对于他而言，债券就是他的生活。他曾说："当你真的沉浸其中时，你会发现，这是一场游戏，有输有赢，每天早上都会重新开始一场战争。"不管他对未来怎样想，目前他一如既往地恪守自己的准则，他是个怪才。

投资债券基金的优势

比尔·格罗斯（Bill Gross）被业界称为"债券之王"。世界最著名的投资公司之一、PIMCO 的创始人和首席投资官，全球最著名、业绩最佳的基金经理，而且凭借 4000 万美元的年收入，成为全球收入最高的债券经理。

在《福布斯》杂志评选的美国前 10 位最杰出商界领袖中，投资界人士共有 2 位：一位是巴菲特，另一位就是格罗斯。同时，他也是唯一入榜的现任基金操盘手。从 20 世纪 90 年代初走红华尔街至今，他所管理的债券基金一直以优异的表现傲视基金市场，平均获利率甚至高于基准的雷曼兄弟指数。

通常人们认为投资证券市场就是投资于股票，不关债券什么事，但是格罗斯让人们改变了看法，债券市场也是大有可为的，同样有着惊人的利润存在，关键在于你是否是一个善于投资的人。债券基金出现得较晚，在 20 世纪 70 年代之前是没有人运作债券基金的，人们只是买固定的各种债券，定期收取利息而已。但随着经济的发展，进入 70 年代比尔·格罗斯和其他一些人开始尝试运作债券基金，并且逐渐开拓出一个巨大的市场，时间证明债券基金大有可为，格罗斯成为这里的领头羊，其实最根本的还是在于债券基金有其独特的投资优势，而许多投资者并没有发现这一点而已。

根据 1973—1997 年的历史统计，美国债券市场的年收益率介于 4%～31% 之间，平均收益率为 8.5%。我国的债券基金发展起步比较晚，这和我国债券市场发展过程有关。随着债券市场规模不断扩大，债券品种增多，为债券基金的发展创造了客观条件。我国第一只债券基金是在 2002 年 9 月 19 日由南方基金管理公司发起设立的南方宝元债券型基金，这是一只主要以债券投资为主，同时又少量投资股票的基金。此后，债券基金受到市场的广泛关注和欢迎。目前我国的基金可以分为以下四种类型：

①政府公债基金，主要投资于国库券等由政府发行的债券；

②市政债券基金，主要投资于地方政府发行的公债；

③公司债券基金，主要投资于各公司发行的债券；

④国际债券基金，主要投资于国际市场上发行的各种债券。

我国债券基金的投资优势如下：

（1）投资者进入门槛低

中小投资者直接进入和操作债券市场是比较困难的，由此付出的成本也是高昂的。而债券基金的设立，形成职业化管理，便克服了这一困难，中小投资者只需将债券的买卖交给专家操作，便可坐享其成。

（2）风险低

由于债券收益稳定、风险也较小，相对于股票基金，债券基金风险低但回报率也不高。

（3）费用较低

由于债券投资管理不如股票投资管理复杂，管理费也相对较低。

（4）收益稳定

投资于债券定期都有利息回报，到期还承诺还本付息，因此债券基金的收益较为稳定。

（5）每月公布一次收益

单个债券通常是半年才付一次利息。债券基金对于那些为了特别收益而撤出投资的可收回债券基金投资者来说，则可以避免每月短期风险的干扰。

（6）重当期收益

债券基金主要追求当期较为固定的收入。相对于股票基金而言缺乏增值的潜力，较适合不愿过多冒险，谋求当期稳定收益的投资者。

但是也许有人会问，自己直接去买债券不是更好吗？为什么还要通过债券基金间接投资呢？其实，相对于投资债券而言，债券基金也有其优势。

（1）购买相对容易

一方面，个人投资债券并不是可以购买所有债券，而是只可以购买银行柜台交易或交易所交易的凭证式国债、记账式国债、凭证式或记账式企业债（目前对普通投资者发行的凭证式企业债很少）、可转换公司债，不能买卖银行间市场交易的国债和金融债。但是投资债券基金就不存在这个问题，投资者可以享受更多种类债券为你带来的利好。另一方面，债券基金没有规模的限制，完全可以满足个人投资者投资的需要。而目前我国的凭证式国债供需"僧多粥少"，很难买到。经常看到排队抢购凭证式国债的现象，即使在深圳这样经济发达、投资渠道相对较多的东部地区也有类似情况。

（2）可以买到更"多"的债券

不同期限的债券对利率的敏感度不同，长期债的价格受利率变化影响较大，假如出现利率上升，长期债的价格就会下降，如果投资者"不幸"买了长期债，而此时又要出手的话，那么就会受到较大"损失"。而投资者通常资金有限，要选择长期债券需要承担的风险就比较大，如果要选择短期债券则收益就比较少，进退两难。投资债券基金则可以让你间接持有多种债券，既可以让你享受长期债券带来的高收益，在风险较高时基金经理又可以通过债券转换降低风险，让你左右逢源。

（3）专家经营

随着债券种类日益多样化，一般投资者要进行债券投资不但要仔细研究发债实体，还要判断利率走势等宏观经济指标，毕竟债券市场是一个专业化的市场，同时债券投资专业性很强，不仅对利率走势要有把握，而且要对资金的供求状况有所了解，普通投资者往往是难以做到的。而投资债券基金，则可以享受到由专业人士组成的基金投资团队提供的理财服务，有助于你获得更多的投资收益。投资债券基金可以让你获得专家理财的服务。这样，投资债券并不仅仅是买入债券"吃"利息那么简单，投资债券不仅可以"吃"利息，还可能从债券价格的波动中获得买卖差价。

（4）收益上具有优势

在组合投资的管理模式下，债券基金可以将收益率更高的债券品种（如企业债、金融债等）纳入投资组合，获得更高的回报。所以个人投资者购买债券基金比购买凭证式国债更具收益优势。

（5）持有期间有收入

债券基金每年至少有一次分红。但购买凭证式国债投资者在持有期间没有收入，只有等到债券到期还本付息时才能拿到获得的利息。

（6）流动性较强

投资债券基金可以让你的钱运用起来更加灵活。如果投资于银行柜台交易的国债，一旦你要用钱，债券卖出的手续费是比较高的。而通过债券基金间接投资于债券，则可以获得很高的流动性，随时可将持有的债券基金转让或赎回，费用也比较低。

由于上述特点，债券基金在基金市场上一直是基金品种中发展最为稳定的一个品种。如果你想有一份稳定的投资收益，可以选择债券基金。但是，在选择时要注意债券基金的两种类型，一类是债券型基金，因为它还有一部分可以投资于股票，那么在股票市场上升的时候，可能会获得较高的收益；另一类是纯债类基金，由于债券是固定收益的证券，假如市场利率没有大的下调的话，它的上升幅度是有限的。因此，理论上债券型基金的潜在收益要比纯债券高；相应地，债券型基金比纯债券基金的潜在风险要大些。假如你对风险不是很厌恶而又想获得较高的收益，可以选择债券型基金；如果你对风险很厌恶，可以考虑纯债券基金，但正如前面所提示的，纯债券基金也不是没有丝毫风险。

※ 小贴士　投资债券基金肯定不会赔钱吗？

投资债券基金肯定不会赔钱吗？

也许这是你非常关心的问题，一般来说，只要涉及投资活动，就一定会承担风险，只不过承担风险的大小不同而已。投资债券基金也不例外，只能说投资债券基金的风险比较小。债券基金的风险主要来自于利率的变化，它的收益与利率的走势紧密相关。市场利率的波动会导致债券价格和收益率的变动，债券基金投资于债券，其收益水平当然会受到利率变化的影响。这一点在利率高度市场化的美国表现得尤为明显，1985 年，由于美国当年利率下调，增加了债券投资的吸引力，当年流入美国政府公债基金的新增资金从 74 亿美元激增到 428 亿美元，比上年增加了 6 倍。而 1996 年由于利率上调，债券投资的吸引力下降，当年流入政府公债基金的资金比上年减少 135 亿美元。债券基金的收益和所投资债券的信用等级也有密切关系。有的债券基金大量投资于信用等级较高的债券，风险较低，但收益也不高。有的债券基金主要投资于垃圾债券（如标准普尔 3B 以下、穆迪 Baa 以下的债券），风险较大，但收益也相对较高。

总体而言，债券基金是一个收益相对稳定、风险较低的品种，具体表现就是债券基金的净值波动比较小。但因为面临着利率风险，基金的净值就不可能总是向上。即使基金能够事先对市场利率以及资金供求状况做出判断，及时调整债券资产的组合，以回避利率风险，但凡事无绝对，利率风险回避的前提是对利率走势有一个正确的预期，也许专家更有把握些，但也会有犯错的时候。因此，基金净值也有可能下跌。当基金净值低于你买入时的基金净值时，你就可能受到损失，至少是账面上的损失。

如何选择低成本费率的债券基金

比尔·格罗斯认为，"债券是一个长期的借条，而有稳定的利息支付，当利率上涨，债券价格回落，你能更好地计算出债券返还而得出的利率，但是，债券经理人不得不计算出什么将使美国和世界利率改变，因为债券管理真的是一个不能有丝毫差错的游戏，债券经理不得不计算出什么投资能够产生出百分之几的产量而没有太大的风险"。作为这样一个不得出丝毫差错的投资项目，你必须得小心，任何一点浪费都可能让你的收入化为乌有。

每个人都清楚，投资的收入来自于两方面的比较：收益减去成本；在收益既定的情况下，成本低就意味着收益的扩大化。而这种成本对于投资于基金的你来说，最重要的就是基金的费率，选择低费率的缴费模式可以有效地降低成本。一种新的收费模式，C 类收费模式是比较好的选择。

所谓 C 类收费模式，是指基金公司不再单独收取基金的申购、赎回费，而是按照固定的年费率从基金资产净值总额中扣除相应资金作为销售服务费，主要是与前端收费的 A 类模式和后端收费的 B 类模式相区别。

仅从费率角度而言，这种新的收费模式大幅降低了投资者购买基金的平均成本，给投资者带来了更多的实惠。如果从收费模式创新的角度来看，这种方式无论是对投资者还是对基金公司的日常操作都有更多的益处，主要表现在：

首先，由于采取这种方式后，投资者不需要再缴纳申购、赎回费，这样一来，投资者进入、退出基金就比以前方便多了，给投资者带来很大的便利性。

其次，与之前一些基金的"短期促销打折"的优惠活动不同，这种方式给投资者带来的优惠可以说是长期的。而对于基金公司来说，采取这种方式后，基金公司的销售服务费将不再受申购、赎回量波动的影响，而是有了一个长期稳定的现金流来源。

不过，需要注意的是，尽管这种模式免去了单个投资者的申购、赎回费，但并不意味着投资基金就不需要付出成本，实际上，这种方式是将一个更低的成本平均分摊到了每份基金份额的净值上。一般情况下，对一只基金来说，这三种模式是共存的。因此，投资者可以根据自己的实际情况来选择，在选择不同的收费模式时主要考虑三个因素：资金规模、预计投资期限和对市场的看法。

投资者在选择不同收费模式的基金时，不应直接用收益率指标将新收费类别基金与所有同类基金一起比较。比较合理的方法是先选定适合自己投资目标的债券基金，然后在其中选择不同的收费模式；投资者也可以简单地先选定合适的收费模式，然后在同种收费模式的基金之间进行横向比较。但后一种方式在目前新增收费类别的基金还不普遍的情况下会错过最优选项。投资人在选择收费类型时可参考以下建议：

①购买金额不大、持有时间不定（2年以内）适宜选择B类。方便投资人把沉淀多年的活期存款好好盘活，也可以找到股票型基金获利后的资金避风港。

② 100万元以下、持有时间超过两年的投资，适宜A类的后端收费模式。仅收取一次性0.4%的认购费用（2年以上赎回费为0），则成本更低。

③ 500万元以上的大额投资，适宜A类的前端收费模式。仅需缴纳1000元每笔的认（申）购费，成本最低。

④对资金规模小、流动性要求高的普通投资者来说，选择C类收费模式可以明显降低其实际负担的费率，从而有利于其提高投资回报率。

※ 小贴士　三种收费模式的区别

A类收费结构与股票型基金一致，基金公司除了收取管理费、托管费以外还一次性收取申购费和赎回费。而B类就不再单独收取基金的申购费和赎回费，而是按照固定的年费率从基金资产中扣除相应的销售服务费。A类和B类主要存在前端和后端收费的区别，而C类收费模式既不收取申购、赎回费，也不单独收取管理费等，而是将之统一计算成一定的比例，从基金的资产净值总额中扣除。

　　选择不同的收费模式投资者最终实际承担的费率有所不同。以华夏债券为例，假设不考虑投资收益的影响，资金量小的普通投资者如果购买的是A类基金份额，要持有3.3年以上其实际承担的费用率才低于购买C类基金份额；如果购买的是B类基金份额，也要持有2年以上，实际承担的费率才可低于购买C类基金份额。所以对投资期限小于2年的华夏债券的普通投资者来说，新的收费模式无疑是较好的选择。

　　反过来，如果不考虑上述投资期限对费率的影响，即假设不同收费模式最终承担的费率相同，对普通投资者来说，同时投资相同的资金量于A、B、C三种收费类别的基金份额，并于一定期限后赎回，其最终的收益率也会略有差异。因为，在此期间三部分资金每天的有效资金量都不相同，而且各类别的计提基数也都有所差别，所以每天基金收益率的波动情况会对不同类别基金份额的最终收益率有所影响，但差别不大。

选购债券基金的原则

　　比尔·格罗斯投身于债券基金30多年了，但他对于这项工作仍然乐此不疲，他说直到把投资大厅的椅子坐穿，他都要一直管理这些债券基金。在这点上他与彼得·林奇非常不同，在创造了一个巨大的成就之后，林奇选择了将时间分配给他的家人和慈善事业，虽然格罗斯并不反对这两项内容，但是他对于林奇的退出还是不能认同。在他看来，债券基金投资就像是一场游戏，"当你真的沉浸其中时，你会发现，这是一场游戏，有输有赢，每天早上都会重新开始一场战争。"但是，这不是一场简单的游戏，而是负责的游戏，一旦在这场游戏的战争中你失败了，就会影响现实的生活，格罗斯可能就会像他的"老师"摩根那样有一个不怎么好的晚年。因此，格罗斯专注于自己的工作，遵循着自己成功的原则，不会有丝毫松懈。

　　对于投资者而言，选购债券基金也要遵守基金投资的原则，才能和格罗斯一样玩好这个游戏。他所推荐的原则主要有：

1. 购买债券基金的目的

做事都需要理由的，尤其是投资，最忌讳的就是盲目跟风，无论是投资股票还是投资债券基金。如果你买债券基金的目的是增加投资组合的稳定性，或者获得比现金更高的收益，这样的策略是行得通的。如果你认为买债券基金是不会亏损的，那就需要再考虑一下。债券基金也有风险，尤其是在升息的环境中。当利率上行的时候，债券的价格会下跌，这样你的债券基金可能会出现亏损。尤其在国内，多数债券基金持有不少可转债，有的还投资少量股票，股价尤其是可转债价格的波动会加大基金回报的不确定性。

2. 了解债券基金如何投资

为了避免投资失误，投资者在购买前需要了解所购债券基金都持有些什么。债券价格的涨跌与利率的升降成反向关系。利率上升的时候，债券价格便下滑。要知道债券价格变化从而债券基金的资产净值对于利率变动的敏感程度如何，可以用久期（即债券持有到期的时间）作为指标来衡量。久期越长，债券基金的资产净值对利息的变动越敏感。

3. 确认债券基金的信用

债券基金的信用取决于其所投资债券的信用等级。投资人可以通过基金招募说明书了解对所投资债券信用等级有哪些限制；通过基金投资组合报告了解对持有债券的信用等级。外国人比较幸运，他们有史坦普（Standard&Poor's）和穆迪（Moody's Investors Services）这些著名的信用评级公司，它们都使用英文字母来作信用等级的排列。这些评等由 AAA、AA 到 D 代表八个等级；AAA 最安全，D 最不安全，其间字母排列所代表的信用依次类推。对于国内的组合类债券基金，投资人需要了解其所投资的可转债以及股票的比例。基金持有比较多的可转债，可以提高收益能力，但也放大了风险。因为可转债的价格受正股联动影响，波动要大于普通债券。尤其是集中持有大量转债的基金，其回报率受股市和可转债市场的影响可能远大于债市。

遵守这些原则就像在马路上行驶要遵守交通法规一样，格罗斯也在遵守着他自己的原则，有时，他投入大笔资金，但仅占其投资总额的 1/50，常常如此，墨守成规。因为他明白规避风险是再重要不过的工作之一。这也像他 30 年来，每一天都是早上 4：30 起床，然后走进住宅的地下室，打开 Bloomberg 和 Telerate 的数据终端机，查看 10 年期国债的变化、全球债券市场的情况、各种货币的汇率情况，以及股票及债券指数；最后，格罗斯会看看他的幸运骰子是否还在昨天晚上所处的位置。下午 4：30 回家，之后和家人在一起，9 点上床睡觉。这种严格的作息制度是他军人气质的体现，也是他坚持的重要原则。

对于投资者而言，你可以不必像格罗斯那么严格地作息，但是在选购债券基金时你应当考虑以下因素：

1. 基金的规模

基金规模是你投资的保证，如果确认该基金至少有十亿至二十亿的规模，那么你可以相信基金有足够的吸引力，不至于将来赎不回来。在研究基金费用时要注意，新发行的债券基金很可能会避免提及某些早期的开办费，以便降低成本增加竞争力。

2. 基金的年龄

一般而言，新基金的风险比老基金高，因为新的构想通常未经考验，而未经考验的构想会形成投资人所不愿承担的风险。市场上有许多不错的基金公司，它们提供许多可供挑选的基金，我们为什么不选择那些过去具有良好记录的基金呢？

3. 基金经理人

经理人的作用自不待言，由一个普通的经理人来管理你的债券基金，和由比尔·格罗斯来管理你的基金，你会选择哪一个？毫无疑问，是比尔·格罗斯。基金经理人就是你的财富之门，优秀的基金经理人会为你带来好的收益。你应该寻找一位在债券市场中久经考验的老手，来管理自己的债券基金，注意是管理债券基金的好手而不是管理股票基金的好手。

※ 小贴士　错误印象A，B

错误印象A：债券基金都一样

就像债券要分为很多类型一样，债券基金也是分为多种类型的，每个类型有其自己的特点。按所投资的债券种类不同，债券基金可分为以下四种：一是政府公债基金，主要投资于国库券等由政府发行的债券；二是市政债券基金，主要投资于地方政府发行的公债；三是公司债券基金，主要投资于各公司发行的债券；四是国际债券基金，主要投资于国际市场上发行的各种债券。依据期限长短，债券基金可分为短期、中期和长期债券基金。根据这两种分类，债券又被细分为九种类型，如短期政府公债、短期公司债等。这并不是说你所投资的就是其中的某一个类型，而是基金经理人常常利用不同的债券组合来调整整体报酬率，对此你要有所了解，不要以为各个债券基金的构成都是一样的，收益也差不多，有的差别可能很大。

错误印象B：债券基金是安全的投资

债券是安全的投资吗？任何人都难以肯定地回答，因为它还不得不面临通货膨胀的问题。债券基金自然也是一样的，正如我们前面所说的，债券基金也可能会赔本。除了利率风险之外，另一项非常重要的影响因素是债券基金最近几年开始采用衍生性金融商品。所谓衍生性金融商品是指从股票或债券等传统投资工具所衍生出来的新投资工具或债券。它的一个典型范例就是以无息公债取代有息公债。衍生性金融商品的优点也是缺点，它们增加了获利也增加了风险。和所有媒体报道相反的是，衍生性金融商品并非一无是处。目前其所面临的最大问题是，投资人并不了解其性质，更具体地说，不知其由何物衍生。结果，有些投资人把钱投入了比他们想象的还要危险的证券中。假如你真正了解衍生性金融商品，它们对你的投资组合会产生正面的效用。关键是你是否了解它，要了解它的前提是破除债券基金是安全投资的错误印象。

高位巧买债券基金

投资者投资处于高位运行中的股市是一种冒险行为，你不知道上证的指数能涨到多少，也很难确定它在哪个位置会迎来下一次的低谷，那么在这时是否适合投资于相对安全的债券基金呢？

答案是可以的，但是也要巧妙投资，谨慎投资。股市处于高位运行当中，债券型基金年均收益率会较高。债券型基金的年净值增长率会大幅超过其业绩比较基准。这种普遍盈利的情况是与股市的飙升有联系的。在目前的普通债券基金中，有一部分资产是投资于股票市场的。有的债券还参与新股申购。另外，债券基金获得高回报还与其可转换债券的比例有关。但可转债的波动性和风险都较国债、金融债等中长期债券大很多，这也符合高风险高收益的原则，股市在高位运行时，债券基金可以取得更高的收益，但是相应地风险也增大了，不过相对于股票基金还是很低的。

总体而言，当股市高涨时，债券基金的收益还是稳定在平均水平上，相对于股票基金收益较低。当股市低迷时，债券基金的收益仍然很稳定，不受市场波动的影响。因为债券基金投资的产品收益都很稳定，相应的基金收益也很稳定，当然这也决定了其收益受制于债券的利率不会太高。而当债券市场出现波动时，就会有亏损的风险。当债券市场出现大幅下跌时，无论是纯债型基金还是偏债型基金，均会在债市投资操作上陷入被动，部分债券基金甚至会出现亏损。

在高位时债券基金面对的主要风险还是来自于加息。当利率上升时，债券价格就会下降。债券的期限越长，利息率越低，这种影响越明显。在加息周期没有结束的情况下，债券基金都要应对这一风险。但多数基金对加息都有防范，加息也导致央票等短期投资工具的利率上升。此外，债券基金还需应对信用风险，这是投资者投资于公司债必须考虑的。

风险的存在是必然的，而在高位时可能利率上行的机率更大些，但是基金经理可以通过其他手段削弱这一风险。例如在 2001 年中期，美联储六次降息后，市场断定不大可能进一步削减利率，可是格罗斯却打赌相反。而当连续几个月五次降息总计下降两个百分点时，他干得太漂亮了，促使一位晨星的分析师写道："他在长时间里对利率打赌赚钱的能力处处让人惊叹不已。"所以，在高位下也不是不可能降息，只不过需要一些时间。在目前的情况下，投资者要买入债券基金可以参考以下方法：

①目前市场上的普通债券基金还是比较少的，可利用评价机构的数据进行分析。在充分分析的基础上再买入安全性要高得多，也不排除你买入基金的经理人有着和格罗斯一样的独到眼光。

②避开或者降低持有纯债基金，这一方面是加息周期的影响，另一方面，现有债券基金的相对高收益来源于股票投资、打新股和可转债三方面投资。

③选择股票和可转债投资能力强的债券基金，这些基金可能带来较高的收益，同时注意该基金的风险控制水平。这主要考察基金过往业绩及其波动性。

※ 小贴士　高位也要慎选债券基金

高位巧买债券基金也可以达到增收的目的，但是在高位时毕竟风险有一定程度的增加，所以投资者在这时需要慎重选择比较安全的债券基金。

目前的高位之所以要慎选基金，首先是因为我国的经济正处于恢复性增长期，经济增长期不宜多买债券基金。而消费价格指数更是一涨再涨，通货膨胀成为不得不考虑的一个问题。经济景气状况封住了利率下调的空间，也就封住了债券等固定收益工具因降息而升值的可能。相反，一旦利率上调，债券资产将会缩水。另外，即使是良性的通货膨胀也会消蚀债券资产的实际价值，使其名义上的"安全性"大打折扣。在这样的宏观背景下，股票类的资产无疑有许多优势：不仅可以有效地抗衡通货膨胀起到保值的作用，而且可以分享国民经济增长，赚取更多的红利和价差，这也是股市持续大火的原因。

其次，在股市上升期不宜多买债券基金。由于全球范围内普遍存在股市和债市间的"跷跷板效应"，即股市和债市间的冷热交替现象，我国投资者极有可能会把资金不断抽离债券市场，转而投入股票市场，这将导致股票价格的上升和债券及债券基金净值的下跌。

最后，相对较高的费用可能会套牢投资者。开放式债券基金进行收益率测算时往往不扣除申购、管理、赎回等各项费用。而这些费用相对于直接进行债券、股票和封闭式基金投资而言是很高的，有可能会"套"住一部分投资者。特别是对于一些喜好"跟风"的投资者来说，如果短期内发现其他市场上有套利机会而想赎回资金，这时成本往往超出原来估计，所以在投资时要相当谨慎。

第十章　吉姆·罗杰斯教你如何规避基金风险

★大师传奇

　　吉姆·罗杰斯（Jim Rogers）也是一位国际著名的投资大师，20世纪七八十年代他与金融大鳄索罗斯创立的令人闻之色变的量子基金，一举成名。但就在这时年仅37岁的他宣布退出，开始了自己的环球旅行和教授生涯。1998年，罗杰斯创立了罗杰斯国际商品指数（RICI），预言在新的牛市投资商品市场将会有更好的收获，他的所有行动都充满了传奇色彩。

　　1942年，吉姆·罗杰斯出生于美国亚拉巴马州。在罗杰斯6岁的时候，他向爸爸借了100美元买了个烘花生的设备，5年后，他不仅归还了当初借来的"启动资金"100美元，还获得了100美元的利润。罗杰斯从小就展示了自己投资家的潜力。

　　从耶鲁和牛津毕业后，罗杰斯和索罗斯共同创立了量子基金。在1970至1980年的十年里，量子基金的复合收益高达37%，超过了同期巴菲特的29%和彼得·林奇的30%。1980年罗杰斯和索罗斯分道扬镳后，开始分批买入当时的西德股票，1985年与1986年分批售出，获得3倍利润。当时的实际情况是，从1961年到1982年8月，西德市从来没有出现过多头市场，完全无视这21年来西德经济的持续蓬勃发展。因此，罗杰斯认为，西德股市已经具备介入的价值，如果投资西德股市的话，可以确保不会亏损。在确认总体具备投资价值以后，罗杰斯也看到了当时的西德股市腾飞的契机——西德大选。结果，在基督教民主党赢得大选的当天，西德股市就告大涨，罗杰斯取得了巨大成功。

1984 年，当外界极少关注、极少了解的奥地利股市暴跌到 1961 年的一半时，罗杰斯亲往奥地利实地考察。经过缜密的调查研究后，他认定机会到来，于是大量购买了奥地利企业的股票、债券。第二年，奥地利股市起死回生，奥地利股市指数在暴涨中上升了 145%，罗杰斯大有所获，因此美名远播，人敬称为"奥地利股市之父"。

罗杰斯曾经两次环游世界，第一次在 1990 年，骑着摩托车，去了 50 多个国家，花了近 2 年时间；第二次是 1999 年，开着奔驰旅行车，历时 3 年，途经 116 个国家，从冰岛出发经过欧洲、日本、中国、俄罗斯、非洲、南极、澳大利亚、南美洲然后回到美国，旅程超过 245000 千米，打破了吉尼斯世界纪录。在旅行的过程中，罗杰斯时刻关注着投资机会。1991 年，罗杰斯环球旅行至博茨瓦纳时，发现那里的货币不仅可以自由兑换，还是硬通货，同时，博茨瓦纳的贸易为顺差，政府预算也是顺差，外汇储备丰富，即使 3 年停止出口，还能照样保持当前的汇率。另外，政府正在培育股票市场，通过股票市场来融资，开放市场，引进外资。促使罗杰斯投资于此的第三个原因是博茨瓦纳紧邻南非，而南非正在飞速发展，南非又是博茨瓦纳最大的贸易伙伴，博茨瓦纳社会环境安全稳定，没有南非的政治、经济和社会危机，又可获得南非全部的发展潜力，在这里投资几乎没有风险，于是罗杰斯买进了当时所有的 7 只股票，后来果然如他所料。

1998 年，罗杰斯创立了罗杰斯国际商品指数（RICI）。吉姆·罗杰斯在商品市场像一头公牛，他到世界各地去和别人谈从 1999 年开始的牛市格局。到 2003 年 11 月该指数已达 117.46% 的升幅，超过同期主要指数，成为当时增长最快的商品指数。

买基金也要有风险防范意识

只要是投资，就会有风险，即使是国债，也有国破家亡不认账的风险，基金作为投资证券市场的一种产品，当然也不例外。所以，投资大师吉姆·罗杰斯给我们的忠告是，"绝不赔钱，做自己熟悉的事，等到发现大好机会才投钱下去。"这种对风险的防范意识贯穿他的整个投资生涯，他说："除非你真的了解自己在干什么，否则什么也别做。假如你在两年内靠投资赚了50％的利润，然而在第三年却亏了50％，那么，你还不如把资金投入国债市场。你应该耐心等待好时机，赚了钱获利了结，然后等待下一次机会。如此，你才可以战胜别人。"时刻都要小心风险风暴的来袭，就像每年都要警惕飓风一样，因为只要你身处沿海的地方，这就不可避免。

投资者在购买基金的时候一定要有防范风险的意识，不能盲目地跟随别人去投资，只看到了可以收益的一面，而没有看到风险的一面。尤其是在股市整体走牛的时候，开放式基金投资收益直线上升。激动人心的分红浪潮，不断放大的赚钱效应，使得银行门口大排长龙买基金早已让人见怪不怪了。在短短数月间迅速激增大量新基民，都是冲着基金所获得的巨大收益加入"买基"阵容的。他们中的绝大多数其实并不了解基金。在他们看来，买了基金就等于赚钱，基金就是个发财的工具，却根本没有考虑过基金作为一种投资理财产品也是存在风险的。

基金的确可以作为普通大众主要的投资理财工具，但投资基金决不等于一夜暴富。基金投资从来没有只赚不赔的，有获得高收益的可能，同样也有损失本金的可能。高收益高风险，风险和收益永远是成正比的，基金也不例外。例如，有的投资人甚至不惜抵押房产申购基金，这是很不明智的行为。一旦市场出现较大的波动，是相当危险的，这与罗杰斯提倡的绝不赔钱法是完全相背离的。

有投资就有风险，这是一条无可逆转的规律。投资共同基金因为有专业人士操作，这些专业人士拥有专业知识和技术手段，具有经验，能够进行理性操作，同时，投资基金管理机构内部具有一系列规章制度，可以比较有效地规范内部操作。另外，国家对证券投资基金有一系列法规，对基金的发行、上市、托管、管理、收益分配以及投资比例等都有比较具体的规定，这在法律上有效地保障了投资者的利益，防止出现风险。这在一定程度上降低了投资基金的风险，但并不表明没有风险，比如，市场风险、利率风险、财务风险等易受外界影响的因素，则是难以回避的。具体来说，基金的投资风险主要有以下几类：

1.投资者错误认识的风险

由于投资者的错误认识可能会给基金投资带来莫大的风险，这些错误的认识主要有：

（1）把基金投资当储蓄

很多投资者把原来养老防病的预防性储蓄存款或购买国债的钱全部用来购买基金，甚至从银行贷款买基金，误以为基金就是高收益的储蓄。这是一种完全错误的认识，基金是一种投资，相对于银行存款来说可能会取得较高的收益，抑制通货膨胀给投资者带来的损失，但是如果操作不当，或受市场因素影响基金也可能受损出现负收益，这时的投资基金就不如银行储蓄收入了。所以，基金是一种有风险的证券投资，与几乎零风险的储蓄（只有通货膨胀和银行倒闭的风险）完全不同。

（2）高估基金投资收益

当股市持续上涨时，基金平均收益率可达到100%，其中不少股票型基金的回报率超过200%，这使得有的投资者将基金看作包赚不赔、高收益的投资方向。其实，正常情况下基金的收益远没有这么高，只可能比存款利率高一些，但不会太多，而且还要承担亏本的风险。

（3）偏好买净值低的基金

很多投资者认为基金净值高就是价格贵，上涨空间小，偏好买净值低的便宜基金，甚至有些投资者非 1 元基金不买。事实上，基金净值的含义与股票价格不同，基金净值代表相应时点上基金资产的总市值扣除负债后的余额，反映了单位基金资产的真实价值。投资基金收益的高低与买入时基金净值的高低并无直接关系，真正决定投资者收益的是其持有期间基金的净值增长率，而净值增长率主要是由市场情况及基金管理人的投资管理能力所决定的。

（4）用炒股票的方式炒基金

很多投资者把基金当股票一样操作，采用"低买高卖"的方式获取短期收益，结果不仅获利不大，还因为频繁的申购赎回影响了基金的投资运作和业绩。其实基金投资是一个长期的渐进过程，基金的净值会随着市场的波动而波动，它的投资收益不可能一步到位，投资者应树立长期投资的习惯和理念。

2. 基金收益的风险

基金收益的风险主要来自于以下四个方面：

（1）市场的系统风险

古语说：谋事在人，成事在天。投资者购买基金，相对于购买股票而言，由于能有效地分散投资和利用专家优势，可能对控制风险有利，但其收益风险依然存在。分散投资虽能在一定程度上消除来自于个别公司的非系统风险，但市场的系统风险却无法消除。

（2）基金管理公司的风险

基金管理者相对于其他普通投资者而言，在风险管理方面确实有某些优势，如基金能较好地认识风险的性质、来源和种类，能较准确地度量风险并能够按照自己的投资目标和风险承受能力构造有效的证券组合，在市场变动的情况下，能及时地对投资组合进行更新，从而将基金资产风险控制在预定的范围内。但是，基金管理人由于在知识水平、管理经验、信息渠道和处理技巧等方面存在差异，其管理能力也有所不同，在同样的市场条件下不同基金公司运作的基金可能收益会相差很大，因此，选不好基金公司投资者也难以获得满意的收益。而且，基金公司也可能存在问题，也会发生一些道德风险，如与一些庄家或托管机构合谋等。

（3）基金份额不稳定的风险

基金按照募集资金的规模，制订相应的投资计划，并制定一定的中长期投资目标。其前提是基金份额能够保持相应的稳定。当基金管理人管理和运作的基金发生巨额赎回，足以影响基金的流动性时，就迫使基金管理人做出降低股票仓位的决定，从而被动地调整投资组合，影响既定的投资计划，使基金投资者的收益受到影响。

（4）上市基金的价格波动风险

目前在交易所上市的基金品种有封闭式基金、LOF、ETF等，这些基金除具有普通证券投资基金的固有投资风险外，投资者通过场内交易基金还可能因为市场供求关系的影响而面临交易价格大幅波动的风险。尤其在二级市场上进行交易时，如果由于各种原因选错时点也可能要因此而蒙受不少损失。

相信每个投资者都像罗杰斯一样，并"不是一个喜欢冒险的人"，对于来自各方面的风险都厌恶至极。但是风险是无法回避的，你所能做的就是在买基金之前建立起风险防范意识，多做功课，将风险降到最低限度。罗杰斯说"成功投资者的方法，通常是什么也不做，一直到看到钱放在那里，才走过去把钱捡起来。所以除非东西便宜、除非看到好转的迹象，否则不买进。当然买进的机会很少，一生中不会有多少次看到钱放在那里"。要捡到这样的钱，投资者需要先做防范风险的功课。

※ 小贴士　基金的短期风险

基金的风险是客观存在的，可以尽量降低但却不可能逃避。比如操作风险、认购风险，频繁操作是投资大忌，也是投资者实际承担最多的风险。基金其实忌讳追涨杀跌，因为没有一组股票会一直涨下去，也没有一组股票会一直跌下去。而且，基金是长期投资工具，投资期限越长，其风险就越低。换句话说，就是基金的短期风险要比长期风险大得多，这些短期的风险主要来自：

1. 非实时风险

基金是以日为单位出净值并且进行交易的，而股票是实时行情，这就导致基金的短期风险有时比股票的风险还大。对于股民来说，看见趋势不对可以止损止盈离场，可是基金呢？你没法即时离场，即使选择赎回，也要面对当日下午的损失。

2. 未知价风险

高抛低进是大家都知道的道理，越是短期投资，越要注重这一点。可是基金与股票不一样，它是未知价成交的，大盘在震荡行情中进场出现震幅100多点的震荡，可能你看到下跌了，选择买进，结果收盘却是大涨，反之亦然。当然，网上交易的投资者可能好一点，可以在 14∶50 前后操作，可是那样网络又会很堵，可能进场不成功。相对网络交易的投资者来说，柜台交易的更多，所以未知风险对短期操作非常不利。

3. 流动性风险

能够像巴菲特、罗杰斯那样预测股市的人毕竟是少数。经常看到有朋友希望一个月有 10% 的收益，那是不现实的。基金流动性很差，一方面是因为 T+N（不同的基金，不同的基金公司所需时间不一样）赎回，另一方面就是短期投资很容易被套，而解套需要更多的时间，流动性风险进一步增加，如果遇到大跳水带来的巨额赎回，即使止损也不能成交。

开放式基金风险的种类

在谈到投资体会时，罗杰斯说"一个重要的体会就是不要听同行的话。自己研究，自己投资，收获会更大，要在自己看好的公司投资，而不是他人看好的领域。投资银行和基金的研究报告都不可信，相信他们会让你输掉一切"。所以，他总是带着风险意识去做功课，他同时也建议所有的投资者都要做"功课"。那么投资者应当做些什么"功课"呢？

目前市场上最多的就是开放式基金，大多数人所投资的也是开放式基金，所以防范基金的风险，首先要防范开放式基金的风险。开放式基金的风险主要有以下几个方面：

1. 市场风险

开放式基金首先要面对的就是市场风险，所谓市场风险，是指因证券市场价格受到经济因素、政治因素、投资心理和交易制度等各种因素的影响，导致基金收益水平变化，产生风险。主要包括：

①政策风险。货币政策、财政政策、产业政策等国家政策的变化对证券市场产生一定的影响，导致市场价格波动，影响基金收益而产生风险。

②经济周期风险。证券市场是国民经济的"晴雨表"，而经济运行具有周期性的特点。随着经济运行的周期性变化，证券市场的收益水平也呈周期性变化。基金投资于国债与上市公司的股票，收益水平也会随之变化，从而产生风险。

③利率风险。金融市场利率的波动会导致证券市场价格和收益率的变动。利率直接影响国债的价格和收益率，影响企业的融资成本和利润。基金投资于国债和股票，其收益水平会受到利率变化的影响。

④上市公司经营风险。上市公司的经营好坏受多种因素影响，如管理能力、财务状况、市场前景、行业竞争、人员素质等，这些都会导致企业的盈利发生变化。如果基金所投资的上市公司经营不善，其股票价格可能下跌，或者能够用于分配的利润减少，使基金收益下降。虽然基金可以通过投资多元化来分散这种非系统性风险，但不能完全规避。

⑤购买力风险。如果发生通货膨胀，基金投资于证券所获得的收益可能会被通货膨胀抵消，从而影响基金资产的保值增值。只有在基金的收益率大于通货膨胀的幅度时，基金投资才算是成功的投资。

⑥行政干预风险。

⑦道德风险。

2. 信用风险

信用风险是指基金在交易过程中发生交收违约，或者基金所投资债券之发行人出现违约、拒绝支付到期本息，导致基金资产损失。

3. 流动性风险

任何一种投资工具都存在流动性风险，亦即投资人在需要卖出时面临的变现困难和不能在适当价格上变现的风险。相比股票和封闭式基金，开放式基金的流动性风险有所不同。由于基金管理人在正常情况下必须以基金资产净值为基准承担赎回义务，投资人不存在由于在适当价位找不到买家的流动性风险。但任何一种投资工具都存在流动性风险，若出现大量投资者要求将基金单位赎回，基金管理人在一天内难以将手上股票或债券以合理价位卖出，那么投资者的赎回申请只好顺延，并承担顺延赎回后基金单位净值可能下跌的风险。

按照《开放式证券投资基金试点办法》的规定，巨额赎回是指基金单个交易日的净赎回申请超过基金总份额的 10%。巨额赎回发生时，基金管理人在当日接受赎回比例不低于基金总份额 10%的前提下，可以对其余赎回申请延期办理。对于当日的赎回申请，应按单个账户赎回申请量占赎回总量的比例确定当日受理的赎回份额。基金连续发生巨额赎回时，基金管理人可按照基金契约及招募说明书的规定，暂停接受赎回申请。上述情况一旦发生，投资者需要承担不能及时收回投资的流动性风险。

4. 机构运作风险

开放式基金由多个机构提供各种服务，这些机构的运作存在诸多风险，主要包括：

①系统运作风险。系统运作风险是指基金管理人、基金托管人、注册登记机构或代销机构等当事人的运行系统出现问题时，给投资者带来损失的风险。

②管理风险。管理风险是指基金运作各当事人的管理水平对投资人带来的风险。例如，基金管理人的管理能力决定基金的收益状况、注册登记机构的运作水平直接影响基金申购赎回效率等。

③经营风险。经营风险是指基金运作各当事人因不能履行义务，如经营不善、亏损或破产等给基金投资人带来的资产损失风险。

5. 其他风险

①合规性风险。合规性风险是指基金管理或运作过程中，违反国家法律、法规的规定，或者基金投资违反法规及基金契约有关规定的风险。

②因技术因素而产生的风险，如电脑系统不可靠产生的风险。

③因基金业务快速发展而在制度建设、人员配备、内控制度建立等方面不完善而产生的风险。

④因人为因素而产生的风险，如内幕交易、欺诈行为等产生的风险。

⑤对主要业务人员如基金经理的依赖而产生的风险。

⑥因业务竞争压力而产生的风险。

⑦战争、自然灾害等不可抗力可能导致基金资产的损失，影响基金收益水平，从而带来风险。例如美国纽约"9·11"恐怖事件的冲击。

※ 小贴士　如何应对开放式基金风险

对基金投资者而言，将资金交由基金管理公司管理运作，并不能完全消除证券市场的系统性风险，但是一般来讲，通过基金管理公司的专业理财有可能规避和降低系统风险，从而给投资者带来较高的回报，这是基金管理公司得以生存和发展的基础。面对开放式基金各种各样的风险威胁，投资者应当多做"功课"，理性应对。

1. 合理利用避险工具及政策降低系统性风险

中国证券市场投资品种较少，缺乏避险工具，系统性风险大，非系统性风险小。在成熟的资本市场上，回避股市系统风险的避险品种是股票和债券的期货及期权等衍生工具的交易。而目前我国尚未开办股票期货交易和指数期货等金融衍生工具以控制风险水平，但预计不久的将来在时机成熟时必然推出。开放式基金既要合理利用此类金融衍生工具以控系统性风险水平，又要充分利用国家对开放式基金进行扶持的各项政策，如巨额赎回发生时的处理方法，银行间同业市场进行融资等手段。

2. 组合投资降低市场风险

投资组合可以在一定程度上降低市场风险，投资者可以根据投资组合的风险程度和可接受风险程度的变化对投资组合不断进行调整。

3. 基金管理公司的内部风险控制

基金管理公司内部风险控制是其日常管理工作的重点，究其原因，在于证券市场的行情是起伏波动的，基金管理公司在日常管理中很难绝对消除内部风险问题。其进行内部风险控制的目的，就是建立健全内部控制体系，使内部风险控制在最低或者可承受的范围之内，从而保证公司管理和基金运作正常高效地进行。具体的方法有许多，如加强对违规行为的监察与控制，包括对操纵市场的实时防范、股票投资限制表、员工行为的监察等。加强公司内部管理，加强部门之间的合作与制衡，履行完善的报告制度，发现风险及时向公司的上级部门报告。

4. 规避开放式基金流动性风险

规避流动性风险对于开放式基金而言尤为重要，如果开放式基金规避流动性风险而大量持有国债和现金，基金收益率难有提高；如果要取得高于市场平均收益的业绩，就必须扩大股票组合范围和持股比例，其结果又难以避免系统风险。不过可以尝试以下的方法：

①适当的资产结构与资金来源结构是规避开放式基金流动性风险的重要条件。

②建立大宗交易和程序化交易机制，降低交易成本。

③在持股结构上重视对指数型基金公司股票的持有比例，这一方面是平准风险的要求，另一方面也是出于流动性和盈利性的考虑。

封闭式基金的风险

和开放式基金一样，投资封闭式基金同样会有不少风险，除了具有和开放式基金一样的风险外，封闭式基金还具有自己独特的风险，无论是哪种投资者都应当对其有详细的了解。

1. 基金管理费用过高

目前我国基金管理费率平均 1.5%，这样算下来，30 亿基金会产生 4500 万元费用，另外还要加上一定的"业绩报酬"。这样"旱涝保收"的稳定收入，对于基金经理人来说，自然是块大肥肉；对于投资者来说，却是巨大的负担。更为严重的是，在中国资本市场特定的环境下，固定比例收费法更容易导致基金管理人的利益与基金投资者相背离。在固定费率制下，相对于努力提高基金净值以增加管理费而言，基金管理人更热衷于保持基金规模。基金管理人收入的根本在于规模，只要保持基金份额不被赎回，就可以旱涝保收地坐享其成，尤其是目前出现了业绩好的基金反遭赎回的现象，导致基金管理人大都采取"不作为"的态度。

2. 管理透明度低

有的基金管理公司经过几年运作，公司的资产翻了几番，而基金本身却只有很少的同期增长率（如 10%），这中间的"猫腻"就无法解释。同样的管理者，为什么自己的资产可以翻几倍，别人委托你管理的资产却增长缓慢？是否对基金的投资者有所侵害？这主要是因为封闭式基金不存在赎回的压力（封闭期到来之前），广大的投资者又无法对管理者实施监督，所以《证券投资基金管理公司管理办法》已经做出规定，基金管理公司的资产不能进行股票投资。这可能会对这一怪象产生抑制作用，但如果信息不透明、披露不及时的情况仍存在，同类问题还会层出不穷。

3. 基金封闭期满时的兑现风险

基金如果在二级市场价格长期居高不下、基金单位资产净值高份，那么在清盘时一切真相大白，基金管理公司不可能按纸面上的单位资产净值来兑付，投资者就难免要承担损失，问题严重时，还可能导致社会问题。这是基金潜在的最大风险。不过，现在也有很多基金实施封转开，在基金到期之前转为开放式基金，这也是一种新的发展方向。

4. 流动性风险

开放式基金和封闭式基金都有流动性风险，但是封闭式基金的风险更大一些。开放式基金流动性更好，可以自由赎回，因此投资者更愿意持有或购买。而封闭式基金往往出现折价交易，并且份额大的基金往往比份额小的基金折价率低，而年限短的封闭式基金要比年限长的基金折价率低，也是这个原因。

5. 道德风险

所谓道德风险，就是指投资者由于信息不对称无法对基金公司的投资行为进行监督，造成基金公司投资风险过大。如果投资者和基金公司利益驱动不一致以及监管方不利，投资者不倾向于购买或是持有，造成需求减少，必定造成封闭式基金贴水交易。开放式基金可以随时赎回和申购，而基金公司主要靠资产的抽头来盈利，如果基金的操作被投资者认为有损他们的利益，则基金公司会面临大量赎回的压力，致使他们的利润严重损失，所以开放式基金的雇主和代理人利益趋于一致，可以较有效地规避道德风险（当然，这不是完全的，例如现在被传得很火的"老鼠仓"）。而封闭式基金一旦成立，除了使基金市值增值外，无法通过申购和赎回改变其规模，封闭式基金就没有那么大的利益驱动而为投资者谋利，而投资者又无法通过申购和赎回对基金公司进行有效监管，这样就导致了道德风险的产生。

※ 小贴士　折价交易

封闭式基金存在折价交易的现象，当封闭式基金在二级市场上的交易价格低于实际净值时，这种情况称为"折价"。折价率＝（单位份额净值－单位市价）÷单位份额净值。据此公式，折价率大于0（即净值大于市价）时为折价，折价率小于0（即净值小于市价）时为溢价。

例如，某封闭式基金市价0.8元，净值是1.20元，我们就说它的折价率是：

$$（0.8-1.20）÷1.20=-33.33\%$$

除了投资目标和管理水平外，折价率是评估封闭式基金的一个重要因素。国外解决封闭式基金大幅折价的方法有：封闭转开放、基金提前清算、基金要约收购、基金单位回购、基金管理分配等。目前我国很多封闭式基金的折价率都维持在20%~30%。

折价既是一种风险，也是一种投资机遇，如果一个基金折价率40%，这等于说投资者可以花0.6元买到价值1元的东西，假如这1元的价值能在最后得到体现，则相当于投资收益率为66.7%。因此，很多封闭式基金投资者看重的正是它的这种高折价。不过，折价率是动态的，封闭式基金的折价每天都在发生变化，折价带来的投资机会也是变动的。投资者投资时需要谨慎，因为万一最后基金的净值得不到兑现，损失也会很大。

组合投资基金的风险防范

吉姆·罗杰斯在他37岁的时候就已经成为亿万富翁，可以从量子基金全身而退，去做自己喜欢的环球旅行——这也是他的梦想。他在量子基金的工作也要承担很大的风险，对于风险，罗杰斯认为有必要通过组合投资来防范，不仅要建立投资组合，还要建好这个投资组合，把投资同时放在几只安全的篮子里，"谁说掉下来的只是一个篮子呢？"

通俗地讲，构建投资组合就是"不把所有鸡蛋搁在同一个篮子里"。其实每一只基金本身就是一个投资组合，基金不会把资金全部投到一只股票或债券上，已经分散了单只股票或债券的投资风险，但是许多基金都投资到了特定行业或特定概念的股票上，这些特定行业或特定概念的股票共有的不可化解的系统性风险对于其他行业或概念而言又是可以化解的非系统性风险，共性和个性都只是相对而言。除了投资品本身的风险之外，基金经理的决策风险和道德风险，基金公司的经营风险和财务风险，都是单只基金无法回避和分散的风险。而通过构建基金组合这些风险可以得到进一步分散。

其实构建基金组合不仅能够分散产品的风险，还能分散时机的风险。优秀的基金也未必任何时候投资都是恰当的，根据股市行情追加可以将资金加到最合适的基金上，这样可以改变原有组合的比例关系，在一定程度上间接化解了投资时机把握不好带来的风险。如果把基金组合看成一支足球队，股票基金显然是富于进攻性的前锋，货币基金和债券基金俨然是善于防守的后卫，那么混合基金就可看成是可攻可守瞻前顾后的中锋。牛市时当然要增加股票基金的比例，熊市时就要增加货币基金和债券基金这些防守力量，在行情剧烈震荡前景不明朗的情况下应该增持混合基金便于打防守反击。构建不同的基金组合就是采取不同的队形的问题，是四四二还是三五一要视具体情况而定，荷兰队式的全攻全守也是可以的。构建这样的组合，投资者首先要认清几个原则。

1. 构建基金组合的原则

（1）基金组合要与总的投资目标相匹配

基金组合的总体倾向要和投资目标相匹配，主要是从风险角度考虑。如全部投资于股票基金可能波动风险较大，那么通过部分投资于配置型基金，可以让基金经理帮助降低总体风险。基金组合是为了更好地实现投资目标，而不是对原有目标进行改变，这一点要先明确。

（2）投资组合要有多样化的风格

投资组合中的基金应该有多样化的风格特征，如果基金风格高度一致，那么组合很难达到应有的效果。

（3）分散化原则

分散化原则就是不要把所有鸡蛋放在同一个篮子里，不把全部希望寄托在一只或一类基金上。建立基金组合的目的和股票组合是类似的，但因为基金之间的差异不像股票那么大，所以基金组合中基金的数量无须太多。通常情况下，基金组合内数量为3~5只即可。过多地分散投资，不仅不会更好地达到组合投资的目的，还可能会降低组合的有效性，并且增加交易成本。

按照这些原则，投资者可以构建适合自己的原则。

2. 不同基金组合的作用

通常基金组合可以分为不同的类型，不同的类型在风险防范中的作用也各不相同。

（1）型配置组合

类型配置组合是指通过投资于不同类型的基金来平衡投资风险。例如，股票型基金＋偏债型基金，类型配置的目的是降低基金组合风险。

（2）核心－卫星组合

核心－卫星组合是指组合的主要部分选择业绩和风格波动较小的基金，在组合的次要部分选择一些业绩表现较好的基金，例如，指数基金＋灵活配置基金。核心－卫星组合总体评价可以是"中庸型"组合，即表现有可能达到或同类型平均水平。

（3）风格平衡组合

所谓风格平衡组合，是指把基金按照风格进行分类，在主要的基金风格类型中挑选优胜者建立平衡配置的组合。例如，大盘基金＋小盘基金组合，成长基金＋价值基金组合，等等。

（4）灵活调整组合

灵活调整组合是指根据对基金业绩表现的综合判断，在各个风格类型之间进行倾向性配置，从而取得明显超越平均水平的风险—收益特性。灵活调整组合操作难度较高，但预期收益率也较高。

3. 核心－卫星组合的构建方法

以上四种组合在风险防范上各有优劣，其执行方式也有一定差别，通常较为适合大众投资者使用的是核心－卫星组合。构建这种组合的方法如下：

首先，投资者要根据自己的风险承受力确定一个明确的投资目标，然后选择3~4只业绩稳定的基金，构成核心组合，这是决定整个基金组合长期表现的主要因素。在确定核心组合时，应尽量遵循简单明了的原则，首先要注重基金业绩表现的长期稳定性而不是短期的突出表现。通常而言，那些屡获大奖、口碑很好、费率合理、基金经理任职期限较长、投资策略清晰和易于理解、平均回报率较高的基金，应当成为组合的首选。

除核心组合外，投资者还需要买进一些行业基金、新兴市场基金以及大量投资于某类股票或行业的基金，以实现投资多元化并增加整个基金组合的收益。小盘基金也适合进入非核心组合，因为其比大盘基金波动性大。

在构建组合时有一个重要原则，即基金的分散度远比基金数量更重要。如果投资者持有的基金都是成长型或是集中投资于某一行业，即使基金数目再多，也没有达到分散风险的目的。相反，一只覆盖整个股票市场的指数基金可能比多只基金构成的组合更能分散风险。

基金组合构建完成之后并不是一成不变的，投资者需要及时调整才能满足既定的预期收益和风险程度的要求，才能达到进一步分散风险提高收益的目的，但是调整也不宜过于频繁，至少组合的核心部分应该持有一年以上。如果选择的基金没有出现重大的变化或业绩严重下滑，就应较长时期持有。

4. 构建基金组合的误区

投资者在组建投资组合的过程中应当注意避免陷入以下误区：

（1）基金风格过于单一

在构建基金组合过程中经常出现的一个问题就是，组合中的基金风格趋于单一，即使投资者已经很努力也无法避免持有一种风格的基金过多而使组合显得臃肿。为了避免自己的基金组合风格发生悄然变化，你可以运用基金评级工具时时追踪基金的投资风格、行业分布状况。如果发现基金组合偏重于某种风格，投资者应考虑筛选基金使投资风格回到平衡状态。

（2）将债券基金视为安全箱

有些投资者认为债券基金可以带来更稳健的回报，所以就在投资组合中加入了不少债券基金以降低风险。债券基金的风险虽小，但并不是零风险，一些业绩表现尚佳的债券型基金，持有债券资产久期较长或所投资的债券信用等级较低，这都会增加债券基金的潜在风险。久期和信用素质是投资债券基金的两个基本要素。久期越长，债券基金的资产净值对利息的变动越敏感；如果加息，其面临的风险则要大于久期短的基金。而债券基金的信用素质取决于所投资债券的信用等级。投资人可以通过以下途径来了解：基金招募说明书对所投资债券信用等级的限制，基金投资组合报告中对持有债券信用等级的描述。

（3）忽略投资成本

基金投资都有一定的费用成本，面对两只业绩表现相当的基金，选择费用较低的基金必定会为投资人带来较高的预期回报。但是基金的某些费用（如证券交易费）是从投资额或基金资产中扣除的，具有一定的隐蔽性。单从投资费率上，基金投资人可能不会直接关注到，因为投资者无法控制基金经理的投资操作。当一只基金发生买卖股票的行为时，交易成本已经发生，这些成本并未反映在基金的费率上，但会在基金的回报中扣除。所以，投资者应关注一段时间内基金的资产换手率和成交量等信息，较低的换手率意味着基金经理采取长期持有的投资策略，为投资人节约成本。

另外，投资者的频繁操作也会增加投资的总成本。例如，投资者追涨杀跌频繁地买卖基金，使得交易成本上升。为了避免交易过于频繁，投资者在选择基金时需要重点关注基金是否保持稳健的投资风格，管理团队的经验是否丰富，投研团队是否稳定，费用是否低廉等。

组合投资的目的是防范风险，如果投资者在操作过程中不慎陷入误区，那么基金组合的作用就会被完全抵消，所以组合投资基金可以有效防范风险，但是在操作过程中还要谨慎，构建真正适合自己的投资组合，有效降低风险。

※ 小贴士　DIY 属于个人的投资组合

衣服好不好，只有穿在自己身上才知道，再漂亮的衣服不适合自己同样是浪费。基金组合也是一样的道理，组合只有适合自己才称得上是好的组合，如果基金组合不适合自己，也就不能起到防范风险、降低收益的作用。下面我们动手构建一个属于自己的投资组合。

第一步：明确基金组合目标

无论是买单个的基金，还是建立组合，都不能没有目标，毫无目的地行走肯定是要迷路的。组合投资也有组合的目标。许多基金都有自己的个性和偏好。比如，你只买了喜欢投资大盘蓝筹股的基金，当遇到震荡行情时它的表现乏善可陈。如果你的组合比较保守，你就不能要求它有太高的收益率。如果你想有高收益，就在组合中增加股票型基金的比重，在降低风险的同时也可以让你有不错的收益。

第二步：给自己做个"体检"

没错，打造的是基金组合，先做"体检"的却是自己。

为什么投资？投资要实现什么目标？准备投入多少资金？持有时间打算多长？这些问题的答案是打造"基金宝"的重要数据。

每个人因为性格、财务等方面情况不同而具有不同的投资风险偏好，比如，一个收入颇丰的私人企业主，如果天生爱冒险，喜欢追求刺激，那么在投资方面他很可能对投资对象有着高收益的要求并且愿意承担高风险。投资者应该基于自身独特的风险偏好来构建相对应的基金组合，否则就无法顺利实现事先设定的投资目标。

例如，一位女性朋友，40多岁，手中有20万元闲散资金准备买基金，而且打算持有很多年。在这笔投资之前，她已经持有一只股票型基金，金额在5万元左右。她的增值目标就是希望能够满足每年15%。

给她的诊断结果：基于其年龄和风险承受力，最好把组合中的股票和混合型基金的比例保持在4∶6（包含原来的股票基金在内）。而且混合型基金一定是股票仓位不太高，一向表现非常稳健者，即便其净值增值的速度可能会比较缓慢。这应该是构成她基金组合的基石。

第三步：让组合适合自己

其实，建立基金组合的方法和上文所讲的核心－卫星式组合相类似就可以，不过还需要考虑个人因素而对其中的比例加以调整，尤其是处在人生的不同阶段要有不同的选择。年轻人尽量在组合中增加股票基金的比例，而老年人则可把表现稳健的混合基金和债券基金作为组合的核心资产。

第四步：不要忘了检验

就如同产品在出厂之前要进行质检一样，构建好基金以后也要进行检验。一方面考虑到实际操作的难度，尽量选择在同一交易平台上买到篮子里面的基金。因为组合里的每一类基金中，你一定会多个备选对象，如果能够在同一家银行就完成组合是最好不过了。另一方面，随着市场的发展，应该适当调整股票基金的持有比例，并以半年以上为周期检验你的组合是否依然还适合你的需要。

投资基金中的道德风险及其防范

在基金投资过程中还有一种风险也是非常重要的，那就是"道德风险"，它可以看作一种无形的人为损害或危险。它也可以定义为从事证券投资基金经济活动的人在最大限度地增进自身效用时，做出不利于他人的行为。这种道德风险主要来自于基金管理人，其根源在于基金管理人行为的信息不对称。

1. 投资基金中的道德风险

投资基金中道德风险通常表现在以下方面：

（1）操纵基金净资产值，谋图巨额管理费用

管理费用作为基金管理人的报酬，其计提数一般与基金净资产值挂钩，如我国有些基金的管理费用按净资产值的 2.5% 计提。基金公司为谋求高额管理费用，完全可以凭借其庞大的资金实力、翔实的市场信息、高超的投资技巧、操纵股价和基金净资产值。操纵净资产值的主要办法是操纵股票价格，特别是操纵基金重仓持有股票的价格。基金在交易日的最后几分钟，用不多的交易量将股价拉上去，使基金净值大幅增加（前提是基金的资产价值以收盘价计算）。比如，一只基金持有某只股票 500 万股，在收盘前的最后几分钟，用 50 万元资金将股价拉高 1 元，其净值可以增加 500 万元，所用资金与净值提升的比例为 1∶10。

（2）内幕交易

内幕交易是指内幕人员和以不正当手段获取内幕信息的其他人员违反法律、法规规定，泄露内幕信息，根据内幕信息买卖证券或向他人提出买卖证券建议的行为。

基金的内幕交易行为有三种：

①基金与上市公司之间的内幕交易。基金凭借其代理股东地位，迎合上市公司的特殊需要，如行使投票权支持上市公司管理层提出的某些议案（如有损股东利益的"毒丸"等反收购计划），以换取上市公司内幕信息，或者优先得到某些内幕信息。

②基金管理人的内幕交易。基金管理人可能利用基金交易过程中产生的内幕信息谋取私利。最典型的例子是"前置交易"（front-running，其含义相当于中文的"老鼠仓"），即基金管理人先为自己或利益相关者买入某些股票，之后再为基金买。这样的行为会使股价攀升，抬高基金的成本。在适当的时候基金管理人再将股票在高位抛出，甚至用基金的钱去高位接盘。

③基金与其特殊投资者之间的内幕交易。基金本身产生的内幕信息，如基金业绩、基金投资组合、基金重仓股等信息，在公布之前具有重要的投资价值。基金可能利用这些重要信息与其特殊关系客户做交易，从而损害其他基金投资者的利益。

（3）关联交易

基金管理公司都是以大的证券公司为主设立的，并且均为契约型封闭式基金，其基金管理人没有赎回压力，所以不能排除有的基金管理公司与其控股股东在人事、关联交易等方面存在种种利益关系。基金的关联交易主要有两种形式：一种是基金与基金管理公司控股股东之间的交易，另一种是同一基金管理公司内部各基金之间的交易。

基金与基金管理公司控股股东之间的关联交易行为包括：

①基金与基金管理公司控股股东自营盘之间的交易，通过这种交易转移利润。在基金设立初期有一种说法，基金是证券公司的第二自营盘，即指基金和基金管理公司股东证券公司之间的利益从属关系。

②基金管理公司动用基金资产为其控股股东证券公司在新股承销、增发和配股过程中提供某些支持，减轻控股股东的承销风险。

③基金管理公司将基金的交易席位分配给控股股东。正常的市场交易原则是基金管理公司租用证券公司的交易席位，证券公司为基金管理公司提供研究成果。基金管理公司分配给证券公司的交易量与证券公司为基金管理公

司提供的研究成果的质量和数量相匹配。但是，在关联交易情况下，二者之间就未必匹配。

同一基金管理公司管理的不同基金之间的交易行为，一般表现为用一只基金的盈利来填补另一只基金的亏损。这种关联交易既可以发生在同一基金管理公司所管理的不同基金之间，也可以发生在基金管理公司管理的基金与所管理的代客理财账户（比如全国社保基金的专户）之间，还可以发生在同一基金管理公司所管理的封闭式基金与开放式基金之间。

（4）基金分红侵占投资者利益

基金以现金分配净收益就不可避免地导致基金净资产减少，影响管理费用计提。可以预见，理性的基金经理人为了自己收益最大，将尽量推迟分配，有可能在允许分配截止期限前几天分配，使基金投资人应得的红利遭受时间损失。

（5）信息披露中的道德风险

基金管理人受人之托，代人理财，完全有责任和义务将基金运营中的重大事项，如基金经理人背景履历、投资决策、经营绩效等及时明晰地向基金投资人发布。然而在信息披露中也存在道德风险，它通常表现为基金管理人利用法律法规的漏洞做出对投资者误导性或遗漏性的信息公告。事实上，由于基金公布投资组合有 15 日、60 日及 90 日的时间滞后，基金可以在此期间进行持仓调整，所以，基金的信息披露可能造成信息失真，对投资者形成误导。也有的基金管理人只对股东单位负责，对中小投资者态度冷漠，信息披露敷衍了事，逃避基金投资人监管，完全违背了市场公开、公平、公正的原则，视基金财产为一己私财，愚弄基金投资人。

（6）基金运作保守，不思进取

基金管理人并不是以投资者的利益最大化为前提，而是以自身可获取管理费最大化为出发点，一旦投资实现了既得期望利润或预期市场风险将侵蚀自己所得的管理费用，便小富即安，满足既得利益。

产生道德风险的另一个原因在于基金所有权和经营权的分离。证券投资基金采用集少成多并委托专家管理的运作方式，因而投资者人数众多，不可能进行直接管理，只能通过一个法人治理结构进行管理，即为了保证基金资产能有效地运营，将资金交由专家组成的基金公司来管理，进行投资决策。这事实上就形成了一种典型的委托人—代理人关系。而道德风险产生的根源恰恰来自于证券投资基金本身在运作中形成的委托人—代理人关系，即一些人作为委托人授权另一些人作为代理人为他们的利益而从事某种活动中形成的关系。

所有者缺位强化了道德风险的存在。从理论上来讲，基金的每一个持有者都可以通过权力机构即基金持有人大会对基金行使权利。但事实上，在所有者主体，即投资人多元化、分散化的情况下，所有者缺位现象大量存在，使道德风险得不到有效的控制。所有者缺位主要有三个原因。一是理性冷漠。为了做出理性决策，投资者必须付出一定的监督成本。例如，某个股东付出的监督成本大于所获得的利益，那么他就不会积极去行使决策。二是免费搭便车。在股权分散，股东独立的情况下，每个股东特别是小股东有一种机会主义倾向，希望别人去监督，自己分享监督收益。其结果是大家相互推脱，导致无人行使监督权。三是公平问题。例如，有些股东，尤其是大股东积极行使权利，由此获取的利益则是全体股东共享。也就是说，某些股东积极行使了权利，为此付出了监督成本，而其他股东不劳而获，这显然是不公平的。公平问题实际上就是对免费搭便车的价值判断。由于以上三方面原因，使基金管理人缺乏所有者监督，从而强化了道德风险。

2. 如何应对道德风险

对于这些道德风险我们应当如何去应对呢？

（1）加强基金公司内部控制与风险管理制度

一个合格的基金管理公司应当有一套完善的、行之有效的内部控制制度，以防止损害基金持有人利益行为的发生。这种内部控制制度不仅涵盖基金投资决策程序和基金业务操作流程规范，还包括建立基金内部稽核制度等诸多方面。更为重要的是，基金管理公司在实际运作中要遵循内部控制制度的规定，使内部控制制度真正发挥作用，而不是流于形式。

（2）选择合适的基金经理

基金经理是基金的掌舵人，经理人的能力水平及道德观念直接影响基金的运作情况。基金经理人的投资理念、操盘风格应该符合契约所规定的基金的投资理念与风险，应该适合你所投资的基金的风格。另外，一只基金不应当频繁更换基金经理，更换基金经理要么是因为其管理水平有限，难以管理好基金，要么是因为基金公司的问题，留不住好的基金经理，不管是哪种情况都不利于基金的稳定，不利于基金的发展。

（3）进一步完善独立董事制度

基金管理公司的独立董事制度是指在基金管理公司的董事会中，引进一定比例的外部董事，制衡大股东的力量和监督基金管理人的行为，以保护基金持有人的利益的一种制度。作为基金管理公司治理结构的一部分，独立董事制度有其特殊之处。

基金独立董事应处理好以下三对关系：一是公司治理关系，即处理与股东之间的关系。二是管理治理关系，即处理与证券监管部门之间的关系。在管理治理关系中，独立董事类似于证券监管部门在基金中的延伸，负有一定的管理责任。三是契约治理关系，即处理与投资顾问之间的关系。基金独立董事应对基金本身负责，而不是对基金管理公司负责。独立董事不仅要执行《中华人民共和国公司法》所赋予董事的一般责任，还要承担保护基金持有人权益的特殊监督责任，即当基金运作与投资者利益相悖时，独立董事必须站在投资者一方。独立董事在维护基金持有人利益的同时，还被对基金运行的合规性履行监管责任，因此，不能仅仅把独立董事定位为其中的一个关系或两个关系，以致在个体操作设计中产生混乱。

※ 小贴士　投资人在防范道德风险中的被动处境

降低道德风险自然是每位投资者的愿望，然而在实际操作中，投资者自身在防范道德风险中处于一种被动地位，有心无力，虽然希望降低道德风险，但是他们所能做的却非常有限。

首先，由于信息不对称，使得基金投资者无法观察并证明基金管理人工作的努力程度。尽管基金管理人在基金契约中都无一例外地承诺将本着诚信原则为投资者谋取最大的利益，但在实际操作中，由于信息不对称，投资者不能观测和度量管理人的工作努力程度，也无法把握必要的信息来防范基金管理人行为，管理人就有可能出现损害投资者利益的行为，基金管理人的美好承诺也不过是一种华丽的广告词而已。

其次，基金管理人并不是无私的，他也要追求自己的利益，而基金管理人的利益和投资者的利益并不总是一致的。这也是为什么一些经理人会消极对待、不作为，因为他们的管理费与基金的回报没有太大关系。基金管理人只有在有利于自己的时候才会顾及基金投资者的利益。要将两者的目标统一起来，就必须对基金管理人进行激励和监督，使他从恪尽职守中获得最大的效用。

最后，由于不确定性的存在，基金管理人和投资者要在签约时预测到所有可能出现的状态几乎是不可能的。从这个意义上讲，基金契约是一个不完备的契约、留有漏洞的契约。而且，基金契约是一种定型化的契约，由基金发起人单方面拟定，基金投资者只是以其应募行为来承认并设定契约。因此，基金契约留下的漏洞和缺口会为管理人日后的自利行为埋下隐患。

四种投基策略应对股市震荡

股市发生震荡是一个令投资者非常头痛的问题，在这个时候很多投资者往往像迷失的羔羊一样，站在原地不知所措。继续投入害怕被套，最后一蹶不振；若此时果断退出，有的人可能什么也赚不到，进入时间短的还要赔上一些，这总会令人不甘心。有没有更好的方法可以在震荡市也赚到钱呢？

当然有的。对于不会投资的人来说，震荡就是极度的危险，而对于善于投资的人来说，震荡就是一次机会。"投资的铁律就是正确认识供求关系。"

只要把握好股市的震荡点，运用适宜的策略，适时进出，你可以和罗杰斯一样在任何震荡的环境下都是胜利者，并且一直赢下去。

投资者在震荡市可以采取以下应对策略：

1. 巧用基金转换化解震荡危机

在市场短期震荡可能加剧的情况下，稳健型投资者可在股票型基金、债券型基金之间进行灵活转换，既可有效规避市场震荡风险，又会获取超额收益。

基金转换具有交易快捷、成本较低的优势。从交易时间来看，以股票型基金为例，按照原来的交易程序，先赎回再申购，至少需要 5 个工作日；而选择基金转换则可以在当日完成，基金转换有利于投资人更为灵活地应对市场震荡。另外，通过转换业务变更基金投资品种，比正常的赎回再申购业务可以节省成本。例如，投资者购买一基金公司的债券基金，后来想换成该公司的股票基金，若是以前，他来回要支付 2% 的费用（债券基金的赎回费率 0.5%+ 股票基金的申购费率 1.5%），但由于该公司现在已经开通了基金转换，所以他最后只支付了 0.7% 的费用（股票基金的申购费率 1.5%– 债券基金的申购费率 1.0%+ 基金转换费用 0.2%）。如果在优惠期转换，他支付的费用还可以低至 0.5%。如果是同一家公司旗下的基金，转换可能还会免费，大大节约了操作成本。

2. 恒定混合策略

恒定混合策略是指保持投资组合中各类资产价值的比例固定，当不同种类的资产发生变化时，资产配置相应进行调整以使组合中各类资产占比恒定。当股市处于大幅震荡时，恒定混合策略优于买入并持有策略，并能够在买卖差价中获利。例如，当股市处于低点时，股票资产配置比例较高，因而能在股市上涨中获益较大；而当股市处于高点时，股票资产配置比例较低，因而在下跌中承担的损失也较小。

在震荡市中运用恒定混合策略，可以通过对基金和低风险资产的配置来获取股市宽幅震荡中的收益。运用这种策略时最好选用流动性好、交易成本低的基金，比如 ETF 基金就非常适合。这主要是因为：一是通过申购赎回交易的普通开放式基金申购赎回费率高昂；二是在股市大幅震荡中，折价率具有加大的趋势，所以交易成本同样较低的封闭式基金不适合使用这种策略；三是交易成本较低的 LOF 基金流动性太差的也不适合。并且 ETF 基金二级市场价格紧密跟踪净值，对于股市代表性强，适宜进行波段操作。

3. 基金定投策略

"基金定投"是定期定额申购基金的简称，类似于银行储蓄的"零存整取"的形式，即不论市场行情如何波动，投资者在每月固定的时间，以固定的金额，持续投资指定的开放式基金。"基金定投"最大的好处是，由于每次投入的金额固定，当基金净值高时，买进的份额较少；而在基金净值低时，买进的份额就较多。这样长期累积下来，投资者整体的基金成本就会低于基金净值的平均值，从而避开了震荡市中基金价格波动所带来的影响，平摊了风险，保证投资者获得长期的投资收益。例如，每个月定期将 100 元固定投资于某只基金，那么，在基金年平均收益率达到 15% 的情况下，坚持 35 年后，您所获得的投资收益绝对额就将达到 146.77 万元。

特别是对于城市中的工薪阶层而言，通过基金定投，不必担心股票市场短期的涨跌起落，需要做的就是挑选优质基金，借助基金经理团队的专业智慧与经验，以相对较低的成本积少成多地积累基金份额，从而在未来一段时间内获得一笔可观的财富，实现人生理想。不过，在选取定投基金时要注意选择适合的年限，时间太短难以起到分摊风险的作用，时间太长又难以实现自己的投资目标。通常定投的年限在 3~8 年，每位投资者可以根据实际情况以及目标来规划自己的基金定投，选择适当的期限。比如，买车买房可以选择三年或五年期，给孩子准备教育资金和养老则可以选择期限较长的八年期，以获得更多的收益。市场酝酿风险的同时也酝酿着机会，一旦规划好基金定投期限，不妨从现在就开始加入定投。

4. 长期持有策略

在牛市大趋势下的震荡市中，基金投资者可采取逢低买入、分批建仓的投资策略。当大盘处于高位时，投资者不可轻易买入，而当大盘处于低位时，投资者要敢于积极买入，逢低建仓。并且，由于牛市是长期趋势，一旦买入，可作为一种资产长期持有，等待未来的增值。长期持有才是基金投资者应该把握的"不二法则"，问题主要在于很多投资者都没有耐心，看到市场的曲线变化就忍不住频繁操作。罗杰斯说过，"投资的法则之一是袖手不管，除非真有重大事情发生。大部分投资人总喜欢进进出出，找些事情做。他们可能会说'看看我有多高明，又赚了3倍。'然后他们又去做别的事情，他们就是没有办法坐下来等待大势的自然发展。"罗杰斯对"试试手气"的说法很不以为然。"这实际上是导致投资者倾家荡产的绝路。若干在股市遭到亏损的人会说：'赔了一笔，我一定要设法把它赚回来。'越是遭遇这种情况，就越应该平心静气，等到市场有新状况发生时才采取行动。"所以，投资者在低位进入后要保持耐心，不要随便进进出出，看准机会再出手。

震荡高是震荡市的特征，也有其适宜的投资方法，投资者大可不必惊慌，运用上述策略并做好以下准备，在震荡市你同样可以和罗杰斯一样赚到钱。

1. 心理准备

股票的涨涨跌跌，基金净值的升升降降，这是震荡市中的基本现象，基金投资者应当做好心理准备，正确对待这些变化，不要为净值的一升一降而剧烈地心跳。同时，还应当充分认识到净值变动的复杂性。有基金管理人内在管理和运作水平方面的差异化，更有受政策影响或经济环境影响的外部因素。例如，提高证券市场股票交易的印花税，就是明显的例证。

2. 资金准备

在任何环境下，投资者留存部分备用资金是非常必要的。特别是在出现巨幅震荡的情况下，投资者可以利用资金补仓，从而摊薄原购买基金的成本。因此，震荡市的出现，对投资者来讲，既是危机，更是转机。危机是因为基金净值下跌造成了投资者浮盈收益的减少，而转机是因为基金净值下跌为投资者创造了购买基金的机会。一次性地把所有资金都投入购买基金是一种非常不明智的行为，这些备用金还有一部分是为未来的损失做准备的，保留一定的资本你就可以东山再起，要给自己留条退路。

3. 不盲目做短期差价

震荡市中的涨跌变化都是在短时间内完成的，不适宜投资者做短期差价。对于赎回时间在 T+4 或 T+5 交易日的股票型基金来讲，往往这边赎回的资金刚刚到账，而那边证券市场又走出了新一轮的上升行情。因此，对于牛市行情中的暴跌，投资者应当有正确的理解和认识，不能盲目调整。因为基金不同于股票，更不像权证投资，资金的到账时间异常迅速，基金赎回资金的到账局限着投资者实现套利的可能性。

4. 重仓持有优质基金

像股票投资一样，基金投资者在证券市场的持续上涨行情中重势将高于重质，而在面临下跌的市场中，重质将胜过重势。因为只有重仓持有抗跌性强的绩优蓝筹股票，基金的下跌空间才有被缩小的可能。因此，投资者在面临证券市场的震荡调整时，首先应当选择优秀行业中的龙头股票品种的基金。

5. 慎选波动较大的基金

基金净值振幅空间的大小决定着基金的成长性和稳定性。一只基金的振幅剧烈，说明基金投资组合具有极大的不稳定性，并受市场环境的影响巨大，当其配置资产品种成为投资者追逐的热点时，无形之中增大了基金投资的风险。对于这类基金投资者应当谨慎，在不断的震荡中它有可能成为最后"谋杀你的凶手。"

※ 小贴士　震荡市投资要注意的细节

细节决定成败。在应对股市的震荡时，投资者还应注意一些细节问题，问题虽小，但是可以让你在震荡市中的风险降低很多，安全获益。

1. 股票型基金是择机补仓的良好时机

当然，对于不同的基金产品，其基金管理人管理和运作基金的能力是不同的。投资者在进行基金补仓时，一定要结合基金产品的历史表现及成长性，从而做出决定，避免补进业绩运作不好的基金。通过补进优质基金而摊薄基金购买的成本。

2. 安全持有债券、货币基金

震荡市行情，投资者只要持有债券型基金和货币市场基金，完全不用担心市场的变动对其净值的影响。投资者可以坚定持有，而不必为此惊慌失措。

3. 关注大比例分红的基金

这类基金在震荡市中进行大比例分红，可能是基金管理人利用震荡机会进行资产品种的重新配置。投资者可以利用此机会适度参与，不但能够购买到较低价格的基金净值，同时也为基金未来的成长奠定基础。这种主动进行基金资产品种调整的策略，将在一定程度上迎合具有"净值波动综合征"的投资者心理需要，避免投资者的盲目赎回而造成基金的被动性调仓，从而保持基金管理和运作业绩的稳定。

4. 选择平衡型基金

国内的平衡型基金主要投资于股票和债券，股市上涨时，由于有相当比例投资于股票，平衡型基金可望分享股票上涨的收益，而股市下跌时，由于还有相当比例投资于债券，会减小因股票下跌带来的损失。因此，在震荡市中平衡型基金也是一个不错的选择，并且它的风险水平比股票型基金要小得多，属于中等风险的基金。因此，不想承受太大的风险又抱有享受股市上涨收益希望的投资者，可以选择平衡型基金。

5. 投资创新型基金

目前，为了更好地满足投资者的实际投资需求，部分基金管理公司推出了创新型的封闭式基金产品，投资者完全可以利用震荡市机会参与此类基金的投资。

六大投资策略有效防范风险

投资者不仅仅在震荡市中要做好投资策略的准备，预防基金风险，在投资之前就应当选择有效的投资策略将基金可能产生的风险降到最小。吉姆·罗杰斯告诉我们应当多做"功课"，这也是他的投资之道。

为了有效地防范风险，投资人在投资时可以采取以下六种策略：

1. 固定比例投资策略

基金有股票型、债券型、货币型。股票型基金又分为成长型、收入型、平衡型。不同的分类表明不同的风险和收益。投资者感觉未来经济形势不明朗或风险相对较大时，可采取固定比例投资组合方式。采用这种策略的投资基金分为两部分，一是保护性的投资部分，主要由收益比较稳定的股票及债券构成；二是进取性的投机部分，主要由风险高、报酬高的股票构成。各部分在总额中应占多大规模，取决于投资者的目标抉择。你可以选择3~5个不同类型的基金，并确保其中有1~2只债券型或货币型基金，这样可有效避免股市剧烈波动所带来的风险。具体操作上也有两种不同方法，一种是固定比例金额，另一种是固定比例份额。前者用相同数量资金购买不同种类基金，后者用资金购买不同种类，但份额相同的基金。从效果看，两者差别不大。只是前者相对于后者而言略微保守一点。

固定比例投资策略可以有效减少非系统风险，简单地讲，就是单个基金因自身投资决策和操作方法产生的净值波动较大的风险。西方有关理论研究表明，52%的股票价格随着整个市场而涨落，13%的股票随着行业内部因素而波动，只有12%的股票随着公司自身的因素而上下。在目前我国证券市场发展还不完善的情况下，几乎所有股票都随整个市场而涨落，所以要找到收益比较稳定的股票是十分困难的，权宜之计是将债券作为保护性的投资部分。

2. 随机应变投资策略

随机应变策略是指随着股市走向的变化而灵活调整基金的投资组合。例如，当基金经理预计股市将下挫时，就降低持有股票的比例，提高现金或债券的比例；反之，当基金经理判定股市走向看好时，则将资金大部分投放在股票上。因为大多股票价格之涨跌，是由整个市场涨跌所决定的，如果整个市场看涨，大部分股票价格也随之上涨，反之亦然。因此，适时调整投资组合，对保证基金收益、降低基金风险是至关重要的。

特别是对于投资股票型基金的投资者而言，由于股票型基金主要投资于股票，受市场影响较为明显，所以更需要运用资产组合，分散由于某种单一产品出现风险而带来的损失。在股票型基金的投资上，如果投资者把全部资金投资于股票型基金上，那么这就是在投机，而不是投资。投资者应将资金分别投资于风险不同收益不同的产品上，例如，1/3 存起来或者买货币基金，1/3 为自己买保险或者债券型基金，剩下的 1/3 去投资股票型基金，这样就使风险被有效地控制在了可接受的范围内。

3. 不同期限投资相结合的策略

投资者最好采用长期投资为主，中线投资为辅，短期投资作补充的投资组合。所谓长期投资为主，是指在全部投资中拿出 70% 左右的资金购买成长股，一旦买进，即长期持有，追求丰厚的股东长期收益。其中成败的关键在于股票的选择上。所谓中线投资为辅，是指投资者买入股票后将其中的一小部分在需要现金时通过市场出售，其投资成败的关键在于选择入市时机，因此应注意分析影响价格变动的各种因素。所谓短期投资作补充，就是投机，交易往往发生在一两天，甚至一两个小时内，其成败的关键在于对股市行情的准确判断上。如果单一地采用某种策略则承担的风险要大，即使主要采取稳妥的长期投资策略，那么在资金上就会受到限制，对投资者的正常生活就会产生影响，并且长期投资也是有风险的。

4. 价值投资策略

价值投资已经有很长的历史，实践也证明这是一种非常有效的投资策略。正如罗杰斯所说，"如果你是因为商品具有实际价值而买进，即使买进的时机不对，你也不至于遭到重大亏损。"因为被隐藏的价值最终是会显现出来的，只是显示的早与晚罢了。所以，投资者应努力寻找那些价值被低估的股票，一旦发现就买入，而当该股票价格升高，投资价值降低时就卖出。事实上，股市中往往存在许多有相当投资价值而其价格暂时低于价值的股票，因为股市常常失去理性，当股价上涨时人们往往争相购股，当股价下跌时，又不假思索地抛出。

5. 分散投资策略

分散是降低风险的有效策略之一，并且现在认购开放式基金起点金额较低，往往只要 1000 元人民币即可购买，这为投资者将资金分散到多只基金提供了可能，既然我们缺乏专业性眼光，那分散风险的投资方式不失为上策。分散具体还包括：一是投资行为的分散。即不集中购买同一行业的企业的股票。二是投资时间的分散。可按派息时间分开投资。因为按照惯例，派息前股价会骤然升高。如果分散时间购买，即使购买的某种股票因利率、物价等变动而在这一时间遭遇公共风险而蒙受损失，还可以期待在另一时间派息分红的股票上获利。三是投资地区的分散。由于各地的企业会因市场、税赋和政策等诸因素的影响，产生不同的效果，分开投资，便可收到良好效果。

6. 只投资于自己熟悉的领域

罗杰斯在第二次环游世界的旅程中，发生过一段插曲。他在非洲时，曾用 500 美元买入据称价值 70000 美元的钻石，当时他很得意，以为捡到了便宜。没想到一位钻石商人告诉他，这些东西都是玻璃。罗杰斯把自己"犯错"的经验分享给大家，目的就是告诉投资人，除非对一种东西非常了解，否则不要轻易投资，不然就会像他一样，错把玻璃当钻石。

※ 小贴士　不熟的领域坚决不做

罗杰斯说："如果你不了解华盛顿州的苹果园，就不要从事苹果业务。"因此，我们要听从罗杰斯的建议，在投资之前首先要了解自己所投的基金，不能听别人说某个基金好就贸然投资。

参考文献

[1] 李世忠，裴俊飞．图解指数基金：极简投资策略［M］．北京：机械工业出版社，2020.

[2] 望京博格．指数基金投资日志［M］．北京：机械工业出版社，2019.

[3] 张可兴．买入，持有，富有：一名金牛基金经理的投资之路［M］．北京：机械工业出版社，2018.

[4] 张存萍．证券投资基金［M］．北京：电子工业出版社，2018.

[5] 丁鹏．FOF 组合基金［M］．北京：电子工业出版社，2017.

[6] 罗斌．基金投资入门与实战技巧［M］．北京：北京时代华文书局，2015.

[7] 黄金．零起点基金投资一本通［M］．北京：中国宇航出版社，2014.

[8] 蓝海．基金这样炒［M］．北京：经济管理出版社，2013.

[9] 黄曲欣．有钱人都是这样买基金［M］．长沙：湖南科技出版社，2013.

[10] 法尔博．债券及债券基金投资从入门到精通 ［M］．北京：人民邮电出版社，2013.

[11] 周迪伦．做自己的基金经理：给亿万股民的投资忠告［M］．北京：中国经济出版社，2014.

[12] 朱丽娟．新手学炒股票与基金［M］．北京：清华大学出版社，2012.

[13] 周青松．基金投资操作指南［M］．北京：经济管理出版社，2014.

[14] 王仲麟．我靠基金 38 岁退休［M］．北京：商务印书馆，2013.

[15] 杨琪．基金投资入门与技巧［M］．北京：清华大学出版社，2012.

[16] 孟建军．基金理财一本通［M］．广州：广东经济出版社，2008.

[17] 王亚卓．基金投资五星策略［M］．北京：企业管理出版社，2010.

[18] 周峰．明明白白买基金［M］．北京：中国电力出版社，2012.

[19] 石伟．像基金经理那样投资［M］．北京：企业管理出版社，2013.

[20] 齐晓明．新基民买基金：从入门到精通［M］．北京：中国劳动社会保障出版社，2012.

[21] 杨红书．基金投资攻略［M］．北京：北京工业大学出版社，2012.

[22] 程国强．基金投资入门与技巧［M］．北京：中华工商联合出版社，2011.

[23] 杨伟凯．富总裁教你买基金［M］．北京：中国人民大学出版社，2009.

[24] 朱敏，张毅．基金投资：从入门到精通［M］．上海：上海交通大学出版社，2007.

[25] 卫保川，李山，王军，葛春晖．基金投资直通车［M］．北京：中国物价出版社，2007.

[26] 王香奇，李茜．开放式基金投资指南［M］．北京：中国金融出版社，2007.

[27] 王峰．基金投资理财实用指南［M］．武汉：武汉大学出版社，2007.

[28] 王群航，张凯慧．初买基金必读［M］．北京：经济日报出版社，2007.

[29] 杨庆明，马曲琦．炒股不如买基金［M］．北京：中国经济出版社，2007.

[30] 许连军．索罗斯教你玩基金［M］．北京：农村读物出版社，2005.

[31] 中国证券业协会证券投资基金业委员会．基金投资：理财新概念［M］．北京：中国财经出版社，2003.

[32] 中国银行基金托管部．投资基金实务读本［M］．北京：中国金融出版社，2003.

[33] 王国良．基金投资［M］．上海：上海科学技术文献出版社，2002.

[34] 刘树军．开放式基金买卖［M］．北京：中国科学技术出版社，2002.

[35] 纪尽善．投资基金运作［M］．北京：民主与建设出版社，1998.

[36]（美）阿尔伯特·J.弗雷德曼，（美）鲁斯·瓦尔斯．共同基金运作

［M］．北京：清华大学出版社，1998.

[37]（美）布鲁斯·C. N. 格林威尔等．价值投资：从格雷厄姆到巴菲特［M］．北京：机械工业出版社，2002.

[38]（美）彼得·林奇．战胜华尔街［M］．上海：上海财经大学出版社，2002.

[39] 蔡建文．炒股别学他：47 位炒股失败者的深刻教训［M］．广州：广东经济出版社，2001.

[40] 程向前．基金投资［M］．石家庄：河北人民出版社，2000.

[41] 耿志民．养老保险基金与资本市场［M］．北京：经济管理出版社，2000.

[42]（美）约翰·C.鲍格尔·共同基金常识［M］．上海：百家出版社，2002.

[43] 何孝星．证券投资基金管理学［M］．大连：东北财经大学出版社，2004.

[44] 金枝．投资基金百问百答［M］．北京：中国城市出版社，1998.

[45] 李曜．证券投资基金学［M］．北京：清华大学出版社，2004.

[46] 刘国光．投资基金运作全书［M］．北京：中国金融出版社，1996.

[47] 刘建位．巴菲特的 8 堂投资课［M］．北京：民主与建设出版社，2005.

[48] 刘运哲．12 小时股民学校：探路与入门［M］．昆明：云南大学出版社，2001.

[49] 马克·泰尔．巴菲特和索罗斯的投资习惯［M］．北京：中信出版社，2005.

[50] 孟晓苏，贾廷战．投资基金理论与实务［M］．北京：人民出版社，1994.

[51] 莫杰．上升空间：我们这样创造财富［M］．北京：机械工业出版社，2005.

[52] 牛棚．第一主力：开放式基金［M］．长沙：湖南人民出版社，2001.

[53] 潘道义等. 投资新理念：开放式基金操作实务［M］. 北京：中央编译出版社，2002.

[54] 齐寅峰，胡晔华. 坐收渔利：开放式基金投资宝典［M］. 北京：首都经贸大学出版社，2002.

[55] 钱诗金. 收益 风险：买基金赚的就是心安［M］. 北京：机械工业出版社，2005.

[56] 深圳蓝天基金管理公司. 投资基金：大众理想的理财工具［M］. 上海：上海科学技术出版社，1997.

[57] 王国良. 基金投资［M］. 上海：上海科学技术文献出版社，2002.

[58] 王彦国. 投资基金论［M］. 北京：北京大学出版社，2002.

[59]（美）沃伦·巴菲特.巴菲特投资策略全书［M］. 北京：九州出版社，2001.

[60] 吴孔银. 纵横股市 108 投资准则［M］. 广州：广州出版社，2000.

[61] 肖龙，王奇. 人生选择 1000 例［M］. 北京：中国社会出版社，1998.

[62] 许连军. 索罗斯教你玩基金［M］. 北京：农村读物出版社，2005.

[63] 闫志强等. 大众理财技巧 500 问［M］. 北京：中国经济出版社，2004.

[64] 袁文平. 证券市场的黑马：投资基金［M］. 成都：四川人民出版社，1995.

[65] 詹向阳. 点石成金的理财术［M］. 北京：中国金融出版社，2004.

[66] 宋国良. 证券投资基金运营与管理［M］. 北京：人民出版社，2005.